人類学者は異文化をどう体験したか

16のフィールドから

桑山敬己 編著

ミネルヴァ書房

はしがき

近年、理論とテーマの両面で文化人類学は著しく発展したが、同時にそれは過度の専門化をもたらした。そのため、多くの学生や一般読者との間には乖離が生まれつつある。概して、彼らにとっての文化人類学の魅力は、この学問が他者の世界をフィールドワークによって深く知ろうとすることにある。商品化された異文化が巷で溢れている今日だからこそ、自ら遠くの——時として近くて遠い——異文化に赴いて異人と生活を共にし、フィールドで得た確かな実感を基に語る文化人類学者に人びとは惹かれるのであろう。とりわけ、他者を鏡として自己を振り返り、日常の当たり前を根本から問い直す文化人類学の反照性は、文明批判や社会評論としても大きな力をもってきた。

本書はこうした文化人類学の原点に戻って、各執筆者が身体知として摑んだ他者の姿と世界を、誰にでも理解できる言葉で、しかも専門家が読めばその学術的意義が透けて見えるように、伝えることを目的としている。本書が異文化／自文化研究に関心のある人びとに広く読まれると同時に、文化人類学教育の一端を担うことを願ってやまない。

桑山敬己

目　次

第I部　日本人が見た異文化

目　次

目　次

第II部　外国人が見た日本

目　次

第Ⅲ部　もう一つの日本

序論　人類学的異文化理解とは何か？
――フィールドと身体の共鳴

桑山敬己

人類学のゆくえ

既に四〇年以上前のことになるが、エドワード・サイード（Edward Said）著『オリエンタリズム』（原著一九七八年）の刊行を機に、文化人類学（以下「人類学」）[1]を含む異文化研究は大きな転換期を迎えた。ひとことで言えば、それはサイードが明らかにした文化表象における「知と権力」の関係に、大多数の学者が無知無関心であったという自己反省と批判の増幅である。とりわけ、旧植民地の非西洋文化

（1）国や地域によって事情は異なるが、概して人類学は文化人類学（cultural anthropology）と自然人類学（biological anthropology）に大別される。文化人類学は主に個別民族の生活様式や学習によって獲得された汎人類的特徴を研究する。いっぽう、自然人類学は人類の進化や生物学的特徴、および類人猿との比較を主な研究対象とする。自然人類学は形質人類学（physical anthropology）とも言う。本書で言う「人類学」とは文化人類学のことである。

を研究対象としてきた人類学者はおおいに煩悶した。

だが今日、人類学はそうした煩悶や批判を理論的にも方法論的にも十分乗り越えぬまま、次から次へと新たな地平を求めているように見える。「存在論」、「自然」、「もの」、「人新世」、「人と動物」などに関する現在進行中の議論は、その一端に過ぎない。時代の変化と共に理論や研究テーマが変わるのは当然だが、人類学のファッションの変化はあまりに早い。いったい人類学はどこに向かっているのか。そもそも、人類学者は何を人びとに訴えたいのだろうか。

「人類学の世界システム」の中心地アメリカでは、この学問が黎明期にあった一九世紀末から二〇世紀初頭にかけて、ドイツ民族学の流れをくむフランツ・ボアズ（Franz Boas）が登場して、人間が特定の環境で育つ過程で身につけた思考・行動様式としての文化の重要性を説いた。それは遺伝に対する学習を重視した点で、当時の世界を跋扈していた人種差別主義に対する挑戦であった。

ルース・ベネディクト（Ruth Benedict）やマーガレット・ミード（Margaret Mead）らのボアズ門下による文化の重視は、振り子の針を「生まれ（nature）」から「育ち（nurture）」に動かしたに過ぎないという批判もある。たしかに、生物科学が大きく発展した今日からすれば、彼／彼女らの理論は単純だったかもしれない。だが、西洋がほぼすべての領域で覇権を握っていた時代に、西洋中心主義への強力な対抗言説を西洋内部から打ち立てたことは、高く評価されるべきだろう。残念ながら、今日の人類学にはそうした力強い訴えかけがない。

大学生・一般読者の人類学に対する関心と期待

その一方で、少なくとも日本においては、一般読者の異文化研究への関心は高く、人類学も最盛期——一九五〇年代（高度経済成長期）から一九八〇年代（国際化の時代）にかけて——ほどではないにせよ人気がある。そのことに私が改めて気づかされたのは、二〇一八年六月、日本女子大学で「異文化体験から学ぶもの——日本・欧米・東アジアの現場から」という一般向けの講演をした時であった。三部構成の第二部「異文化体験から私が学んだもの」では、「自文化と異文化の差異」「自文化と異文化の共通点」「同一文化にも内部差がある」「文化差と個人差を見極める」「三つの文化を比較する」「内と外の視点」「フィールドでの偶発的発見」という七つのテーマについて、専門的なことはいっさい省いて自ら現場で体験したことを語ったところ、老若男女問わず多くの聴衆の共感を得ることができた。(2)

また、二〇一八年度から勤務している関西学院大学社会学部では、ゼミ生の選考時に同じことを感じた。まず、「文化人類学」という言葉そのものに魅力を感じた学生が少なからずいたという事実に、「業界人」になって久しい私は新鮮な驚きを感じた。さらに、ゼミガイドの「国外でのフィールドワーク実習」という文言に魅せられた学生が多く、ゼミが始まると彼らから早期準備を促されたほどであった。

（2）講演録は以下に掲載されている。『文化学研究』（日本女子大学文化学会）、第二九号、一—二七頁、二〇一九年。

いくら海外旅行が一般化したとはいえ、日本から一歩も外に出たことがない学生は少なくない。そのぶん期待が大きいのであろう。もちろん、異文化は決して海外と同義ではないが、国内に関心が強い学生は民俗学やカルチュラル・スタディーズのゼミを選ぶので、隣接分野との比較で人類学の魅力はどこにあるのかを、私は改めて思い知らされた。

このように、『オリエンタリズム』以降の専門家の煩悶をよそに、大学生や一般読者の間には、研究者が異文化に自ら赴いて「異人」と時空間を共にし、さまざまな困難を乗り越えて彼らの世界を深く知ろうとする人類学に、魅力を感じる人がまだまだいるのだ。商品化された異文化が巷に溢れている今日だからこその魅力だとも言えよう。そうした人たちに、私たちはどのように人類学の醍醐味を伝えればよいだろうか。また、どのようにしたら私たちの研究仲間になってもらえるだろうか。

異文化研究と身体知

人類学に不可欠なのは民族誌（エスノグラフィー）(3)の作成である。概して、評価の高い民族誌には一つの共通点がある。それは、著者が現場（フィールド）で「実感」した自分とは異なる他者の存在（being）、いわば「異文化の香り」を、読者の感性と想像力に訴えかけて巧みに描いたということである。

もちろん、読者が専門家の場合には、そうした描写から透けて見える理論が求められる。たとえば、クロード・レヴィ＝ストロース（Claude Lévi-Strauss）の名作『悲しき熱帯』（原著一九五五年）におけるボロロ族の描写には、構造主義が通奏低音のように響いている。しかし、書き手がフィールドで「実感」したこと、つまり「からだ」を通じて得た感覚が描写の土台になければ、どんなに優れた理論を振りかざしても「あたま」の体操に過ぎず、読者の心には響かない。

当然、プロフェッショナルの研究者には、プロフェッショナルとしての技法や生き方があり、研究者を目指す者は一定の条件や期待を満たさなければならない。しかし、それらをすべて削ぎ落した時、最後に残るものは何なのかということを、私たちはいま改めて問い直すべきだと思う。なぜなら、そこにこそ人類学の真髄があるからだ。

私の見るところ、その真髄とは身体知である。人類学における身体知とは、「からだ」全体つまり第六感を含む感覚を総動員して得られたフィールドに関する知識である。換言すれば、「他者の世界に住むとは、どういうことか」に関する「実感的（experiential; existential）」理解を礎とする学知である。近代西洋的な心身二元論との関連で言えば、この学知は身体（body）を媒体としている点で、精神

（3）　今日、英語の ethnography には、①広義の異文化や他者の生活の記述、②フィールドワークに基づく質的研究法、という二つの大きな意味がある。前者は分野によって「民族誌」「エスノグラフィー」「民俗誌」などと訳されている。このうち、「民俗誌」は民俗学にほぼ限定されているが、「民族誌」と「エスノグラフィー」の境界線は曖昧かつ恣意的である。ただ、概して「民族誌」は異民族または遠くの他者を対象としているのに対して、「エスノグラフィー」は「民族」に限定されることなく、さまざまな現場（フィールド）で生起する出来事を対象としている。また、「民族誌」は伝統的に社会構造や文化的特徴を扱ってきたが、「エスノグラフィー」は特定のコミュニティーにおける実践に注目する傾向がある。本書では、各章の執筆者の意向を尊重して、ethnography を「民族誌」または「エスノグラフィー」と表現する。なお、この言葉の語源 *ethnos*（エトノス）については註4を参照。

（mind）の働きによる認識（cognition）とは異なる。むしろ、対象に深く入り込み（feeling into）、そこから得られた共感（empathy）を基にして、感じ入るように理解する（appreciation）ことを特徴とする。人類学が学問である以上、現地で収集した資料に基づく理路整然とした分析は必要だが、それに血肉を与えるのは他者に対する共感的理解（empathetic appreciation）である。

本書に収録された論考には、学術論文に見られる註書きや参考文献の指示はいっさいない。あるのは各執筆者がフィールドで得た他者の感覚、および他者を鏡とした自己に関する思考の軌跡である。編者の私を除いて、執筆者の大半は三〇歳台の若い感性をもった研究者や人類学を学んだ社会人である。彼らが「かの地」や「あの人たちの間」で摑んだものの片鱗を読者に届けるのが、本書の大きな目的である。

「日本」「日本人」という表現について

本書には「日本」や「日本人」といった類の表現が多い。この点は多少の専門的説明を要する。二〇世紀末の人類学に大きな影響を与えたクリフォード（James Clifford）&マーカス（George Marcus）編『文化を書く』（原著一九八六年）以降、本質主義（essentialism 特定の集団には時代を越えた固有の特徴があるとする立場）に対する批判、および全体化（totalization 多種多様な現象を十把一絡げに語ること）を嫌うポストモダニズムの影響で、こうした表現は使いにくくなった。当時、ファッションのように繰り返されたのは、「日本とはどこのことか」「日本人とは誰のことか」という問いであった。その余波は今日でも感じられる。だが、二つの大きな理由によって、私は「日本」「日本人」の類を完全に葬り去ることはできないと考えている。

第一の理由は、人類学が依拠している文化や社会といった概念は、何らかの集合性を前提としているということである。たしかに、ポストモダニストが主張したように、同一文化の成員の同質性を所与の前提としたり、文化を統合された一つの全体と見たりする古典的文化観は、集団内部の差異や亀裂（たとえば階級差）を隠蔽して、支配者やエリート層に都合の良い秩序をつくり出してしまう。事実、文化共有（sharing）や文化統合（integration）という考えは、一見雑多な現象に潜む法則や秩序を重視する近代主義と親和的で、ポストモダニズム＝脱近代主義の格好の標的となった。

英語圏人類学から一例を挙げよう。一九九〇年代に「模範的ポストモダンの民族誌」と称賛された日系三世ドリーン・コンドウ（Dorine Kondo）の *Crafting Selves : Power, Gender, and Discourses of Identity in a Japanese Workplace*（一九九〇年）には、全体化された「日本人」という表現を避け、執拗なまでに「何人かの日本人」「私が出会った日本人」といった言い回しが使われた。しかし、副題にある *Japanese* がいみじくも示しているように、どのように「日本人」を限定しようとも、結局のところ「日本人」なしにコンドウの語りは成立しなかった。それは文化や社会が集合的な現象であるからに他ならない。

第二の理由は、国家（state）やネーション（nation 文脈により「民族」「国民」「国」と訳される）の根強い影響力と関連している。二〇世紀末以降、グローバル化の進行によって、国家やネーションの垣根は取り払われたかのように見えた。だが、グローバル化がローカル化を同時にもたらしたように――マクドナルドの土着化はその典型である――、グローバル化が進行すればするほど、人びとのナショナルなアイデンティティや利益は脅かされ、逆説的にネーションへの愛着が強まったり、既存の国家の枠組みが強化されたりしている。

そのことは、二〇一七年、第四五代アメリカ合衆国大統領に就任したドナルド・トランプ（Donald Trump）が掲げた「アメリカ第一主義」や、彼と事あるごとに対立した中華人民共和国の習近平主席が掲げた「中華民族の偉大なる復興」、ひいては共に民族主義者の日本の安倍晋三首相（当時）と韓国のムン・ジェイン大統領が引き起こした戦後最大の日韓衝突など、グローバル化時代におけるナショナルなものの復活の事例は枚挙にいとまがない。また、二〇二〇年に世界を襲ったコロナウィルス（COVID-19）に対する各国の対処の違いは、国家やネーションという枠組みの堅固さを改めて印象づけた。こうした中で、「日本」や「日本人」の語りに目を背けることは、非現実的であるばかりでなく教条的でさえある。

もちろん、ひとことで「日本」「日本人」といっても、実際には地域差・階級差・世代差・ジェンダー差などがあるし、他のすべてのカテゴリーと同様、それらは何らかの意味で構築されたものである。しかし、だからといって「日本」「日本人」の類を排除してしまえば、民族誌的記述は成立しない(4)。民族はそもそも集合的存在であるし、概念上の厳密さにこだわり過ぎると記述上の明瞭さが失われてしまうからだ。本書の目的は、各執筆者がフィールドで実感した他者の世界および他者経由の自己像を描くことであって、「日本」「日本人」の外延と内包をめぐる議論をすることではない。

本書の構成と特徴

本書は、第Ⅰ部「日本人が見た異文化」、第Ⅱ部「外国人が見た日本」、第Ⅲ部「もう一つの日本」という三部構成である。類書に見られない大きな特徴の一つは、異文化理解だけではなく、異文化を鏡とした自文化理解にも力点が置かれていることである。本書の執筆者一六人のうち五人は外国人で（出身地はラトビア、中国、シンガポール、台湾、スペイン）、第Ⅱ部は彼らによる執筆である。また、第Ⅲ部に収録された三篇のエッセイは、朝鮮学校、社交ダンス界、聴覚障害者コミュニティーという、多くの読者にとって未知の日本／日本文化の領域に踏み込んでいる。

本書のもう一つの大きな特徴は、執筆者の約三分の一がプロフェッショナルな研究者ではなく、修士課程修了後、学生時代に学んだ人類学を実社会で生かしている者たちだということにある。普段、研究

（4） 英語の *ethnography* はギリシャ語の *ethnos*（エトノス）に由来する。アリストテレス以降の古代ギリシャでは、エトノスはデモス（ポリスの市民）に対する「後背地住民」を指し、それが転じて非ギリシャ世界を意味するようになった。一八世紀末、ドイツ語圏で周辺世界、特にロシアの東側の周辺部の人びとの研究に、*Ethnographie* や *Ethnologie* の語がいち早く用いられたのは、これらの言葉に元来「辺境に住む異質の人びとに関する記述／研究」という意味があったからである。

者は大学という特殊な世界に住んでいるので、どうしてもその他の世界には目が向かない。だが、高等教育を受けた大多数の人びとは、卒業後、実社会に出てそれぞれの道を歩むわけで、一般企業や官公庁に就職を希望する大学生にとっては、そちらの方面からの話のほうがより魅力的かもしれない。

以下、各章の「読みどころ」を簡単に紹介する。

第Ⅰ部　日本人が見た異文化

第1章「他者像を完成させない――国際協力で揺らぐ自己の先に見えたもの」では、学生時代に開発途上国支援に携わるＮＰＯの一員だった細見俊が、在学中に訪れたベトナムとウガンダでの体験について語る。彼は問う。なぜ、はるばる日本からベトナムに持ち込んだ車いすを見て、それを必要としていたはずの少年の母親は、「これはいらない」とぶっきらぼうに言ったのか。また、かつて子ども兵士として戦ったウガンダの若者たちは、なぜ先進国のメディアで報道されているように「かわいそう」で「哀れ」な存在ではなく、むしろ、細見の携帯電話を見て、それを自分たちに「渡せ」と言うほど図々しくて「不真面目」なのか。細見がフィールドで実感したのは、自分の知り得ない世界に住む他者について想像をめぐらし、彼らに共感することの難しさであった。試行錯誤を繰り返して細見が気づいたのは、「他者を理解する」と言う時の「理解」に潜む独善性や、「相手にこうあってほしい」という期待に基づく他者像の歪みであった。そして細見は、自分の思い込みで他者像を完成させることなく、常に相手を知り続けようと努力することが大切だと説く。

第2章「『当たり前』を問い直す――ネパールの農村生活を通じた『読み書き』についての一考」では、安念真衣子が首都カトマンドゥの近郊における識字教室での経験について語る。そこに集まる女性たちは、朝早く始まる農作業を終えて、夕方、疲労困憊の状態で教室に通ってくる。日本の基準からすれば学習態度も「適当」で、何のために勉強しているのかわからない。だが、教育を受けた妻が欲しいという夫側の理由で離縁された女性や、農具はうまく操れるものの文具が使えないという女性の姿を見て、安念は彼女たちを見ている自分自身に先入観があったことに気づく。その先入観とは、文字は生活一般に必要不可欠で、読み書きの能力は個人的な課題であるという識字社会の通念である。対照的に、安念の出会った女性にとって必要だったのは、小規模金融から借金する時に求められる自署の能力や、夫からお金をごまかしたと疑われた時に反論できるだけの数式を書く能力であった。つまり、ネパール農村の女性にとっての識字能力は、「身近な他者との関係性の中でいかに生きるのか」という問題と密着しているのである。日本では読み書きできることは当然視されているが、安念はその「当たり前」を問い直すことによって、私たちは遠くの他者を地続きの存在として認め、自らを振り返ることもできるのだと説く。

第3章「フィールドに『身を置く』ことと『わかる』こと――フィールドワークのこぼれ話」では、川瀬由高が中国江蘇省の南京近くにある農村で体験した二つの小さなことについて語る。博士論文調査の際、川瀬がお世話になった呂さん夫婦の家にはイヌが二匹いた。餌は与えられていたものの、ペットや番犬といった扱いではなく、川瀬が不思議に思った頃には姿を消していた。結局、このたわいない話は博士論文から「こぼれ落ちて」しまったが、ノートに書き留める必要はないと思わせるほど、呂さんたちはイヌの存在を気に留めていなかったという事実が、彼らの（また中国の農村でよく見られる）人間とイヌの関係の反映ではなかったかと、川瀬は後になって気づく。さらに彼は、地域のお祭りを見に行こうとした時に、呂さんたちと交わした「よくわからない」会話と行動から、現地の人びとの「即興性」と「柔軟性」という、後の重要な研究テーマにつながるひらめきを得た。このお祭りの話も博士論文からは「こぼれ落ちて」しまったが、それは必ずしも学問的価値がないということを意味しない。むしろ、「フィールドに身を置き、自らの身体を羅針盤とし、わからないと感じたり、ひっかかったりすることが大切なのであり、逆説的ではあるが、それこそがフィールドワークでわかることなのだ」と川瀬は説く。

第4章「フィールドで『信頼する』ことと『信頼される』こと――人類学的ラポールの舞台裏」では、野生のゾウを研究しにインドのケーララ州を訪れた野口泰弥が、飲み屋で出会ったフィロスという男との友情について語る。現代人類学の基礎を築いたブロニスロウ・マリノフスキー（Bronislaw Malinowski）以降、フィールドワークにおける現地人とのラポール（信頼関係）の重要性は幾度となく説かれてきた。だが、その焦点は人類学者がいかに現地人の信頼を得るかにあり、その逆の側面、つまり人類学者がいかに現地人を信頼するかについては、ほとんど議論されてこなかった。調査当初、野口はフィロスが彼のために図ってくれたさまざまな便宜に感謝しつつも、心の中ではフィロスに対する猜疑心を払拭できずにいた。当然、そうした感情は相手にも伝わり、ある日フィロスは言い放つ。「ヒロ［野口］は疑り深くて俺らのことを信頼してくれていない」、と。これを機に野口は、研究者であること、フィールドワーカーであること、友人であることの境目はどこにあるのかについて考え始める。野口が達した結論は、研究者として現地の人びとと適切な距離をとることは大切だが、何が適切なのかは文化によって異なるということであった。

第5章「フィールドとの『つながり』、フィールドとの『断絶』――ロシアと日本の往還から見えたもの」では、櫻間瑛がロシア連邦のタタルスタン共和国でエスニシティ（ethnicity）と宗教の関係について行った調査について語る。一九九一年のソ連崩壊後、それまで抑圧されてきた宗教はリバイバルを迎えていた。とはいえ、イスラームの戒律を厳格に守ろうとする若者とは対照的に、中高年は酒を飲んだり禁じられている豚肉を食べたりする「不真面目なムスリム」であった。しかし、そうした彼らでも時として敬虔な姿を見せることを知った櫻間は、普段、仏教の戒律を気にしていないようで、実は決して無頓着ではない多くの日本人との共通点を見いだす。その一方で、彼らタタール人は公の場で母語のタタール語を話すことが躊躇されるなど、日本で日本語を自由に話せる日本人との差異を櫻間は感じる。タタール人の中でもキリスト教（ロシア正教）に改宗し、異端視されているクリャシェンを調査した櫻間は、彼が学生の時に過ごした北海道のアイヌを思いだす。少数派に対する差別は厳然としてあるのに、多数派の人びとにはその差別が見えないという点で、クリャシェンとアイヌは共通しているからだ。

第6章「知らない土地とのつながりを見つける旅――アリゾナで先住民族ヤキの人びとと過ごして」では、水谷裕佳が北米先住民族のヤキと自らの関係について語る。調査地のアリゾナ州トゥーソン市では、当初、不安に駆られて調査もままならなかったが、水谷が車の運転を覚えて、調査地の外にまで足を延ばすようになると、転機が訪れた。マリノフスキー以降、人類学者は現地の生活に密着するように指導されてきたが、実はマリノフスキー自身がたまに一人で散歩して気分転換をしていた。水谷のドライブには同様の効果があっただけではなく、むしろヤキの生活圏をより良く知ることにつながったという。彼女にとって、ヤキの人びとはたんなる調査対象ではなく、友人であり人生の師でもある。とあるヤキの兄弟姉妹が東京を訪れた時、水谷は心から彼らを歓迎し、自らの家族と一緒に濃い時間を過ごす。水谷によれば、研究活動とプライベートを完全に分けることは難しく、むしろ「研究課題が時に自分自身のアイデンティティやルーツに関する問いとつながっている」のだという。

第7章「『わたし』と『あなた』が出会う時――ドイツでの経験を日本での教職に生かす」では、鳥取県で公立高校の教諭を務める石田健志が、学生の時ドイツ留学で得た人類学的知見を、現在、教育の場で生かしている姿を描き出す。約一年間の留学中、石田はミュンヘンにあるバレーボールのフェラインン（同好会）に所属して、メンバーとして参加すると共に調査を行った。揺れ動く自らの感情を克明に記録した石田は、いくつか重要なことに気づく。第一は、フィールドの光景がいつもと違って見える時は、相手が変わったのではなく観察している自分が変わった可能性があるということ。第二は、観察と参与と参与観察（participant observation）は明確に分けられるものではなく、スペクトルのようにつながっているということ。そして第三に、フィールドにおける自己と他者の関係性は、調査者と被調査者という二分法に還元されるものではなく、「わたし」と「あなた」という人間関係そのものだということである。こうした知見に基づいて、学校教育の現場に立つ石田は、教師も生徒も日々変化している以上、「誰々はこういう生徒だ」という決めつけ的な生徒像は有り得ず、両者はお互いに尊重すべき「わたし」と「あなた」の関係にあると説く。

第8章「アジア人がアメリカの大学で教える時――三〇年前の新任教員に立ちはだかった壁とその教訓」では、本書の編者である桑山敬己が、一九八九年から四年間、南北戦争時の南軍の拠点ヴァージニア州リッチモンド市にある州立大学で教えた時のことを回顧する。桑山が学生として通ったカリフォルニア大学ロサンゼルス校（UCLA）にはアジア系が多く、街中には日本の影響が至る所で感じられたため、特段カルチャーショックを受けることはなかった。対照的に、当時のリッチモンドは基本的に白人か黒人の街で、桑山一家が安住できる場所ではなかった。アメリカ社会で「人種的に可視的な少数派」であることの意味を桑山が理解したのは、南部に移ってからである。状況は彼が教えたヴァージニア・コモンウェルス大学でも大差なく、新米の外国人教員、しかもアジア人に対する学生の眼は冷ややかだった。リッチモンドでの教員生活を通じて桑山が痛感したことは、外見そのものを含めて、マイノリティーはマジョリティーが当然視しているさまざまな資源を欠いているということであり、彼らを評価する際には評価の基準そのものを変える必要があるということであった。

第Ⅱ部　外国人が見た日本

続く第Ⅱ部「外国人が見た日本」では、第9章「五感から異文化を考える――日本に暮らす一人のラトビア人の日常から」で、インガ・ボレイコ（Inga Boreiko）が異文化研究に身体感覚が果たす役割について語る。まず「見る」について、ボレイコは初めて東京を訪れた時、自分が眼前の光景の一部となっていないことに気づき、景観に対して自分は他者であると感じたという。これは視点（perspective）を自己から他者に移すことによって可能になる洞察である。次に「聞く」について、ボレイコにとって日本語はまったくの外国語だが、「宜しく」「お疲れさま」「お世話になります」といった日本語特有の表現を日常的に使っているうちに、母語のラトビア語では現在の自分の感情を十分表現できないというパラドックスに遭遇する。さらに「味わう」「嗅ぐ」について、納豆のように西洋人にとって珍しい味や匂いの食べ物でも、それを日本人と食べる／共有することによって身体レベルでつながり、共同体意識が生まれるという。最後に「触る」について、ボレイコは「触らない」という逆の側面からお辞儀を取りあげ、ラトビアに戻ってもハギングではなくお辞儀をしている自分を発見して驚く（日本における異性間の身体接触については第15章を参照）。このように、元々は異文化であったものが身体化して自文化となり、両者の境界が曖昧になったところに異文化体験の真髄があるのだとボレイコは説く。

第10章「『日本』を追い求めて——文化を共有することとは」では、日本のサブカルチャーに魅せられた北京出身の孫嘉寧が、国境を越えた文化の共有について語る。日本のサブカルチャーが世界的な人気を博しているのは周知の事実だが、それは外国人オタクの国際的連帯／つながりを生む一方で、そうした関係において周辺的な大多数の日本人が共存するという奇妙な現象を生み出した。これは「日本人抜きの日本文化の共有」の典型である。来日前の孫は、日本の古典文学からアニメまで徹底的に勉強して、日本に留学することが決まった時は、「故郷」に戻るという感覚であった。だが、彼女が頭の中でつくりあげた「箱庭」的な日本は、生身の体で感じた日本とは大きな差があった。最初の五年間を北海道で過ごし、現在関西在住の孫にとって、日本は複数の異なる顔をもつ文化である。彼女によれば、人びとはそうした「複顔」の日本文化を部分的に共有していて、そこには外国人も参与している。特定の文化の括りに囚われることなく、自らを世界のさまざまな文化に対して開き、部分的であることを承知でそれらを選択的に取り入れ、自由闊達に生きること、そして他者に対しても同じ姿勢で臨むこと、これが孫の大切にする生き方である。

第11章「『無』としてのマイノリティー――不可視の内なる他者」では、シンガポール出身のロスリン・アン（Roslynn Ang）が、実際には「そこにいる」のに、多数派には見えない少数派の人びとについて語る。彼女はこうした不可視の存在を「無」と呼ぶ。近代国民国家日本の空間は和人を中心に均一化された。それは周辺民族の同化をもたらしたが、抑圧されたアイヌや沖縄の人びとの苦しみは無化された。日本留学時代のアンは、こうした状況下における少数派の民族的アイデンティティを研究していたが、渡米後は違う角度からものを見るようになった。それは、《馴化＝奇妙を当然にする》と《異化＝当然を奇妙にする》の逆転である。かつて、アンは日本という「奇妙」な異文化をいかに理解可能にするか（＝馴化）に関心があり、自文化のシンガポールを顧みることはなかったが、渡米後は他者経由でシンガポールの自明性を疑う（＝異化）ようになった。馴化と異化は表裏一体の関係にあることにアンは気づいたのである。さらに彼女は、少数派という異質の他者を理解するだけでは不十分で、多数派の生活を円滑にさせるための日常を疑ってみる必要があると説く。それは究極的に社会構造や文化の在り方の見直しにつながっていく。

第12章「国内の異文化体験——『彼ら』としての先住民と私」では、台湾出身の呉松旆が台湾と日本における先住民研究について語る。第6章との関連で最初に用語について断っておくと、概して「先住民族」は特定の土地に先住する個々の民族を指し、「先住民」は世界各地の先住民族を集合的に表す。そして、台湾では先住民を「原住民」と呼ぶ。ただ、日本語と違って侮蔑の意味はない。むしろ、台湾は世界でも先進的な原住民政策をもつ国として知られている。呉が通った国立東華大学原住民民族学部では、学生の約半数が原住民族出身であった（「原住民」と「原住民族」の差は、上記の「先住民」と「先住民族」の差と異なるので、本文を参照）。入学後のオリエンテーションで、呉はそばにいた原住民の学生から突如「あなたはどの村の出身？」と聞かれたという。「村」とは原住民の村という意味である。どうやら彼は原住民と間違われたらしい。それまで自分の民族的アイデンティティを考えたことすらなかった呉は、この質問を機に自分にとっての「当たり前」を徹底的に問い直していく。東華大学には「ホームとフィールド」という典型的な人類学的区分はなかった。なぜなら、大学という研究者にとってのホームには、通常、フィールドでしか会わない現地人＝原住民が入り込んでいて、原住民抜きの原住民研究はあり得なかったからである。呉がアイヌを研究するために北海道大学に留学したのは、そこがホームとフィールドの交差点だったからに他ならない。

第13章「アイデンティティの複雑さ——カタルーニャ人とスペイン人であること」では、ビエル・イゼルン・ウバク（Biel Isern Ubach）が、スペインという国家における民族的・文化的アイデンティティの複雑さについて語る。大学院時代を札幌で過ごしたイゼルン・ウバクを悩ませたのは、「あなたは何人？」という一見簡単な質問であった。なぜなら、カタルーニャ（カタロニア）州出身の彼には、「カタルーニャ人」という自意識はあるものの、「スペイン人」という意識は希薄だったからである。事実、彼は成人するまでスペイン語がうまく話せず、生涯で一番スペイン語を話したのは、スペイン人の友人と一緒だった札幌であったという。こうした事情の背景には、国家とネーションの複雑な絡みがある。日本語でネーションが「国」と訳される時、それは統治機構である国家と近くなるが、この言葉には「民族」や「国民」という意味もある。今日、カタルーニャはスペイン国内の自治州の一つだが、住民は独自のネーションであるという意識が強いので、スペイン中央政府から統一の圧力がかかると反発するのである。その極みが二〇一七年一〇月のカタルーニャ独立宣言であった。イゼルン・ウバクは、こうした状況を日本人が理解するのは難しいかもしれないが、幕末以降の近代国家日本の形成過程をよく見れば、同様の問題が浮かび上がるのではないかと問いかける。

第Ⅲ部　もう一つの日本

最後の第Ⅲ部「もう一つの日本」では、第14章「『無知』から『愛着』へ――北海道朝鮮初中高級学校『ウリハッキョ』でエスノグラフィーした僕」で、サッカーを通じて国際交流を図るＮＰＯ勤務の川内悠平が、多くの日本人にとっての「内なる他者」、在日朝鮮人との交流について語る。ふとしたことから、川内は「在日朝鮮人と言われる人びとにとって、朝鮮学校にはどういう意味があるのか」という問いに駆られる。二〇〇七年公開の映画『ウリハッキョ』（「私たちの学校」の意）の上映会の開催を通じて札幌の朝鮮学校を紹介された川内は、週に一回、生徒たちと活動を共にする。そして先生や保護者とも語り合う。最初は「恐怖心」に駆られていた川内だったが、徐々に打ち解けて彼らに「愛着」すら感じるようになる。だが、彼らを知れば知るほど、「研究対象」として「分析」して論文を書くという行為に疑問を抱くようになった。そんな時、川内は彼のおかげで「日本人に対する見方が変わった」という言葉をかけられる。それは「その『現場』に共に存在して影響しあって、何かが生まれた」という確かな実感を生んだ。そして、川内は日本人にとっての朝鮮学校の意味についても考えるようになる。思い至ったのは、ウリハッキョは日本人の鏡という意味で、実は「私たちの学校」でもあるということだ。

第15章「身体の非対称性――ひとりのダンス教師は異なる身体とどう向き合ってきたのか？」では、農学部出身のダンス教師で、後に人類学に転向した井上淳生が、社交ダンスの世界について語る。異性間の身体接触を前提とする社交ダンスは、日本では一〇〇年ほど前からその存在は知られていたが、いまだに色眼鏡で見られることがある。だが、井上を人類学に向かわしたものは、日本における異文化としての社交ダンスではなく、踊りという人間の自然な感情を定型化された身体所作にはめ込もうとする社交ダンスに対する違和感であった。その背景には、踊りは好きだが社交ダンスの枠組みでは踊れないシニアの男性の存在があった。井上は問う。なぜ、その男性にとっては「普通」の動きが、教師の目には「奇異」に映るのか。そして、なぜ教師は自分自身の「普通」を疑おうともしないのか。こうした問いに人類学は答えてくれるのではないか、と井上は期待したのである。彼はダンス教室を飛び出して、高齢者、車いすの人、全盲の人、脳性まひの人など、実にさまざまな人たちと踊る。そして井上が確信したのは、身体の非対称性という、対称性を理想とする正統な社交ダンスからは見えなかった事実であり、たとえ踊り手たちの身体が非対称であっても、社交ダンスは成立するということであった。

本書を締めくくる第16章「人類学は役に立つか？——手話通訳者になりそこねた学生のその後」では、手話通訳者としての資格をもつ沢尻歩が、日本の聴覚障害者コミュニティーについて自らの思いを語る。(5) 手話を言語と位置づけた国連の障害者権利条約（二〇〇六年採択）を機に、「手話は一つの言語であり文化である」という主張が日本でも勢いを増した。手話を大別すると、日本語とは文法も異なる独自の「日本手話」と、日本語の語順に合わせた「日本語対応手話」がある。沢尻が手話を習った二〇〇〇年代は、日本手話の運動が盛んになっていた。修士論文執筆時に彼を悩ませたのは、周囲には日本語対応手話の使い手が多かったので、一方を取りあげれば他方を蔑ろにする恐れがあったことである。また、沢尻は論文を障害者のために役立てることを渇望していたので、彼らを単なる研究対象と見て分析することには抵抗があった。しかし、それでは論文が書けないので、結局、沢尻は当り障りのないテーマを選んで、論文完成後、学問に別れを告げた。加えて、以前のようにボランティアではなく、業務として手話をすることにもとまどいを覚え、プロの手話通訳者としての道も自ら断った。

(5)「障害」「障碍」「障がい」という表記は、それぞれに賛否両論がある。本書では、「害（障壁）」をつくっているのは不自由のある個人ではなく、彼らを取り巻く社会であるという「社会モデル」に従って「障害」と表記する。

一見、両方とも中途半端に終わったようだが、現在、会社員一〇余年目の沢尻は、決してそうではないと言う。なぜなら、彼が人類学と手話を通じて学んだことは、実社会でとても「役に立っている」からである。どのように役立っているかは、沢尻本人の弁を聞いてほしいが、研究対象の人びととの関わり方は人類学にとって非常に重要な問題であるだけに、彼の考え方には一考に値するものがあるだろう。

本書を読むにあたって

本書は、かつて「未開社会」の研究として発達した人類学を専門的に学んだ者たちが、フィールドワークという形で国内外の異文化と深く接触して、「他者理解」「他者経由の自己理解」「他者との共存」という三つの根本的問題について、各々の考えや体験をエッセイ形式で綴ったものである。海外旅行が一般化して、遠くの異人と接触する機会が増えた今日、また、国内の多文化化・多民族化が進んで、かつての異人が隣人となった今日、もはや異文化体験は人類学者の特権ではなくなった。しかし、そういう時代だからこそ、異文化体験をフード（food）、ファッション（fashion）、フェスティバル（festival）の３Ｆに限定することなく、より深く学んでほしいと思う。

本書は大学の教室で使われる可能性を考えて、一学期で消化できるように一六章構成とした。一週間で二章進めば半学期で終わるので、巻末に掲げた他の類書（たとえば、稲賀　二〇〇〇、春日　二〇〇八、菅原　二〇〇六、高城　二〇一七、李・金谷・佐藤　二〇〇八）との併用／併読を勧めたい。それらは私自身がこれまで大学の授業で使ったもので、大変優れた論集である。また、日本には質の高い人類学やフィールドワークの概説書が多いので、それらと本書を合わせ読めば、理論と実際の両方を学ぶことができるだろう。

各章の冒頭には執筆者による要旨が載せられているが、本序章には「読みどころ」が記されているので、授業での発表担当を決める際などに参考にしてほしい。また、学生が報告書やレポートを書く時のことを考えて、各章末には三点から四点の有益な文献を簡潔に説明した【読書案内】が付いている。さらに、巻末には【文化人類学をより良く知るための文献】がリストアップされている。

ただし、既に述べたように、本書には学術書に見られる註はいっさいない。研究室で醸成された理論的上澄みではなく、沈殿しているフィールドでの原体験を読者に伝えるのが本書の目的だからである。紙幅の関係で、専門用語や専門的な事柄の説明はおおむね省いているので、教室で使う際には教員の方々に適宜説明をお願いしたい。一般読者の方々は細かいことを気にせず、関心のある章から読み進んでいただけたらと思う。

本書が異文化研究に関心のある人びとに広く読まれると同時に、人類学教育の一端を担うことを願ってやまない。

謝辞　本序論の執筆にあたって、川瀬由高氏（本書第3章の執筆者）と安念真衣子氏（本書第2章の執筆者）から有益な示唆を受けた。この場を借りて二人の元学生にお礼申しあげたい。

第Ⅰ部　日本人が見た異文化

第1章　他者像を完成させない
――国際協力で揺らぐ自己の先に見えたもの

細見　俊

貧困にあえぐ社会で生きる人びとの現在や過去の苦しみだけでなく、時として計算高い彼らの多様な姿、いわば実寸大の姿を私たちは知ることができるだろうか。自分が体験しえない人生を歩んできた他者を、本当に理解することができるだろうか。本章では、筆者が学生時代に国際協力活動を通じて出会ったベトナムとウガンダの人びとと向き合う中で、試行錯誤を繰り返しながら辿り着いた「他者理解」について記す。

投げかけられた最初の問い――ベトナムから

「物乞いに行けないから、これはいらない」。

そのひとことから、自分の中で作りあげられる他者の姿を意識するようになった。

二〇〇九年、大学四年の夏、中古の車いすを日本から途上国に届けるNPOに所属していた私は、ベトナムにいた。東南アジアの雨季特有の蒸し暑さと、激しく降るスコールに悩まされる中、飛行機の乗り継ぎやタクシーでの移動を経て、ベトナムの田舎町に車いすをようやく届けられた安堵感に浸っている。冒頭の言葉を耳にしたのはそんな時だった。車いすを受け取った母親と車いすに座る子どもの笑顔を、事前に思い浮かべていたのだろう。不満気に話す母親の顔と拒絶の言葉に私は困惑した。息子を車いすに乗せて毎日市場に物乞いに行くためには、立派だが重い車いすではなく、現在使用している軽い車いすのほうが良い。そう説明する母親に、「使ううちに慣れるから」と通訳兼コーディネーターが半ば強引に車いすを受け取らせ、記念写真を皆で撮り一行はその場を後にした。あの時に感じた違和感と後ろめたさは今も忘れない。

当時二〇キロ以内まで無料で預けることができた飛行機の手荷物として、日本から旅行者が車いすを途上国の人に直接届けることが団体の活動だった。手荷物として届ける以上は船便などのように大量の車いすを届けることはできず、必然的に台数が限られる。しかし、少数であるがゆえに、一台一台使用する人の障害や身体に合わせて、医学的に正しい車いすを選択することができる。団体の理念や強みはその丁寧さにあった。ところが、今私の目の前にいる人はその選択を否定し、団体はそれをさらに否定している。使用する本人や家族のためとはいえ、車いすを必要とする当事者の声を押しとどめる「正しさ」とは何なのか。それと同時に、何となく良いことをしているという自己満足感からか、私自身も国際協力に対してどこか思い違いをしているような、大事なことを見落としているような気がしていた。

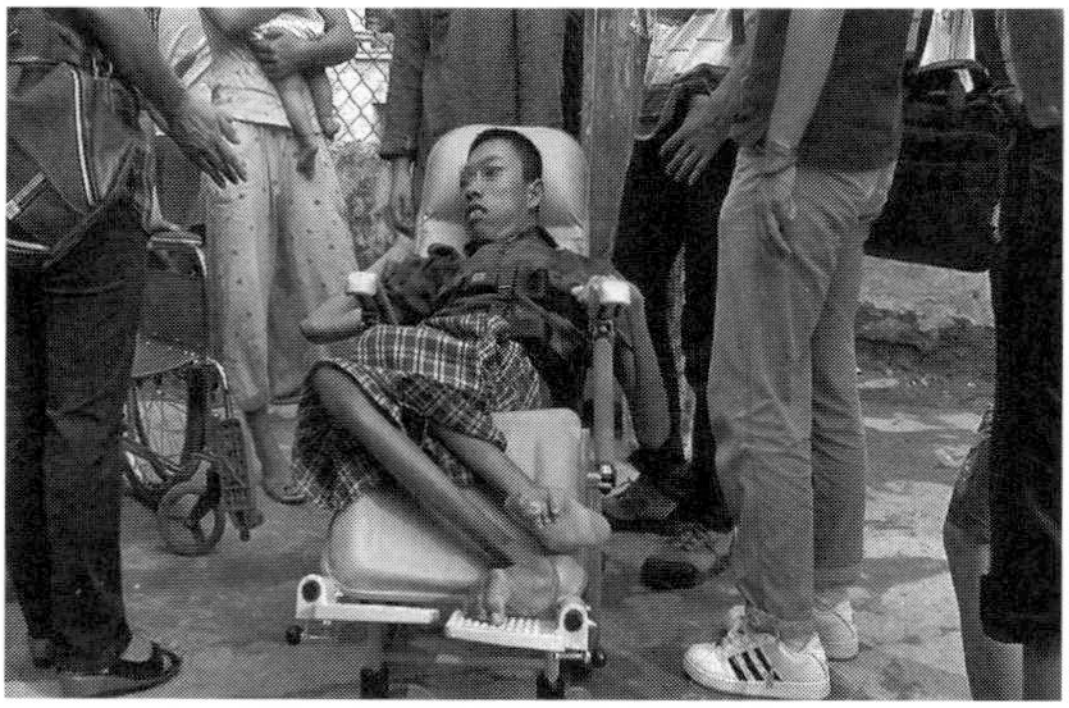

ベトナムの障害児に届けられた車いす（2009年　筆者撮影）

そして、自分が抱えるそのモヤモヤは、どのように質の高い「支援」を効率的に行うかという、技術的な問いから生じているものではないことも感じていた。

事前に届け先との連絡をより密に行い、車いすを使用する人のニーズを把握すること、どのような意図で車いすを選択しているかを、使用する人に対して説明することなどを徹底することができれば、同じようなミスマッチは起こらないのかもしれない。国際協力業界で働くことを志していた私に求められたのは、そのような観点からの考察だったのだろう。しかし、当時の私は、支援という括りで考えるよりも何よりも、母親とその子のことを知りたかった。そこにいる人たちの声を聞きたかった。なぜ正しさという名のもとに、そこにいる人たちの声が聞こえなくなるのか。その構造を知りたかった。

国際協力を学ぶため大学院へ

ベトナムでの一件は、進学予定だった大学院での研究計画を見直す契機になった。進学先の大学院は、国際協力の推進や実務家養成を目的とした研究科であった。私の研究テーマは、子ども時代を兵士として戦場で過ごした元「子ども兵士」と呼ばれる人びとの社会復帰支援について、援助者の立場で研究することであった。

子ども兵士はどのような人びとか。子ども兵士とは、世界に二〇万人から三〇万人いるとされる一八歳未満の武装勢力に所属する者を指し、七歳で武器を手に取り戦場で生きる者もいる。人間が子ども時代を戦場で過ごすことにより生じる問題はいくつかある。①教育を受けられず読み書きができないため、職を得ることが困難になりやすいこと、②ＰＴＳＤ（心的外傷後ストレス障害）をはじめとした心理・精神的な問題を抱えること、③上官に強いられた自分自身の家族や自分の住む村の人間への殺人や暴力によって、コミュニティーから疎外され居場所が失われること、の三つが代表的なものだ。元子ども兵士の社会復帰支援とは、これらの問題の解決あるいは問題の度合いの軽減を図る支援のことをいう。

当初の研究計画書は、元子ども兵士の社会復帰支援をどのように行うのか、そしてより良い支援とは何かという関心に基づいて作られたものであった。しかし、ベトナムでの経験から、支援を行う側（先進国）の人間である私は、そもそも子ども兵士の人びとをどのように理解しているのか、そこに歪みはないかを知りたいと考えるようになっていた。

とはいえ、上記の問いが修士論文という形に結びつくものであるか自信はなく、またその問いを基にどのように研究を進めるかについても確たる考えはなかった。しかし研究の具体的な進展がない日々の中、私は所属するゼミで、自分の問いを考え進めるヒントを得ることになる。

さまざまな国の留学生が所属するゼミの授業中に、「なぜ日本の売春する高校生ではなく、途上国のセックスワーカーを対象に研究するのか」と、ある日本人学生が留学生に問われ、答えに窮する場面があった。それは、私が自身に向けるべき問いでもあった。日本人である自分が、なぜアフリカにいる子ども兵士を問題だと思うのか、なんとかしたいと思うのか。「人権侵害」「国際法違反」だからなのか。投げかけられたそれらの問いと向き合った時、明確な答えどころか、今まで考えたことすらなかった問いであることに気づき、初めて子ども兵士という問題に出会った時のことを思い返していた。

子ども兵士との出会いを振り返る

私がこうした問題に関心を持ったのは、これからどのように生きていくのかについて悩んでいた高校二年生の頃だった。自分は何のために大学で学ぶのか。大学卒業後に何をして生きていくのか。国際協力の道への関心はある。しかし、語学や専門知識、社会人経験などの、国際協力の世界で働くうえで求められるものを、自分は身につけることができるのか。容易には思えないその道を進んでいくだけの強い意志を、自分は持ち合わせているのか。一歩を踏み出せずに立ちすくんでいた私の目に、ある時アフリカのシエラレオネの少女兵の苦しみを伝える新聞記事が飛び込んできた。

自分（私）は、どの大学に行き、何を学ぶかを選ぶことができる。進学後も安心して生活でき、集中して学ぶことのできる環境にいる。進学後の自分の努力によって就職先の選択肢が広がる。その一方で、新聞紙上の美しい瞳をした、聞いたことのない国の少女は、武器で人を傷つけさせられ、教育を受ける機会を奪われ、兵士時代に身籠った子どもを一人で育てる生活を送っている。そして、そのような状況下でも、彼女は教師になるという夢を持っている。

国家からだけでなく、国際的な支援も十分に見込まれない当時の状況下でも、彼女は自分の将来を前向きに語り、かたや私は自信のなさから複数の選択肢のどれを選んだらよいかわからないという、些細で贅沢な悩みに頭を抱えている。彼女と私の対照的な姿は、生きるうえであらかじめ多くの選択肢が自分に保証されていたこと、そのことに気づかずに生きてきたことを、私に思い至らせた。何を選択すればよいかわからない私は、何を選択してもその先に進むことができる。しかし、彼女の教師になるという選択の先に、道が続いているようには思えない。

私は、彼女自身が語ったわけではないものの、彼女を取り巻く現実とその中で生きる彼女の想いに触れたような気がした。そうして、彼女と同じような境遇にある人びとの力になりたいと考えるようになった。

行ったことのない遠く離れた場所にいる、会ったこともない誰かの苦しみを知り、その誰かのために自分にできることをしたい、力になりたいと考える。このような、自分以外の人間の境遇や感情を想像し、自分のものとして共に感じることは、人間が持つ力の一つだろう。そして、その想像／共感は、実際に行動を起こす動機にもなり、尊いものだと思う。大学院に進学しようとする私を後押ししてくれたのは、アフリカの元少女兵の存在だ。彼女と私は、異なる社会にありながらも、思うようにならないそれぞれの現実の中で、一度きりの人生を良きものにしようという一点でつながった、同じ人間だ。あれから一五年経った今でも、私は同じ想いをもっている。

募り始めた違和感——私の中にあるアフリカ

自分の想いを再確認した私は、改めて子ども兵士の人びとについて知るために書籍や映画、ニュースなどを調べていくことにした。しかし、子ども兵士を伝えるさまざまな情報に触れる中で、違和感が増していった。

初めて子ども兵士について知った高校生の頃と比べて、自分には子ども兵士問題に関わる「知識」が増えた。子ども兵士が存在するという現状に対しても、依然として憤りを覚えていた。それにもかかわらず、自分と子ども兵士の彼／彼女らとの距離が広がったと感じるのはなぜなのだろう。高校生の頃のように、シエラレオネの少女とつながったという感覚が薄れていくのはなぜなのだろう。

苛立ちにも似たその感情は、さまざまな媒体を通して伝えられる子ども兵士の姿からきていた。拉致によって家族から引き離され、子ども時代を過酷な戦場で過ごした「かわいそう」な存在。戦場から平穏な社会に戻ってきても、戦場での肉体的・精神的傷やコミュニティーからの排除、経済的困窮によって遅々として社会復帰が進まない「哀れな」存在。子ども兵士をそのように描く媒体がほとんどだった。そのうえで、だからこそ彼／彼女らを助けないといけない。そう続ける媒体が多かった。

コンゴ民主共和国の紛争孤児
（2016年　撮影：NPO 法人テラ・ルネッサンス）

また、多くの子ども兵士が抱えるという、トラウマ／ＰＴＳＤの医学的概念によって、自分が彼／彼女らの苦しみを先取りして理解しているような気がしていた。苦しみや経験をどのように捉えるのか、そして、そこにどのような意味を見出すのかは、その人自身が決めることだ。私には、彼／彼女らの苦しみを理解することはできない。できるのは、その人の苦しみの存在を知ることだけだ。しかし、精神科医やカウンセラーでもない自分が、実際に子ども兵士に会ったこともない自分が、本来その人のものである苦しみを、フラッシュバックや悪夢などの「症状」として、既存の枠組の中に当てはめ、矮小化して知ったような気になっている居心地の悪さがあった。

そしてもう一つ、より根源的な疑問が自分自身に向けられた。私は、アフリカの子ども兵士だけに関心を持っているのではないか。子ども兵士は、第二次世界大戦中の日本にもいた。同じアジアのカンボジアにも、第二次世界大戦後の内戦時にいた。社会復帰支援へのニーズを

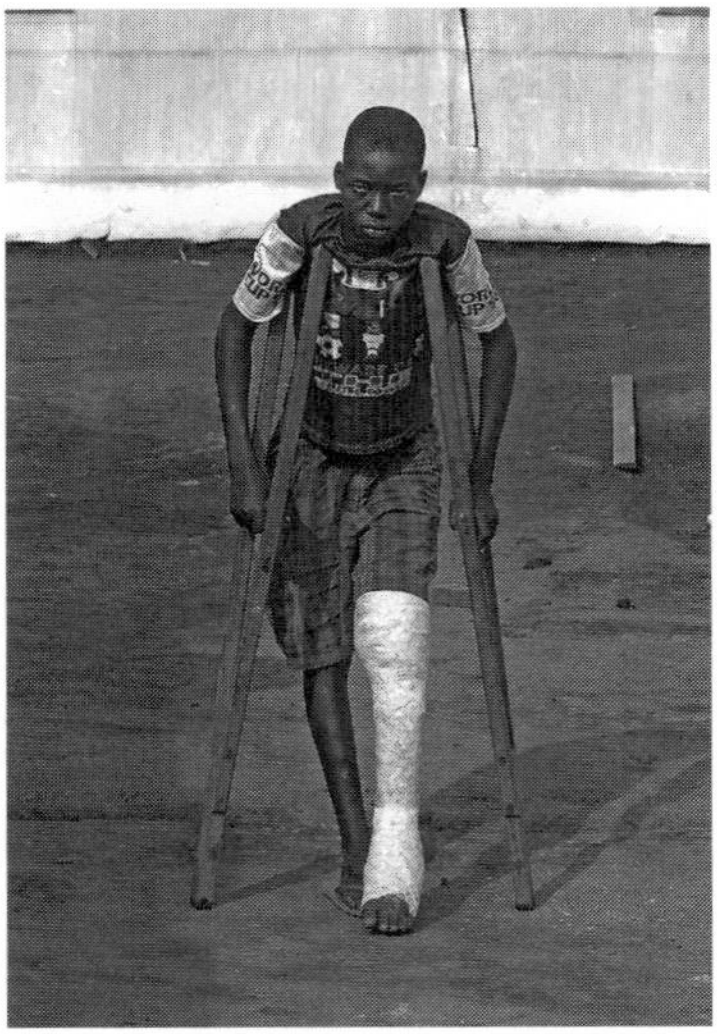

16歳から戦場に立った元子ども兵士
（2004年　撮影：山田しん）

もつ元子ども兵士の人びと、戦場での体験によるトラウマ／ＰＴＳＤに苦しむ人は、より身近にいるかもしれない。なにゆえにアフリカなのか。

その問いを突き詰めると、自分の中で作りあげられたアフリカの姿と向き合うことになった。

人はアフリカと聞いて何を思い浮かべるだろうか。おそらく、「貧困」「戦争」「病気」「銃を持つ兵士」「母親の胸の中に頭を埋める痩せこけた子ども」「頭を抱え、涙を流す人びと」等々、冷たくて暗いイメージが含まれているのではないだろうか。実はこれらは私の頭にも浮かんだことだった。

私たち日本人が日常でほとんど情報に触れる機会すら限られるアフリカ。そこに住む人びとや歴史や社会を知らない私たちが、ある日突然、子ども兵士という存在を初めて知ることになる。その時に私たちは何を思うか。彼／彼女らの体験した悲惨さや苦しみに触れて感じるものが、メディアが伝えるイメージそのままの「かわいそう」「哀れ」というものが多いとしても、不思議ではないだろう。そして、アフリカに対して私がもっていた暗いイメージに、子ども兵士という存在は合致していた。

大学院で留学生から投げかけられた問いは、自分自身の想いを確認し、自分の違和感を掘り下げていくきっかけとなった。しかし、結果として、私は子ども兵士どころか、自分自身の立ち位置さえもわからなくなっていた。援助者や自分を含めた先進国社会の人間が、子ども兵士に向けるまなざしを問い直す。その結果として何が残り、どのようなことにつながるのか、わからなかった。そのような状況で、大学院一年目の二〇一〇年、アフリカのウガンダ行きが決まった。

ウガンダでの出会い

日本の国際協力のＮＰＯにインターンとして所属していた私は、二〇一〇年の夏に、団体の元子ども兵士社会復帰施設があるウガンダを訪問することができた。豊かな自然があり、赤道直下でありながらも高地で過ごしやすい気候のウガンダは、かつて「アフリカの真珠」と呼ばれていた。だが、その美しい国は、一九八〇年代後半から二〇〇六年まで二〇年にわたり激しい内戦があり、その間に三万人もの子ども兵士が存在していたとされる。中には一〇年以上拘束された子ども兵士もおり、社会復帰支援のニーズは現在でも高い状況にある。

ウガンダ行きが決まってから実際に行くまでの間も、私の行き詰まり感がなくなることはなかった。滞在するのは六泊七日で、「フィールドワーク」と呼ぶにはあまりにも短い期間だった。子ども兵士に会うことのできる時間も限られていたため、その間に何かがわかるとも思えなかった。しかし、そんな

ウガンダの元子ども兵士社会復帰施設にて
（2018年　撮影：認定 NPO 法人テラ・ルネッサンス）

予想に反して、私はかけがえのない体験をすることになったのである。

長旅の末、施設にたどり着いた私たちを迎えてくれたのは、元子ども兵士の人びとだった。広い青い空の下、アフリカの赤い土の上で始まった歌とダンス。のびやかな歌声と晴れやかな顔で踊られるダンスに触れた私は、自然に涙が流れていた。彼／彼女らが、その人として、「今、ここで生きている」。そのことに心が揺れ動いた。

私が出会った元子ども兵士の人たちは、自分だけでなく他の人の人生をより良いものにするために力強く生きていた。現地では、自分が早く自立して同じような元子ども兵士の人びとを助けたいという声をよく耳にした。兵士時代にレイプされ、誰が父親かわからないまま子どもを出産し、一人で子どもを育てる元少女兵の女性は、自分の子どもを大学まで行かせたいと言って、まっすぐ私の目を見て伝えてくれた。

先進国社会で伝えられるように、子ども兵士に「かわいそう」で「哀れ」な面があることは否めないのかもしれない。

支援を必要としているのも事実だ。そうだとしても、彼／彼女らがただ「かわいそう」で、無力で何もできない存在なのかというと、そんなことは決してない。強く思った。

そして、私がもっとも身近に彼／彼女らを感じることができたのは、元子ども兵士の男性二人から、私の持っていた携帯電話を「渡せ」と言われた時だった。彼らは、「お前は日本に戻っても、また新しい携帯電話をすぐに手に入れられるだろうけど、俺たちは違う」、と私に説明した。苦笑しつつ、「それはできない」と答えた私は、先進国側の人間の期待や想像から外れているであろう、不真面目なこの二人との出会いが無性に嬉しかった。

人間は多様な存在だ。同じ一人の人間の中にも、さまざまな感情や当人ですら言葉にできない想いがある。元子ども兵士の人びとは、私たち先進国の人間から見ると、かわいそうで、哀れなのかもしれない。だが、実際の彼／彼女らは他人のために生き、真っすぐで、したたかで、ずるくて、でも一人一人が自らの人生を豊かなものにしようと生きていた。

国際社会で伝えられる元子ども兵士の姿は、しばしば限定的で固定的なものだ。そして、私たちは、自分たちがもつ「悲惨なアフリカ」イメージの延長上で、元子ども兵士の人びとを捉える傾向がある。しかし、現実の彼／彼女らは、私たちがもつ情報やイメージの外で生きている。私が感じた嬉しさは、元子ども兵士の男性二人が、元子ども兵士としてではなく、一人の人間として接する機会を与えてくれたからだ。

他者像を更新し続ける――ベトナムの体験を振り返って

異なる社会で生きる人の現在や過去の苦しみだけにとらわれずに、その人のさまざまな姿、その人らしい姿を知ることができるだろうか。私が体験しえない人生を歩んできた他者を、私は一瞬でも一部分でも理解し、共感することができるだろうか。そうした問いを考えることが、学生時代の私にできる国際協力だった。一〇年近く経つ今も、その問いへの答えの手がかりさえ得ておらず、そもそも自分の頭の中で考えたことや紙の上で言葉にしたことが、具体的に他者の苦しみを和らげることはないのかもしれない。

しかし、現在の私にとって上記の問いは、国際協力という目的だけでなく、自分の根幹に関わる、どうしても考えなければいけないものになっている。最後に舞台をもう一度ベトナムに戻して、そのきっかけとなった体験について改めて考察したい。

大学四年生の時、車いすを届ける国際協力活動でベトナムの人びとと接した際に、私の心の中に生まれたモヤモヤはいったい何だったのだろう。

そうしたモヤモヤが生まれたのは、一つには、私が、自分の心の中にあらかじめ存在した相手のイメージと、現実の相手が異なっていることを薄々感じながら、自分の理解できる枠組みに相手を押し込んで理解しようとしていたからだと思う。そのような理解はたんなる自己の押しつけであって、他者を理解することだとは言えないだろう。

そして、私たちが、他者やある行為を「理解する」「知っている」ではなく、「意味がない」「理解不能」と言う時、それらの言葉の前には常に「自分（たち）にとって」という言葉が隠されているように思う。だが、意味がないのは、自分たちの意味世界という枠組みの中での話である。「意味がない」という言葉は、相手の価値観や文化や社会の文脈での意味を知ろうとしていないことの表れではないだろうか。そして、「意味がない」「理解不能」と私たちが口にする時、相手とのこれからの関係性をも自ら閉ざしてしまうように思う。

あのベトナムの子どもにとって、医学的に正しい車いすが届いた時に、母親はなぜ喜ばなかったのか。それは、母親にとっては目の前の生活をどう成り立たせるかが重要な問いだったからであり、息子の身体／障害に合ってはいるものの、重くて市場まで連れて行きにくい車いすでは、その問いへの正解にはなりえなかったからではないだろうか。今となっては、真相はわからない。ただ、当時私が感じた違和感は、彼女たちの声を聞くことなく、自分たちの正しさを押しつけたことにあったのだと今は思う。

自戒の意味も込めて言うと、他者を理解する行為は自分本位なものに陥る可能性がある。私たちが他者を「理解する」「知っている」と認識していたとしても、実は自分の理解できる範囲（自分の枠組み）での理解に留まっていることがある。自分の中にある、相手の属性や立場、外部から無意識に取り入れた情報を基にした他者像。そして、「相手にこうであって欲しい」という自分の期待やイメージに基づいた他者像。それらから外れない限りにおいて、私たちは相手を理解したと認識する。他方で、自分の

働く店の前で誇らしげな施設卒業生
（2018年　撮影：認定NPO法人テラ・ルネッサンス）

中の他者像から外れた部分は見ないようにして、自分には了解不能なものとしている。しかし、他者を自分の枠組みから一方的に捉えることは、理解ではない。自分たちの理解の枠組みの中だけで相手を捉えることは、暴力的でさえある。では、他者を理解するとはどういうことだろう。

私の限られた経験から、一つだけ自信をもって言えることがあるとしたら、それは自分の他者像を完成させずに、相手を知ろうとし続けることだと思う。他者を理解するという行為は、ある時点で完了するものではない。なぜなら、人間は自他共に言語化できない複雑な感情や思いを有し、常に揺れ動く存在だからだ。私が明日何を考え、どのように感じるかは私自身にもわからない。それは、私が知りたいと願う相手も同様だ。また、自分とは圧倒的な距離を感じる他者だけでなく、自分の身近にいる家族や友人や同僚などに対しても、身近にいるからこそ、私たちは自分の願望や期待を相手に投影し、相手の姿を自ら歪めて捉えることがある。

だから私たちは、自分の中にある相手の姿を問い直し続けなければならない。相手の言動に惑い傷ついたとしても、相手の内面を深く理解できたと安心したとしても、自分がもつ特定のイメージだけで相手の姿を捉えないようにしなければならない。相手に対する自分の期待、困惑や「わからない」の先に、つまり自分の理解を越えたところで、その人は生きている。それは、国際協力の推進という目的のためだけではなく、私が一個人として誰かと向き合うために大事にしたいことだ。

私は、これからも、自分の中の他者の姿を更新し続けながら、相手と関わるつもりである。そして、そこから広がる多様な世界を見てみたいと思っている。

【読書案内】

落合一泰　一九九七「東方の驚異、ワイルド・マン、インディアン、グリーザー——近代西欧〈民族人類学〉によるアメリカ大陸の〈占有〉」、青木保ほか（編）『講座　文化人類学第一巻　新たな人間の発見』岩波書店、一四一－一八〇頁

近代西欧におけるアメリカ大陸先住民の理解が、「西欧／文明／男性」対「非西欧／野蛮／女性」という既存の他者認識の枠組みに基づいていることを明らかにした。「理解」の社会的・時代的制約を知るうえで参考になる。

ソンタグ、スーザン　二〇〇三『他者の苦痛へのまなざし』北條文緒（訳）、みすず書房

世界中の情報や出来事の写真・映像が拡散する今日、メディアは集団殺戮、飢餓、伝染病などに苦しむ人びとの「衝撃的な姿」を伝え、それを見る人びとの現実認識に影響を与える。本書はこうした事実の背後にあるものを考察した。

波平恵美子　一九九四『医療人類学入門』朝日新聞社

人類学は人間のあらゆる技術、情報、知識を「文化」とみなす。人間の身体の普遍性を前提に、万人に共通で不変の技術を用いることで発展した現代医療も例外ではない。文化として医療を捉えるための基本書。

宮地尚子　二〇一九『トラウマの医療人類学（新装版）』みすず書房

ＰＴＳＤ（心的外傷後ストレス障害）概念の社会的構築性を踏まえて、トラウマは当人ですら言語化することが難しく、多義的で社会的・文化的文脈の中で捉えることが重要であることを示した一冊。

第2章　「当たり前」を問い直す

——ネパールの農村生活を通じた「読み書き」についての一考

安念真衣子

本章では、日本人読者の多くが、日常的にほぼ無意識に行っている「読み書き」を取りあげる。今日の日本では、「読み書き」は多くの人にとって当たり前の行為であり、それを学習することは自立した人間になるための第一歩とみなされている。しかし、本当にそうなのだろうか。そこには無批判に構築された規範があるのではないだろうか。筆者がフィールドワークを行ったネパールの農村では、規範化された「読み書き」が生きづらさをもたらすことさえある。本章では、そうした人びととの出会いを通じて筆者が考えた「当たり前」を、読者と共に自覚的に問い直してみたい。

「読み書き」をめぐる旅への誘い

「読み書きができますか?」

このように問われたならば、この本を手に取った人の多くは、「読者」である以上「できる」と答えるだろう。では、「読み書きができない人はできるようになるべきか」と問われたならば、どのように答えるだろうか。「もちろんできるようになるべきだ」と言う人もいれば、「その必要はない」と答える人もいるかもしれない。あるいは、「できないのはその人自身の勉強不足のためだ」と言う人がいるかもしれない。いずれにせよ、あなた自身はどのように答え、そしてなぜそのように答えるのだろうか。そもそも何を読み書きできれば「できる」と言えるのだろうか。自分自身の答えに一歩踏み込んで考えてみてほしい。

本章では、「読み書きできること／できないこと」を思い巡らすことになった、私の体験を共有することで、私たち（多くの読者）が日常的に何気なく当たり前にしており、あえて考えることのないであろう、読み書きについて少し目を留めてみたい。

「字を書ける」ことは「当たり前」か？

「字を書けないから」。少しうつむき加減に少女が呟いた。

これは、大学三年生になる二〇〇八年の春、私がフィリピンで出会った少女とのやりとりでのひと言である。その地で知り合った彼女と継続的に連絡を取りたいと思った私が、「手紙を送るから」と言って紙とペンを差し出した瞬間の出来事であった。積極的で快活な彼女が、伏し目がちに紙とペンを受けとることを断ったことは、私にとっては印象的な出来事であった。「読み書きのできない人」が存在し、そうした人びとを対象にした識字教育が行われていることを情報としては知っていたが、目の前にいる自分とさほど年齢の変わらない少女と結びついてはいなかった。私にとってこの出来事は、「読み書きできる」ことを当たり前のことではないと意識し、「読み書きできない」ことを生の現実として初めて知った瞬間となった。

なぜ私にとって印象的な出来事となったのだろうか。仮に「走るのが苦手なの」や「縄跳びができない」との言葉であれば、さほど気に留めることもなかっただろう。つまりこの時の私にとって、「字を書けない」ということは走ることや縄跳びの得手不得手とは異なる特徴として印象づけられたのだ。これは、読み書きができる／できないということについて、それ以前に思い巡らすことがただなかったというだけでなく、「字を書ける」ことを当たり前として捉えていたことの裏返しでもある。少女に対して何か触れてはいけないことに踏み込んでしまったような申し訳なさと気まずさを感じながら、一方で、それは私が「書けない」ことをどこか哀れに見てしまっていることの表れではないだろうかと思わずにはいられなかった。

ネパールの農村で識字教室の場に加わる

それから三年後の二〇一一年、私はネパールで識字教室に参加していた。調査者として、かつ自身もその地の言葉を学ぶ学習者として、である。農村地域に住む人びとにとって、文字の読み書きはどのような意味をもつのか考えたいという欲求から、大学院博士課程へと進学したのだ。

先述の少女との出会いをきっかけに、実際の識字教室の場を見たいと思った私は、大学院に入学する前年にネパールでその機会を得た。首都のカトマンドゥの街中にはデーヴァナーガリー文字が溢れていた。見慣れたローマ字表記とは異なり、それは絵のようにしか見えなかった。見慣れない景色に触れて「不便さ」と「異国感」を覚えながら、私自身が読み書き「できない」一人であることを実感していた。さらに、訪れた識字教室はカトマンドゥからわずか数一〇キロに位置するにもかかわらず、案内してくれたNGOのネパール人スタッフも長年ネパールで働いている日本人スタッフも、その場の人びとが話す言葉を理解できず通訳不可能であったことに驚いた。私にとっては、多民族かつ多言語状況にある国家と人びととの生活を目の当たりにして、驚きと好奇心を感じたのであった。見慣れない文字、そのうえ

デーヴァナーガリー文字が溢れるネパールの街中
（2009年　筆者撮影）

同じ文字体系を使っていても異なる言語。この時の訪問は、「読み書き」への関心を持っていた私にとっては興味深く、ネパールにのめり込み、調査地として選ぶもっとも重要な機会となった。

旅行者としてではなく、まがりなりにも学術的関心をもち、一時的とはいえその地で生活する調査者として訪れたネパール。カトマンドゥから約五〇キロ、段々畑が広がる丘陵地に位置する調査地は、雨の降らない乾季を迎えていた。日本の秋冬にあたるこの時期は農閑期であるとはいえ、農業を主な生業とするこの村では鶏の鳴き声と競うように起床し、早朝から家畜の世話や畑仕事で忙しい。日が昇る前にひと仕事を終えると、日中には収穫物の日干しや脱穀など乾燥した状態で行う農作業が待ち受ける。夕暮れには、薪を使った火起しから始めて二時間ほどかけて料理する。熱々のご飯をあっという間に口にかきこむと、半人前にもならない慣れない農作業で疲れ果てた私を待ち受けるのが、夜間の識字教室であっ

日中に行われる豆の収穫（2013年　筆者撮影）

た。

一九時頃、辺りはすっかり暗い。ＮＧＯに支給されたＬＥＤライトを片手に、畑の間を通り抜けて教室へと向かう。もともと住居であった石と土壁でできた建物は、一階は家畜小屋、二階が物置兼教室として使用されている。ミシミシと軋む階段を昇ると、収穫したトウモロコシが積まれている。土壁には、貸与されたホワイトボードと、識字教室でのルールが書かれたポスター用紙が掛けられている。一つ、時間通りに集まること。二つ、一九時一五分に始めること。三つ、お酒を飲んでから来ないこと、持込まないこと、云々。

一〇人ほどの女性が車座になると部屋はいっぱいだ。古い土の床が抜けないか不安になる。胡座をかいて膝と膝を押し合いながら、座るところを確保する。誰からともなく雑談がはじまる。その日の出来事、トマトの出荷価格、村の若者の駆け落ちの話など、次々に展開していく。ひとしきり話をすると復唱がはじまる。教科書を教師が読み上げ、それに続いて生徒が音読するという学習法である。声を出しながら指で文字を追う。各々が違う文章を指差しながら声を出しているところをみると、「読んでいる」

識字教室の中の様子（2011年　筆者撮影）

というより音を繰り返しているようにも思える。歌をうたい出す女性、その歌に合いの手を入れて盛り上げる女性、重たそうな瞼で眠気に抗う女性、すっかり身体を横たえている女性、早く教えてよと教師を急かす女性など、教室の中はさまざまだ。早朝に起床してから、搾乳、給餌、草刈り、壁塗り、耕作、収穫、出荷、薪割り、料理などと、数々の仕事をこなした女性たちの多忙な一日の中に、識字教室へ通うことが組み込まれているのだ。

教室で淡々と繰り返される復唱や、余暇の時間であるかのように楽しんだり眠ったりするさま、鉛筆を持つこともままならない様子、そして朝から晩までの彼女たちの働きぶりを見ていると、この地で生きる彼女たちの生活に、識字教室で学ぶことはどのような意味をもつのだろうかと、私はますます疑問に思うのであった。彼女たちはこの地でこれまで既に生活してきており、生計の中心的な役割を担ってきたわけである。教室で学習する単語の読み書きにも至らない程度の内容が、生活を大幅に改善し、収入を向上させるとも思えない。こうした疑問や困惑は、裏を返せばそこに私自身の見方――精を出して読み書きを勉強するべきであり、そうすることで生計向上や将来の選択肢の拡大などの何らかの役に立つものに違いない――が暗黙のうちに存在していることの表れでもある。さらに、彼女たちの態度は一見すると決して「熱心」とはいえない。しかし、私の視点からは「適当」な態度に思えたとしても、一方で疲れ果てた彼女たちが教室へ足を運んでいるというのもまた事実である。彼女たちはどのような思いで教室へ足を運んでいるのだろうか、彼女たちにとって読み書きができる／できないとは、どのような問題なのだろうか、と思い巡らす日々が続いた。

「教育を受けていない」ことによる女性の劣等感

「誘われたからただ来ているだけよ」。これは、調査を始めた頃に識字教室について尋ねる私に対して、ほぼ初対面であったアサ（三〇歳台女性）が語った言葉である。教室で頻繁に寝ている彼女に対して、私はあまり「熱心さ」を感じなかった。

しかし、「教室に行く目的などない」と私に語った翌年、彼女は「夫が、教育を受けた妻が欲しいと言って、カトマンドゥにもう一人奥さんをつくって帰ってこない。私も教育を受けていれば、と思うと悔しくて。教育を受けたくて。だから識字教室にも行く」と話すのであった。そして彼女はのちに、一二年生（日本の高校三年生に相当）を修了した後妻を迎えた夫と離婚することになった。

無論、彼女と夫との不仲は、彼女が「教育を受けていない」ことによってのみ生じたものではない。本来ならば、教育を受けた妻であるかどうかの問題のみではない関係性のひずみが、教育の有無に還元されて語られているということなのだ。しかも、「教育を受けていない」という烙印は、彼女にとっては今更どうしようもないことである。アサは少しでも引け目を軽減したいと思って、識字教室に足を運んでいたのだろう。

文具を使うことを身につける

ネパールで過ごすようになってから、識字教室で学ぶ女性たちと知り合うたびに私は、「教室に通う目的は何ですか？」「文字を使って何を書きますか？」と質問を投げかけていた。彼女たちの返答の多くは、「名前を書く」というものであった。

しかし私にはその意図がどこかピンときていなかった。「名前を書く」ために必要な文字はせいぜい数文字である。そのために何カ月もかかるものだろうか、教科書を見て模倣すればすぐに書けるようになるのではないか、と。

カビタ（三〇歳台女性）の書き方は、そのような私の想像力を広げてくれるものであった。ある日彼女は、宿題をしなければと地面にノートを広げていた。いつも鍬や鎌を見事に使いこなし、畑の植物の茎を傷つけないように耕作する彼女だが、手にする道具が鉛筆になると手が震えて使えない。隣で六歳

識字教室で母の代わりに消しゴムを使う子ども
（2014年　筆者撮影）

の娘ブミカに鎌の使い方を練習させて夕飯の野菜を切らせていたが、今度はブミカが母親の手をとって鉛筆を握らせる。間違えるたびに訂正しようと消しゴムを持つが、力の加減がわからず上手に消すことができない。消えなかったり、ノートが破けたりする。何度書いてもうまく書けず、カビタは照れ笑いをしながら、「見ているのと、手が違って動くのよ」と一連の様子を観察している私に話す。彼女は、自身の名前の一文字を、そこにいた誰もが想定しない書き順で、一画の途中からまるで絵のように完成させていく。しかもそれは毎回違うところが始点になるのであった。

鉛筆の持ち方や消しゴムの力の入れ加減は、日常的に農作業などで使用する使いなれた道具の扱い方とは異なるのだ。幼い頃から文具に慣れ親しんだ私たちにとって、鉛筆を持つことは「当たり前」であるだろう。それと同様に、彼女にとっては農具を持つことが「当たり前」であり、鉛筆は不慣れな道具であった。鉛筆を使っていた小学生の私が、初めてシャープペンシルを手にした時に、芯がすぐに折れてしまいうまく書けなかった、そんなことを思い出した。ただ「名前を書く」といっても、文具を身体化するという大仕事なのである。

「名前を書く」という身近な文字の使用場面

ネパールの村の女性たちと生活していると、「名前を書く」場面は定期的に観察された。それは、主に女性を対象とするマイクロファイナンス（小規模金融）の活動においてであった。毎月の会合で彼女たちは返済するお金を持って集まり、新たにグループからお金を借りていた。その際、会合に集まった人びとは自筆のサインが求められるのだ。自筆できない女性は、代筆してもらった名前のうえに拇印を押す。村で暮らし、農業で生計を立て、同じグループに属し、お金を貸し借りしているという意味で、彼女たちは「同一」だ。しかし、マイクロファイナンスの経営母体に提供される名簿上では、彼女たちは二つに差異化されていた。すなわち、自筆署名が「できる人」と拇印が押された「できない人」である。「できる人」の中の読み書きの程度は多様である。名前をようやく書ける人、簡単な文章を書ける人、初等教育を終えている人などである。しかし、名簿を見るだけでそうした違いは判断できない。明確なのは、「できる人」か、（識字教育においてもっとも初歩とされる）自分の名前さえも書くことが「できない人」か、という点である。

識字教室に通う目的を尋ねた私に対して、学習者の女性たちが、「名前を書けるようになりたい」や

書類に自筆署名できないため拇印を押す女性
（2014年　筆者撮影）

「文字を使って名前を書く」という返答をしていたのは、それが彼女らにとってもっとも身近な文字の使用場面であったからだろう。彼女らの日常生活の中で何かを書くことが求められる場面は頻繁にあることではない。むしろ、必要な書類は「書けない」とされる彼女らには回されず、夫や同居する家族や親族の手元に渡されることが多い。そのような彼女らにとって、自筆の署名が求められ、それに応えることは、ただ「名前が書ける」こと以上の意味があると思われる。そして、それができることは、見知らぬ他者に不必要に「書けない」人物の証を示すことなく、金銭をめぐる社会制度に接合する機会をつくることでもあるのだ。

他者との関係で立ち上がる学習意欲

識字教室に通う女性の一人、マヤは三〇歳台の女性だ。彼女は幼い頃に兄に連れられて小学校に行ったことはあるが、すぐに通わなくなった。成長してから勉強したいと思ったが、その時には学校に戻れなかったと彼女は回想する。マヤは、識字教室が開催されるたびに学習者として登録し、何度も教室に通った。そして、大半の学習者が自分の名前を読み書きできるようになることを目標としている中で、教科書や雑誌の文章を手で追いながら読み、自身の心情を綴ることができる程度に文字の読み書きを習得した特異な人物でもある。

ある日、マヤは村の小売店で日用品を購入した。普段よりも高額の買い物であったが、彼女は暗算で正しくお釣りを受けとった。しかし帰宅後、多くの荷物を抱えた妻を見て夫が問いただし始めた。彼は何がいくらだったかと尋ねては、手元にあった紙の切れ端に数字を書き、確かめ算をした。そして書き終えると、「お釣りが足りない！」と声を荒げた。私を含めて三人で確認し、結局、彼女の暗算に誤りはなく、夫の計算過程に誤算があることがわかった。その二日後、彼女は「自分の頭の中だけだったら計算はできるのよ。書くのは忘れちゃった」と話しながら、計算式の練習をしたいと言い、ノートに筆算の練習を始めた。

買い物をする、あるいは商品作物の出荷等々で金銭のやり取りをする、という点で彼女にとって日常的な「不便」があるわけではない。これまでそうしてきたように、彼女は暗算で買い物や出荷を行う。しかし、それが文字になった時、彼女にはどうしようもなかった。彼女の暗算では、紙面に書かれた夫の誤算を指摘することも、また自身の暗算の正しさを証明することも出来なかったのだ。彼女が「無学である」がゆえに、「不確かな計算」を疑われ、不本意にも怒鳴られる。さらに、数字で記された以上、彼女にとっては反論不可能なものとなってしまったのだ。

こうした出来事ののちに筆算の練習に取り組むマヤの様子を見ていると、彼女らの学習意欲は、身近な他者や日常的な他者との相互行為の中で生じているのだと思わざるをえない。単に「何かに使える」文字の読み書きをしようとしているのではなく、共在する他者との関係の中で、いかにより良く生きるかという個々人の経験や将来への期待につき動かされているのだ。

日本の「読み書き」について自省する

さて、私自身は「読み書き」をどのように捉えていたのだろうか。私自身のどこかに、目に見える形で「何かに使える」読み書きを習得するために学習する必要があるのだ、という前提が刷り込まれてはいなかっただろうか。

自戒を込めて、「できない」彼女らは「できる」ようになる必要があるのだという、無意識の感覚があったと言わざるをえないだろう。それが何のための、どのような読み書きであるか、については熟慮することもなく。だからこそ、フィリピンで出会った少女に対して、字を書けることは当たり前ではないということに思い至らなかったし、識字教室の学習内容とそこでの人びとの態度は「不十分」にも感じられたし、その場に集まる女性たちの動機に想像力を十分に働かせることができなかったのである。

しかし、ネパールで出会った女性たちの日常生活とそこでのやり取り、彼女らの周辺の他者との関わりに巻き込まれていく中で気づかされたことは、私が想定していた「役に立つ」読み書きと、彼女たちの日常生活において「役に立つ」読み書きの間に、違いがあったということである。彼女たちが関心を向けているのは、共在する他者との関係をいかにより良く生きるかという点であり、読み書きを学習したいという動機も、そうした他者との関係の中で喚起されるものであった。

さらに、彼女らが直面する困難の根底には、読み書きができない人物に対して「何かが足りない」と見なす私たちの眼差し、読み書きできることが当然であって、それがないと苦労するという私たち自身の眼差しがあるのだということへの気づきも重要だろう。かつての私がそうであったように、「できない」ことに対する想像力の乏しさ、「かわいそう」や「哀れ」な存在と見なす眼差し、教育を受けていないということに対するネガティブな評価など、多くの人びとが読み書きできることを当然視し、それができないことを個人的な課題、本人が努力して習得すべき知識や技能の不足として捉えているがゆえに、彼女らはより難しい状況を生きているように思うのである。もちろん、読み書きにおいて彼女たちが苦労するというのは一面では事実かもしれないが、しかし他方で私たちが考えなければならないのは、読み書きを個人が身につけていて然るべき当然の能力とすることで、彼／彼女らのみに苦労と解決を押しつける状況をつくり出していることに、多くの人びとが無自覚であるという問題ではないだろうか。

自他に対する規範の枠を広げる

私たちの生活は文字に囲まれている。それを客観的に捉え直すことが難しいほどに文字が溢れている。人びとのあらゆる営みに直接的にも間接的にも読み書きは絡みつき、文字と無関係にはいられない。だからこそ、「読み書きできる」ようになることは良いことであるという正の価値が容易に付与される。文字を知れば何かが変わる、「彼ら」には教育が必要だという、「非識字」を個人的な課題に落とし込むような社会通念が無自覚に存在している。

私たちの多くにとって、「読み書き」することはあまりにも「当たり前」になっているからこそ、読み書きを「できない」ことを想像したり、何をもって読み書きすることが「できる」と捉えているのかを思い浮かべたりして、読み書きが「できること／できないこと」を相対化することは難しい。しかし、であればこそ、無自覚であることを認めて、意識的に考えを巡らすことが大事なのではないだろうか。「当たり前」を問い直すことは、自分では思いもしなかった多様な価値観や考えや社会のあり方を知ることにつながる。そして、生活環境や周囲の人びととの関係に影響されながら、自身の中で無意識に構築されている「あらねばならない」像を再更新することになる。これは、他者に対しては、人間の生活はこうあらねばならないという規定された像からはみ出た人びとを、地続きの存在として汲み取りなおすと同時に、自身にとっても、規範の枠を広げて「そうでなくてもよい」という視点をもたらす。

読者の多くは、本章に登場した女性たちのように「読み書き」において生きづらさを感じることは少ないかもしれない。しかし、私たちが何らかの困難や行き詰まりを感じる時、そこには、自他に対して向けられた規範の枠に、うまくはまらない居心地の悪さが一つの要因として存在する可能性がある。「当たり前」を問い直すことは、私たちが人びととの狭間で生きるうえで、自身をも他者をも一存在として受容していくための重要な契機であると私は考える。

初めてネパールを訪問してから約一〇年、カトマンドゥの街に溢れる看板が、まるで「絵」にしか見えなかった街並みが、いつしか音と意味を伴う文字として認識されるようになった。そこで過ごす時間が長くなり、私にとっての日常の一部となるにつれて、初めに感じた不便さや違和感は薄れたり変化したりしていく。しかしだからこそ、無意識につくられている自分にとっての「当たり前」を、自覚的に問い直し続けたいと思うのである。

【読書案内】

押川文子・南出和余（編著）二〇一六『「学校化」に向かう南アジア――教育と社会変容』昭和堂

グローバル化の進展と共に急激な発展を遂げ注目を集める南アジア地域において、教育の普及が社会にどのような影響をもたらしているかを描き出した。二〇一〇年代の南アジアの社会と教育を俯瞰するための良書。

かどやひでのり・あべやすし（編）二〇一〇『識字の社会言語学』生活書院

文字の読み書き能力は、現代社会でどのような意味をもっているのか。主に日本における識字の問題を扱いながら、読み書きできるとはどういうことか、という問いを読者へ投げかける。「非識字」を社会の問題として捉えなおす一冊。

フレイレ、パウロ　二〇一八『被抑圧者の教育学（五〇周年記念版）』三砂ちづる（訳）、亜紀書房

ブラジルの教育思想家で識字教育の実践家でもあるパウロ・フレイレによる古典的一冊。知識付与形式の教育方法を預金に喩えた「銀行型教育」を批判して、対話の中で立ち上がる教育の重要性を説いた。

第3章　フィールドに「身を置く」ことと「わかる」こと
――フィールドワークのこぼれ話

川瀬由高

人類学者はフィールドに自らの身体を置くことで、未知のもの・不可思議なものが「わかる」という感覚を経験する。だが、現地の文化を「わかった」からといって、必ずしもそれが学術論文や民族誌（エスノグラフィー）に相応しい素材となるとは限らない。さらに、「現地ではそういうものなのだ」という意味で「わかった」としても、結局のところ「うまく言葉にできない／説明できない」現地の人びとの考え方もある。結果的に、人類学者は民族誌を書く段階でそのような出来事を排除しがちである。本章では、筆者が中国の農村で行ったフィールドワークで経験した、いまだによく理解できなかったり、うまく説明することができなかったりすることについて述べる。単なる成功談ではなく、むしろ筆者の「失敗」や「失態」を通して、現地に暮らす人びとの息遣いを描いてみたい。

あいまいな飼い犬

呂家には二匹の飼い犬がいた。ただ、私がそのことに気づいたのは、呂家での住み込み調査を始めてしばらくしてからだった。

私が初めて呂家の敷居をまたいだのは、二〇一四年三月七日のことだった。この日から私は約二三カ月にわたって、中国江蘇省の農村に暮らす呂家の人びとのお世話になり、現地の生活文化を学ぶことになる。畑仕事、薪割りと湯沸かし、子どもの送り迎えなど、私が手伝える仕事は多くはなかったが、それらの仕事を一つ一つ教わる中で、現地での人びとの暮らしを知り、また私自身も徐々に現地での暮らしに馴染んでいった。この家に暮らす呂おじさんと呂おばさんは、私にとっては地元の文化を教えてくれる先生であり、かつ父母のような存在であった。

呂家では鶏を飼っていた。鶏卵は日々の食卓に並び、また祝い事や儀礼の際には肉として供される。私は住み込み調査を始めてすぐに、朝晩二度の餌やりや飼育小屋の様子などを含め、この家畜のことについてフィールドノートに書き留めている。だがその時、呂家でイヌを飼っていたことに私は気づいていない。イヌの姿は見かけなかったからである。呂おばさんが鶏の餌のほかにもう一つ餌を用意していること、そしてそれを二匹のイヌが食べに来ていることに気がついたのは、住みこみを始めて一カ月が経過した頃のことである。私は呂おばさんに、なぜイヌの餌も用意しているのかと尋ねた。すると呂お

呂家のイヌ（2014年　筆者撮影）

ばさんは、あのイヌたちは「うちのイヌ」であり、しばらく姿を見せなかったイヌがまた戻ってきたんだ、と答えたのだった。

この二匹の飼い犬のことについて、結局のところ、私はよくわかっていない。名前も与えられていないこのイヌたちは、ペットと言えるほど可愛がられていたわけではなく、また番犬と言えるほど優秀でもなかった。ふらりと「自分の家」である呂家の庭にやってきて、寝そべっている姿を目にすることもあったが、日中はどこか外に行っている時間のほうが長いようであった。呂家の人びとが近づくと怯えて離れようとするなど懐いている様子も感じられず、餌の時間帯にこそ戻ってはくるが、夜になっても呂家の庭に戻ってきていることのほうが少なかった。そして、調査も半年を過ぎた頃、いつの間にか、呂家の庭にイヌの姿を見かけることはなくなっていた。イヌはどうしたのと尋ねると、呂おばさんは「どこかに行ったみたいだ」と答えた。それ以降、私はこのイヌたちの姿を一度も見ていない。

このイヌに対する呂家の人びとの無関心は、自然と私にも影響を及ぼしていたようで、イヌがいつ現れて、いついなくなったのか、私はフィールドノートに正確な日付を書き残していない。ただし、そのイヌはたしかに飼われていた。というのも、呂おじさんや呂おばさんは、「うちのイヌ」のために用意した餌を、どこからかやってきた（おそらくは別の家の）イヌや野良猫が盗み食いをしようとするのを目にすると、それをしっかりと追い払っていたからである。

フィールドワークと民族誌

以上に紹介したのは、中国のとある農村で私が目にした光景である。そして、一人の人類学徒であった私にとっての、フィールドワークの「こぼれ話」である。

私が調査した村は、江蘇省の省都である南京から南におよそ八〇キロメートルに位置する行政区・高淳に属する農村であり、住民のほとんどが漢族である。人口は五〇〇人ほどであるが、村民のうちでも、村に常住しているのは年寄りと子どもばかりとなっており、若者や壮年の男性らは進学や出稼ぎなどのために一年の大半を村の外で過ごしていた。このような状況は、今日の中国の農村部ではごく普通に見られるものとなっている。その意味で、私が体験し、また理解しようと努めた調査村での暮らしとは、「村に残った高齢者」による日常生活の様子であり、また、現代中国社会の一端を映し出した光景でもあった。

若者が不在となった農村で、人びとはいかに生業を営んでおり、また親族や友人などとの社会関係をどのように取り結んでいるのか。調査で収集したデータをもとに、現代中国農村の社会秩序をテーマとした民族誌（エスノグラフィー）を書き上げ、ようやく博士号を取得することができたのは、私が大学院の博士課程に進学してから六年目、長期フィールドワークを終えてから二年後のことだった。

人類学者にとって民族誌を書くことは、フィールドワークを行うこと、理論を生み出すことと並んで、もっとも重要な仕事である。このことは、人類学をめぐってさまざまな議論がなされた今日でも——たとえば、「文化を書く」という営為の政治性が指摘され、また一部の人類学者から「民族誌／民族誌学は人類学ではない」という痛烈な批判が提起されて以降も——変わってはいないと、私は考えている。綿密な現地調査に裏打ちされた民族誌的事実は、たとえ理論的潮流が移りかわったとしても、少しも揺らぐことはない。そのフィールド（調査地域・研究分野）の専門家ならではの生々しい情景の記述は、時に凄みをもって読者の常識に揺さぶりをかける。私自身が民族誌を通して描こうと試みたのは、中国の農村という異文化の世界で暮らす中で経験した驚きと発見であり、また、そこに長い時間にわたり身を置く中で初めて理解できた、調査村の日常生活の情景であった。

だが、私の博士論文となった民族誌には、先述したイヌについての記述はない。呂家の飼い犬の話は、学術論文や民族誌には「使えない」事例だと私は判断したからである。第一に、イヌについての詳細な情報を、私はフィールドノートにきちんと書き留めていなかった。第二に、放任されているようで、しっかりと餌は与えられているというイヌと人間の関わり方をどのように理解すべきなのか、私には見当がつかなかった。第三に、呂家のイヌの飼い方というトピックは、私が構想していた議論には役に立ちそうもなかった。このように、調査者として、書き手としての力不足のため、そして博士号取得を目指す一人類学徒としての判断のために、イヌの話は、私の民族誌からはこぼれ落ちてしまった。

　ある事例を書くという選択をすることは、別の事例については書かないという選択をすることと表裏一体である。民族誌も一つの学術作品である以上、調査データのすべてを書き込むわけにはいかず、記述内容の吟味と取捨選択は必須の作業である。ただ、それでも私がここでイヌの話をことさらに持ち出したのは、上記の第一と第二の理由に関して、私が従来までとは異なる、新しい理解に思い至ったからである。

　一つ目の気づきは、私がイヌについてちっともメモをとっていなかったのは、現地調査を始めたばかりで不慣れであっただけではなく、イヌのことが呂家の人びとにとってあまり関心事となってはいなかったからなのではないか、というものである。呂おじさんや呂おばさんとの会話の中でイヌについて積極的に語られたことはなく、またイヌが現れたこと／いなくなったことにさえあまり頓着していなかったからこそ、私も見落としていたのではないか。その意味で、私のフィールドノートの空白は、呂家の人びとのイヌへの態度を正しく反映していたのかもしれない。

　もう一つの気づきは、私は呂家のイヌのことをいまだに明晰な言葉では説明できないものの、「そういうもんだ」という意味ではたしかな理解を持っている、という再発見である。イヌがあたかも放任されているように飼われているという状況は、「ペット」や「番犬」などという言葉にはうまく馴染まず、説明するのが難しい。とはいえ、まさにそのあいまいさこそが呂家のイヌの飼い方の特徴なのであれば、ことさらに説明概念を持ちだす必要はなく、その状況をそのままそれとして理解し、曖昧さを留め置くかたちで提示すべきだったのではないか。そこで本章の冒頭では、「あいまいな飼い犬」について私が「わかった」と感じたプロセスとその理解を、なるべくそのままのかたちで紹介してみた次第である。

念のために付言しておくと、調査村の他の住民の家ではイヌは番犬として飼われ、かつ、その役割をしっかりと果たしていることも少なくない。私も村を散歩している最中によく番犬たちに吠えられた覚えがある。その意味では、呂家が飼っていた気弱なイヌの例は、かならずしも調査村のイヌの飼育の様子を代表するものではない。しかし、それでも私にとっては、呂家の飼い犬の事例は少し風変わりで面白い異文化であり、また実際に私が目にしたフィールドの日常の一コマであった。

人類学の研究は、日常生活の些細な事柄を注意深く観察することから始まる。たとえ論文や民族誌から「こぼれ落ちた」としても、そうした話に学術的価値や意義がないというわけではない。むしろ、こぼれ話から後々の研究が発展することさえある。

以下では、私のフィールドワークのもう一つのこぼれ話を紹介する。これもまた民族誌には「使えなかった」事例なのだが、実のところ、これはフィールドで暗中模索をしていた私の眼前の霧を晴らすような気づきをもたらした経験であり、さらに博士論文のテーマを考える際の重要な指針を与えてくれた経験であった。

中国高淳国際スローシティ「菜の花フェスタ」
（2015年　筆者撮影）

お祭りが始まる前にうろうろした話

南京市高淳区には、二〇一〇年に中国で初めてスローシティ（Città Slow）に批准したエリアがある。イタリア発祥のこの運動では、スローフードやスローライフの理念のもと、生態環境を保全しながらの持続可能な発展が目指される。高淳の当該地域「慢城《スローシティ》」では、エコ・ツーリズムや農村生活体験型観光が楽しめる観光地としての開発が進み、高淳内外から多くの観光客を集めるようになっていた。さらに、慢城（以下「スローシティ」）ではさまざまな文化イベントが企画されていたが、特に有名なのが、毎春、油菜の花が咲きほこる時期に、地元政府の主導で催されていたイベントだった。「金花旅遊節」、すなわち、菜の花トラベル・フェスティバルである（以下「菜の花フェスタ」）。

私が調査村に滞在してから一年が過ぎた二〇一五年三

月には、第七回目となる菜の花フェスタが開催された。この祭りにさほど興味を持っていなかった私は、具体的な開催日時さえも把握していなかったのだが、三月二五日の夕食後、団欒のひと時に、三日後にこのお祭りが開催されることを呂おじさんが教えてくれた。この時、私は呂家の人びと（図1）と、次のような会話を交わしている。

川瀬「おじさんも行く？」
呂おじさん「行かない」。
川瀬「じゃあ、お姉さんは行く？」
呂おじさん「行かない。嫁は行く。由高《ヨーガオ》、お前は嫁と二人で行ってきな」。
川瀬「あれ？［娘の］ユエンは［行かないの］？」
ズイ「あの子は［その時、村の近くで行われていた］物資交流会に行って、遊びたいんだって。だから私たち二人だ」。
川瀬「あ、そうなんだ。僕たちは昼には［家に］戻る？」
ズイ「わからない」。

この時期、呂家の男たち（息子のジュンと娘婿のビン）は出稼ぎのために村に不在であり、村にいたのは呂夫妻と嫁のズイ、孫娘のユエンだけだった。ここで呂おじさんは、自分はお祭りに行く気はないが、ズイ（筆者にとっての「嫂嫂《あによめ》」）が行くつもりなので、一緒に行くようにと勧めている。また、ユエンが

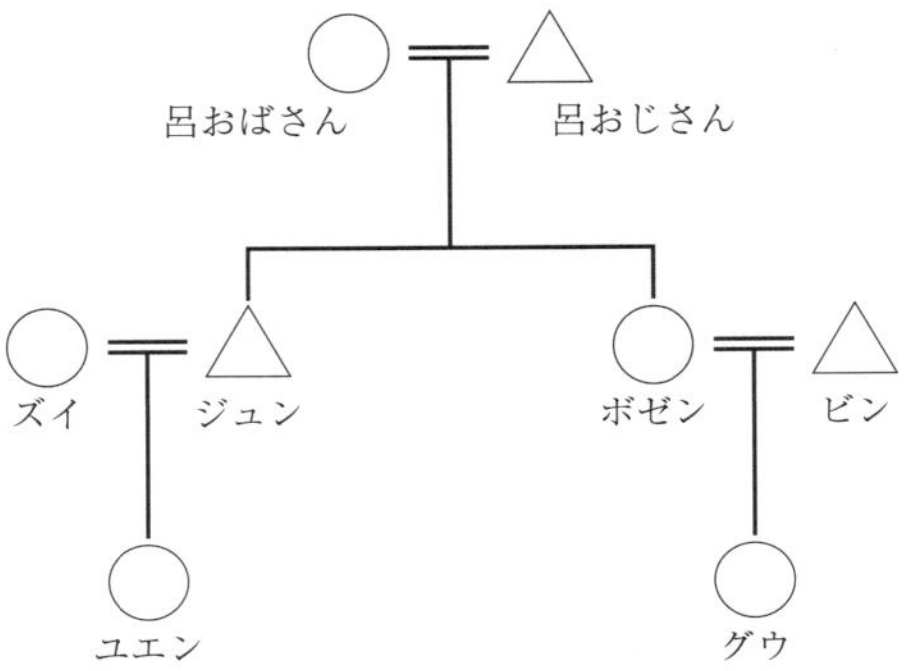

図1　呂家の人びとの関係図（△は男，○は女）

母のズイと行動を共にせずに，「物資交流会」と呼ばれる年に数度たつ市《いち》に行くというのは，調査村近くの村に住む，婚出した娘のボゼン（筆者にとっての「姐姐《あね》」）とその娘グウと共に遊びに行くという意味である。

この時は，ズイがいつ村に戻ることになるのかは「わからない」と述べたところで会話が終わり，話は別の話題に移った。調査村からお祭りの会場であるスローシティまでは，自動車で二〇分，バスでは三〇分ほどがかかる距離があった。お祭りにどのように行くつもりなのか，いつ出発していつ戻るのかという具体的な行動計画は，何も決まっていないままだった。この点については，お祭り前日の夜に，再び話がなされた。

呂おじさん「由高《ヨーガオ》，明日は俺は［祭りに］行かない。俺は一昨年も行ったことがあるから。お前は，嫁と一緒に見にいってこい」。

川瀬「どうやって行くの？」

呂おじさん「嫁は俺の弟の車で行く。一緒に行きな」。

川瀬「でも、人が多くない？　僕は自転車で行くよ」。

呂おじさん「そうか。自転車で一人で行くほうが［他の人と顔を合わせなくてよいから］楽だもんな」。

呂おばさん「大丈夫、乗れるよ。自転車は疲れるでしょ」。

川瀬「うんうん、でも大丈夫だよ」。「何時くらいに［祭りは］始まるのかな？」

呂おじさん「わからん。いずれにせよ、朝早く起きなさい」。


この時、私はようやく、呂おじさんが「一緒に行け」と言っていた言葉の意味（呂おじさんの弟の乗用車に同乗する）を理解した。だが、呂おじさんの弟の家には弟夫妻と嫁と孫の四人がいるので、さらにズイと私の二人が彼の車に乗ることはできないのではないか。このように考えた私は、呂おじさんの提案を遠慮して断ったが、呂おばさんの勧めもあったので、決定を先延ばしておいた。現地調査のために購入してあった自転車（マウンテンバイク）だと、村からスローシティまでは約一時間かかる。具体的な時刻はわからないままだったが、ともかく、早起きをすることにした。

翌三月二八日、朝六時に起きて身支度を整えた私は、いちおう一人で出発するつもりで自転車を用意し、出かける準備をしていた。だが、朝七時頃に起きてきた呂おじさんは、私に前日の提案をもう一度述べた。「由高《ヨーガオ》、俺は今日は行かないぞ。嫁と一緒に行きなさい。大丈夫、車には乗れる」。結局、私はこの勧めに従うことに決め、ズイの出発準備が整うのを待ち、それからズイの後について歩きだした。

筆者が使っていたマウンテンバイク（2014年　筆者撮影）

そして数十秒後には、呂おじさんの弟の車の前に到着した。その乗用車は、調査村に一軒ある小売店の前に止めてあった。

だが、案の定、車の中は既に人でいっぱいだった。しかも予想通りの四人のほか、さらにもう一人、彼らの友人まで乗っていた。彼らの孫が嫁の膝の上に乗ると、その空いたスペースにズイが素早く乗り込んだので、乗車人数は子どもを含め六名となった。呂おじさんの弟は、「あ、由高《ヨーガオ》も行くのか。詰めれば乗れる！」と言ってくれたが、私はさすがに無理だろうと考え、自転車で行くから大丈夫だという旨を伝える。そして、車の出発を見送ると、自転車をとりに呂家に戻った。時刻は七時半になっていた。

呂家には既にボゼンが来ていた（呂家の孫娘二人と共に市に行く予定であったため）。私が戻ってきたのを見たボゼンにどうしたのかと聞かれ、私は車には乗れなかったので自転車で行くよと答えた。そしてすぐに自転車にまたがると、スローシティへと向かった。この時私は、先の小売店のと

中国の田舎の三輪バイク。荷台が乗車スペースになっている（2015年　筆者撮影）

ころに呂おじさんがいるのを見かけたが、自転車を止めることなく、先を急いだ。

だが、自転車を走らせて三分ほどが経ったところで、ケータイに呂おじさんからの電話がはいった。以下はその会話である。

呂おじさん「由高《ヨーガオ》、どこまで行った？」
川瀬「まだ全然だよ。橋のところ」。
呂おじさん「じゃあ戻っておいで。小売店の店主の車で行く」。
川瀬「え？　おじさんも行くの？」
呂おじさん「行く」。
川瀬「あーそっか、わかった」。

こうして、私はふたたび呂家へと戻った。家に自転車を置き、小売店に歩いていくと、小売店では店主が車（三輪バイク）を用意していた。そして、私と呂おじさん、そしてさらに呂おじさんのイトコが乗りこむと、スローシティに向け出発した。会場には三〇分ほどで到着し、無事に菜の花フェスタを見物することができた。

現地の生活のリズムについての気づき

この日、私はフィールドのことが「わかった」という感覚を抱いた。その発見は、お祭りやそこで演じられたきらびやかなパフォーマンスから得られたものではなかった。むしろ、お祭りに行こうとしたという、ただそれだけのことのために、うろうろと何度も家と外を行ったり来たりしなくてはいけなかったことが手がかりになった。次にどうしたらいいかを思案して行動したものの、結果的にスムーズに行かずに右往左往したこと、そして、そのために少しくたびれたという感覚は、自らの滑稽さや可笑しさを思い起こさせると同時に、なぜ自分はこんなにもうろうろすることになったのかという問いにつながったのである。そして、この素朴な問いに思い至った時、それまでは何となく気にかかっていたものの、なかなか意識化されてこなかったものがストンと腑に落ちるような感覚がもたらされ、知的興奮を覚えた。この日の経験から私は、それまでの一年にわたる村での調査生活の中でたびたび感じていた感覚、すなわち、村人たちの生活のリズムのようなものの存在と、それに私がうまく馴染めていないという感覚を、はっきりと意識するようになったのである。

呂おじさんは、お祭りの三日前にも、前日にも、そして当日の朝になってからも、自分はお祭りには行かないと繰り返し言っていた。振り返ってみると、呂おじさんがいかに私のことを気にかけてくれていたのかが改めてよくわかる。だが、実際には、お祭りの直前になってから、呂おじさんは自らのイトコと友人である小売店の店主と連れ立って、ついでに私も連れて、お祭りに行くことに決めている。あまりにも短い時間で、三日前からの「行かない予定」は覆された。また同様に、呂おじさんの弟の車に乗る人物が誰になるかは、車の出発直前になってようやく確定された。

これは、ちょっとしたお祭り見物をめぐってなされた、ほんの些細な出来事であった。そして、肩ひじを張る必要のない、たいした用事ではなかったからこそ、調査地の人びとの普段の姿がはっきりと見えるような出来事だったのだと言える。彼らはいつもの調子で、即興的かつ柔軟に、自らの行動をその都度決定していた。すなわち、本章で示したエピソードには、四角四面な「スケジュール」や「予定」といった言葉ではうまく言い表せない、しなやかな振る舞いが見られたのである。お祭りがいつ始まり、いつ終わるのか。誰が行くのか、行かないのか。これらの事柄を、直前になってみるまで、誰もきちんと把握していない。より正確に言えば、これらの事柄はそもそも注意すべきことだと見なされてさえいなかった。そして、一寸先がわからないというような状態であっても、彼らは難なくお祭り見物を実現させており、空回りしていたのは私一人だけであった。ふたを開けてみるまで何が起こるかわからないが、さして問題はない。このような人びとの日々の振る舞い、いわば「日常的実践」を、私は心底面白いと感じた。

この日に私が身をもって体験し、意識化することができた現地の人びととの即興性と柔軟性は、その後の調査で徐々に大きな研究テーマとなり、「流しのコンバイン――収穫期の南京市郊外農村における即興的分業」（『社会人類学年報』四二号、二〇一六年）という論文に結実した。そこでは論証のための「データ」として使われることはなかったものの、中国語で言うところの「霊感」、つまり研究上のひらめきを、お祭りの日の経験は私に与えてくれたのである。

フィールドワークで「わかる」こと

本章で紹介したイヌとお祭り見物という二つの「こぼれ話」は、一見するとまったく別の話題である。だが、どちらも私がフィールドワーク中に理解につまずいた出来事であり、手持ちの言葉ではうまく説明することができない経験であった。私の力量では、いまでも一言で何かを言い表したりすることはできないものの、それでも、私が実際に目の当たりにした「フィールドのあの光景」は常に私の研究の出発点となり、また研究を続ける中で迷いが生じた時にも道しるべとなってくれた。むしろ、容易に言語化できないような感覚だったからこそ、ずっと心にひっかかり、新たな研究の視点を提供してくれるものとなったのである。

大学生時代に人類学を学んでいる時、私の指導教員で本書の編者でもある桑山敬己は、ゼミの際に、「フィールドワークで大事なのは、データを獲得するということだけではなくて、体で感じるということなのだ」という趣旨のことを話していた。この、フィールドワークで大切になってくる理解のありかたについては、日本語の「わかる」という言葉を考えてみるとわかりやすいだろう。

［…］一般に日本語の「分かる」という概念は、ただ論理的に理解するだけではなく、論理を超越した身体知（embodied knowledge）の獲得を意味する。体で感じ（体感）、体で得る（体得）ことが大切なのである。そのことを象徴的に表しているのが、「身につく」という日本人には何気ない、しかし外国人には不思議に思われる表現である（桑山敬己『ネイティヴの人類学と民俗学——知の世界システムと日本』弘文堂、二〇〇八年、一三〇頁）。

当時の私はこの言葉の意義を理解したつもりでいたのだが、いまになって振り返ると、それを自分のものとして実感できていたわけではなかったのだと思う。今後、私が元指導教員の教えを自分の学生に伝えていく時には、イヌとお祭り見物の話も紹介してみようかと考えている。フィールドに身を置き、自らの身体を羅針盤とし、わからないと感じたり、ひっかかったりすることが大切なのであり、逆説的ではあるが、それこそがフィールドワークでわかることなのだと。

【読書案内】

阿部朋恒　二〇一五「雲南省八二族の村で暮らす——文化（社会）人類学のフィールドワーク」、東北文化研究センター（責任編集）『時空を駆ける、フィールドワーク　東北学06』はる書房、一七二-一九七頁

若い頃に冒険家を志した著者は、紆余曲折とさまざまな出会いを経験して人類学者になった。精緻な文体で中国西南部の少数民族地帯の情景を浮かび上がらせ、人類学的フィールドワークとは何かを説いた必読のエッセイ。

上田信　二〇一九『死体は誰のものか――比較文化史の視点から』筑摩書房

かつての中国では、異議申し立てのためのツールとして死体が用いられることがあったという。私たちの「あたり前」を揺るがす文化事象を切り口に、希代の中国史家がスリリングに語った死体の比較文化論。

小川さやか　二〇一六『「その日暮らし」の人類学――もう一つの資本主義経済』光文社

たまたまバス停で出くわした友人に、新たなビジネスを教わることは可能なのか。アフリカや香港を舞台に、インフォーマル経済の世界を柔軟かつ巧みに生き抜く人びとの姿を豊かに描いた一冊。日本人の仕事観を見つめ直すヒントとなる。

川瀬由高　二〇一九『共同体なき社会の韻律――中国南京市郊外農村における「非境界的集合」の民族誌』弘文堂

ふらりと集まり、すっと立ち去る。明確な境界を有する「コミュニティー」の発想では捉えきれない、中国農村社会で見られる何気ない交流のしくみを描いた民族誌。筆者のフィールドワークの集大成。

第4章　フィールドで「信頼する」ことと「信頼される」こと
――人類学的ラポールの舞台裏

野口泰弥

本章では、フィールドワークで重視されている現地住民との信頼関係、いわゆる「ラポール」の構築について、従来強調されてきた「調査者が住民に信頼されること」を裏返した「調査者が住民を信頼すること」という、めったに語られていない問題について、筆者が調査地のインドで経験した住民との喧嘩を通して考察する。時としてお互いに疑いを持ちながらも、時空間を共にする他者とどのように関わるべきかについて考察する。

フィールドワークとラポール

「ヒロは疑り深くて俺らのことを信頼してくれていない」。これはインドでの調査中、友人であり調査の最大の協力者であったフィロスと喧嘩した際に言われた言葉だ。正確に言うと彼がこの言葉を放った時、既に私は怒って部屋を出ていた。あとになってから同伴していた友人の口から、フィロスがこんなことを言っていたと告げられたのである。

人類学にとってフィールドワークが重要であることは言うまでもないだろう。フィールドワークという方法は過去一〇〇年にわたって人類学を推進する強力なエンジンであり続けている。そして人類学的なフィールドワークで重視されてきたことの一つに、現地住民とのラポール（rapport 信頼関係）の構築がある。異文化に身を置いて調査を進める人類学の営みにおいて、調査者が現地の人びとに信頼され、受け入れられることが重要なのは理解してもらえるだろう。それゆえに、フィールドワークの教科書には、現地住民に受け入れてもらい易くなるための服装、エチケット、言葉遣いといった具体的な方法が説明されていることも多い。しかし、その逆のこと、つまり調査者自身が、その心の内で現地の住民をどのように受け入れていくのかということは、必ずしも明確ではない。

「フィールドワークの父」とも言えるマリノフスキー（Bronislaw Malinowski）は住民との間にラポールを構築し、それによって調査を成功させたと信じられてきた。ところが死後、調査時の日記が公刊されたことで、住民にたびたび不信感を示し、時に差別的な記述をしていたことが明らかになった。彼は住民を受け入れることに苦悩していたのである。それにもかかわらず、結果的に彼は素晴らしいエスノグラフィーを書きあげた。日記の出版は、ラポール関係によって住民の本音を聞き出し、それこそが調査に信頼性を与えるという認識論的な神話を打ち砕いた。そして、調査者の倫理の問題も明るみに出したと言えるだろう。極論するならば、調査者個人が住民を心の内で信頼し、受け入れられるかどうかは、異文化を理解しようとする人類学の知的営みとは無関係なものかもしれない。論理的には，調査者は住民のことを毛嫌いしていても，うわべだけうまく取り繕うことができれば，住民の本音を聞き出し良い調査ができるだろう。また，たとえ毛嫌いしていたとしても住民の不利益にならないように配慮し，倫理的責任を果たすこともできるかもしれない。

しかし，ラポールとはこのように一方通行なものなのだろうか。本来の語義としてラポールとは相互の信頼関係が成立している状態を指す。以下に紹介していくように，少なくとも私の場合は，調査者である私自身がフィロスのような住民を受け入れていく必要があったのである。

調査者として現地に入っても，住民は調査者を「調査者」としてのみ受け入れているとは限らない。私の場合は，調査を進める中で調査者／被調査者（協力者）という枠組を越えて，彼らの友人の一人として受け入れられ，調査者であるということだけでは割り切れない事態に遭遇することがたびたびあった。調査者ではなく，親しい友人として扱われるようになると，調査活動は，本来の研究テーマからはみ出して，彼らの生活のさまざまな局面に参加することが求められる。研究テーマに沿った調査というものは，こうしたさまざまな局面の中に生じるものの一部となってくる。そして，調査者としてではなく，友人としての心的交流が求められ，相手を信頼できていないということは容易に悟られてしまう。

本章では，調査が進むに連れて次第に調査者／被調査者という関係が変化していく中で，時に反発しつつも，私が住民を受け入れていく過程を，フィロスとの交流から紹介したい。

インドに行く

私が初めて南インドのケーララ州に行ったのは修士課程一年目の夏休みであった。私は当時、動物を研究する自然科学と、人間を研究する人類学が大きく異なることに疑問を感じていた。進化論に立てば、人間も他の生物種との連続性が認められる。それにもかかわらず、なぜ動物の行動は遺伝子や適応度という概念で語られ、人間の行動は主に意図や目的といった「心」の概念で語られるのか。こうした問題を考える中で、私は人間との関わりが深く、複雑な心的能力をもつとされているアジアゾウに興味を抱くようになった。

ゾウと人間を同一線上で考えていける調査地として、ケーララ州を選んだのはまったくの偶然であった。ゾウと人間が共に暮らしている国に行こう。そう思い立った時に、たまたま航空券が安かったのがインドだった。しかし、広い国土をもつインドのどこに行けば良いのかは皆目見当がつかなかった。二〇一一年九月の始め、私はケーララ州のコーチン国際空港のそばに、州立のゾウ訓練所があるという情報だけを頼りに、現地に行ってみることにしたのである。

ケーララ州はインド洋に臨むインド南西の州であり、人口は約三三〇〇万人。住民の多くはマラヤーラム語の話者であるマラヤーリ人であるが、タミル人など他の民族も暮らしている。住民の約半数はヒンドゥー教徒であるが、他地域に比べイスラーム教徒やキリスト教徒も多い。インド左派共産党が与党となることも多く、そのことも関係して義務教育が充実しており英語を話せる人も多い。私は現地では限界を感じつつも英語で一応の調査を行ってきた。気候は熱帯モンスーン気候であり、一年を通じて平均気温が二七度から二九度程度と安定しており、比較的過ごしやすい。ケーララの豊かな森林地帯には野生のゾウが三〇〇〇頭ほど生息していると言われている。

フィロスとの出会い——調査協力の申し出と困惑

コーチン国際空港に着いたのは夜だった。その日の宿すら手配していなかった私は、空港でオートリクシャー（安価な三輪タクシー）をつかまえて、どこか近場の安宿に連れて行ってもらうことにした。運転手は空港近くのペルンバヴールという町の、小さな宿の前に私を降ろした。さっそく玄関の扉を開けると、中にいた人びとが一斉にジロッと私を見つめた。明らかに宿ではない。私は誤ってホテルの裏に併設されていたバーの扉を開けてしまったのである。

ほろ酔い加減の小柄な中年男性が英語で声をかけてきた。「どこから来たんだ?」。それがフィロスとの最初の出会いだった。私は日本から来たこと、ゾウの研究をしたいと思っていることを伝えた。彼は笑いながら、「俺の地元で親戚がゾウを飼っているから任せろ」と言った。インドに来てほとんど初めて会話をした男が、いきなり調査の協力を申し出ている。出来すぎた話に私は逆に警戒し、笑顔でごまかしつつ、その夜は早々に話を切りあげた。

翌朝から私はゾウ訓練所があるコダナドに通った。訓練所ではゾウ使いがゾウを川に連れていき沐浴させることから一日が始まる。希望すれば私も、タワシでゾウの体をゴシゴシと洗わせてもらえる。沐浴が終わると訓練所に戻って朝食である。ゾウは団子や大量のヤシの葉を与えられ、何時間も何時間もそれを食べ続ける。私は三日間、訓練所に通ったが、毎日その繰り返しであった。ゾウの巨体を洗ってやるのは楽しかったが、ヤシの葉をモグモグとかみ続けるゾウを、ただ眺めていることに飽きが生じていた。

三日目の夜、私はなんとなくバーに顔を出した。フィロスはまた来ていた。私を見つけるなり彼は、「いつになったら俺の地元に来るんだ?」と声をかけてきた。私は、このままゾウの食事を見続けるよりはマシかと思い、彼の誘いにのってみることにした。もちろんバーで知り合ったばかりの彼を信用したわけではなかった。インドは詐欺が多い、そんな風に聞いていた私は内心、かなり困惑していた。翌朝、フィロスは約束通りに現れた。こうして私は彼の故郷であるトドゥプラに向かったのである。

トドゥプラでの調査――調査者/協力者関係の変移

トドゥプラに到着すると、フィロスは次々に親戚や友人を紹介してくれた。到着した翌日に町でお祭りがあった。フィロスは「今日、少年サッカー団の聖火リレーがあるからヒロも参加しろ」と言ってきた。私はよくわからないまま少年たちと聖火をもって町中を走る羽目になり、フィロスや町の人たちは

トドゥプラの町中で聖火を受けとる筆者
（2011年　撮影：サリムクッティ，P・A）

それを笑いながら眺めていた。聖火リレーのあとに、新聞の取材を受けた。翌日の新聞には「日本から来たゾウの研究者」という仰々しい肩書きで私の写真が載っていた。しかし、このことがきっかけとなり、私はトドゥプラの人びとに一発で顔を覚えてもらえることになった。町を歩いていると、新聞で見たとよく声を掛けられるようになった。

フィロスは約束どおりゾウの調査も全面的に協力してくれた。彼はゾウ使いが働いている現場に何度も私を連れて行ってくれた。伐採現場ではゾウ使いの指示に従い、ゾウがその鼻で大木を押し倒し、枝や葉をおおまかに取り払ったうえで運搬する。材木工場では、鼻を巧みに操って積み重ねられた丸太を製材機へと運んでいく。巨体が大木を自在に運ぶダイナミックさにも驚かされた。私はゾウとゾウ使いのコミュニケーションを映像に収めながら、ここにいれば調査がうまくいく、そんな期待を抱いていた。

彼と過ごす中で、バーで出会った時の困惑はすぐに消えていった。何か特定のきっかけがあったわけではないが、

ゾウ使いとゾウが協力して材木を運ぶ（2011年　筆者撮影）

調査謝礼として渡したバナナを平らげ筆者をなめるゾウ
（2011年　撮影：フィロス，P・A）

フィロス（後列左端）とトドゥプラの住民たち
（2011年　筆者撮影）

彼との他愛もないやり取りの中で、私が心配していたような悪意のある人間ではないことはすぐにわかった。

彼は大酒飲みで、自信家で、怒りっぽく、見栄っ張りだが、涙もろい一面もあった。彼はちょっとした「トラブルメーカー」であり、バーで他の客と口論となり胸ぐらを摑まれるようなこともたびたびあった。彼は自分のことを「きかん坊で浪費家」と表現してガハハと笑っていたが、町の人びとは彼のそうした面も含めて、受け入れていれているようであった。

彼は私にはとにかく「兄貴分」として接した。「お前がこの町にいる間は、俺がすべて面倒を見てやる」。そう豪語する彼は、本当にすべての面倒を見てくれた。飲食のみならずインドで使える携帯電話の料金まで、決して私に支払わせようとはしなかった。私は恐縮しつつも彼の好意に全面的に甘えていた。

しかし、このように彼と親しくなってからも、ちょっとした居心地の悪さを感じることがあった。一つは彼の好意の裏返しであるが、彼があまりにも「おせっかい」であるように

ニヤスが経営する服屋にて，ニヤス（左から二番目）とカマル（左から三番目）（2011年　筆者撮影）

感じたのである。たとえば彼は車が多いところでは、私の手を握って道路を渡ろうとするような人であった。彼は常に「弟分」として私を連れまわした。彼の付き添いとしてバーで一日が終わってしまう、そういうことが続くと、一人でゾウのいる所に行ったほうが良かったなぁと感じていた。今振り返れば、既にこの時期に私とフィロスの関係は調査者／被調査者の関係を超えつつあったのだと思う。フィロスは私をあらゆる場所に連れて行き、「ブラザー」として紹介していた。しかし、私は彼との交流を楽しみつつも、なかなかゾウの元に行けないことを調査者としてもどかしく感じていたのである。

また、当初は私に大盤振る舞いをしていた彼であったが、次第に、手持ちの金を使いきり私に金を求めることが出てきた。それはたいした金額ではなかった。また、彼が私にしてくれていることを考えると、多少のカンパは当たり前のようにも感じていた。だが、物価の安いインドで私が数日過ごせるだけの金を、彼は一晩で使ってしまう。そんなことが続くと、私は彼に都合よく使われているのではないだろうか、そんな疑いが生じることもあった。

インドでの残りの滞在期間も短くなり、私はコダナドとは別の州立のゾウ訓練所があるコーニに向かうことにした。フィロスは同行できなかったが、代わりにコーニ近郊に暮らしている親戚のニヤスを紹介してくれた。私は彼の暮らすパッタナムティッタに向かった。ニヤスは私と同世代で、若者向けの服屋を経営していた。彼の周りには、いつも若者が集まっていた。彼は私を快く受け入れてくれて、調査に協力してくれた。私はすぐに彼や彼の親友のカマルと打ち解け、たわいない話や将来の夢などをお互いに語りあうようになった。三週間の調査を終えて帰国の日、ニヤスとカマルは私を空港まで送ってくれた。空港にはフィロスも見送りに来てくれていた。フィロスは私の帰国を人一倍寂しそうにしているように見えた。

フィロスとの喧嘩――協力者からブラザーへ

帰国後もフィロスやニヤスは頻繁に私に電話をくれた。フィロスは次に来る時は友達や家族も連れて来いとよく言っていた。私が再びケーララに行ったのは修士課程を卒業し、民間企業に就職する直前の三週間であった。この時期にニヤスが結婚式を挙げる予定があり、私は彼から式に招待されていたのである。ゾウの調査、結婚式、そして大学院の卒業旅行をすべて兼ねるつもりで、私は日本人の親友と二人でケーララに向かった。

フィロスには滞在日程を伝えていたが、再会はなかなかできなかった。その時、彼はたまたま仕事でケーララから五〇〇キロ以上離れたタミル・ナードゥ州のチェンナイにいた。彼は私に数日待つように言ったが、延期に延期を重ね、再会できたのは帰国まで残り一週間となってからだった。私はトドゥプラの友人に頼み、ゾウのことを調べたりしながら彼の到着を待っていた。

フィロスは五〇〇キロ離れていても世話焼きであった。毎日安否確認の電話をくれる過保護な兄貴分に苦笑いしていた私であったが、たびたび口論になることもあった。それは彼が私に対して、ニヤスの結婚式への参加を絶対に認めなかったためである。出席を断るようにという指示に屈しない私に、彼は「式に出席するならお前とは縁を切る」とまで言った。

結婚とは個人が人生で経験するもっとも大きな社会的イベントの一つである。それ故に、花婿であるニヤスと私の個人的関係だけでは、参加の是非を決められるものではない。今でこそ、フィロスが拒絶した理由を人類学徒として調査すべきであったと反省しているが、その時の私は、参加を楽しみにしてくれているニヤスと、それを頑なに認めないフィロスとの板挟みになって翻弄され、私の行動を兄貴分としてコントロールしようとするフィロスに辟易していた。フィロスは、風邪をひいたと嘘をついて出席を断ることを強要した。私は仕方なく彼に従った。ニヤスは非常に残念そうにしつつも、私の体調を心配してくれており、心が痛んだ。

帰国日が近づき、私はフィロスと一緒に空港に近いペルンバヴールに移動していた。帰国の前日になって、結婚式を終えたばかりのニヤスと再会できることになった。私は彼との再会を喜び、また式に参加できなかったことを謝罪した。再会の席にはフィロスも同席していた。彼はいつものように私にあれこれと指示を出していた。彼が私に兄貴分としてあれこれと指示を出すのはいつものことではあったが、結婚式の参加を諦めさせられたこともあり、彼にうんざりして、怒りが抑えられなくなった。「もうほうっておいてくれ」。私はフィロスにそう言って部屋を出た。

しばらくして、頭を冷やした私は部屋に戻ったが、フィロスは既に部屋にいなかった。その時、私はニヤスたちから、冒頭に紹介した言葉を聞いたのであった。「ヒロは疑り深くて俺らのことを信頼してくれていない」。私は今回のことに限らず、親しく接しているつもりでいながらも、時折、不信感を抱いていたことを彼に悟られていたことを知った。そういった悲しみを述べてから部屋を出て行ったフィロスのことを聞き、時に彼に都合よく利用されているのではないかと考えていた自分の浅はかさを恥じた。そして、既に私が単なる調査者ではなく、彼のブラザーという領域に入り込んだうえで受け入れられていたことを改めて痛感した。

私は彼に電話し、彼に疑いを感じることがあったことを正直に伝え、これまでの身勝手な言動を謝罪した。最初、フィロスは私に悪態をつき、ひどく怒っていたが、最後には寛容にも私を許してくれた。私はこの時、初めて彼と包み隠さず思ったことを話せる関係になったと感じた。

その晩、フィロスに誘われて彼の母に会いに行った。昼間の喧嘩などなかったかのように、フィロスたちは私を歓迎してくれた。夜も更けていたが、私は彼らに見送られて空港に向かった。残念ながら元気なフィロスを見たのはこれが最後になった。

フィロス（前列左）とその家族，後列は筆者（右）と日本の友人
（2013年　筆者撮影）

帰国後もフィロスと私は定期的に連絡を取り続け、近況を報告しあっていた。彼は再会を楽しみにしてくれていたようだった。しかし、私が三度目の調査を行おうとしていた矢先に彼は交通事故にあい、意識不明の重態となった。私がインドに到着する二日前に、彼はいちおう意識を取り戻したが、病室ではただ私を朦朧としながら見つめ、涙を流しただけで、言葉を交わすことはできなかった。意識を取り戻した以上、次第に良くなるだろうと言われていたが、残念ながらその一カ月後に、彼は帰らぬ人となった。

ラポールの舞台裏

ここまでフィロスとの個人的な思い出を振り返り、調査者である私と協力者であるフィロスとの関係の推移を辿ってきた。私は調査者として現地に入ったが、調査が進む中で「ブラザー」として扱われ、そうした心的交流や生活のさまざまな局面への参加を求められるようになった。このような状況において、当初想定していたゾウとゾウ使いのコミュニケーションだけを調査者として観察し続けることはできず、調査現場の背後に広がるフィロスのような協力者、ゾウを飼っている彼の親戚たち、また地域住民の日常の領域に友人として参加することで、調査というものが成立していることを知った。

友人づき合いをしつつも、調査者として振舞おうとしていた私であったが、フィロスとの喧嘩を通じて、私は調査者である以前に、彼らから親しい友人として扱われていることに改めて気づかされた。もちろん私はそれまでも彼らとの交流を、時に不満を感じながらも楽しんでいた。だからこそ、フィロスたちは私を「ブラザー」として扱い、何年にもわたる交流をもち続けてくれたのである。

人類学においてラポールが語られる時に、調査者との適切な距離が言及されることが多い。調査者は住民と親しく接しつつも、調査の客観性を確保するために、一定の距離をとることが薦められている。そうした意味では、私とフィロスたちとの関係は、適切な距離ではないと考える人もいるかもしれない。しかし、適切な距離というもの自体が文化によって異なっている。ケーララでは、調査に入った私の周りに常に誰かがいて、一人になるということがほとんどない。そして距離を詰めることも迅速に進められる。その一方で、現在私が主に調査を進めているカナダ先住民の村では、ケーララとは異なる適切な距離や、距離の詰め方があることを感じている。

フィロス亡き後も、私は定期的にケーララに通い続けている。現在、私の調査に協力してくれている人たちのほとんどは、かつてフィロスが私に紹介してくれた面々である。フィロスほど豪快ではないが、誰もが私を調査者である以前にブラザーとして扱ってくれており、彼らは生活のさまざまな局面に私を招き入れてくれる。ゾウの調査はこうした交流の一部にすぎない。調査が困難に直面すると、彼らはブラザーとして私に手を差し伸べてくれるが、逆に私に協力や助けを求めてくることもある。だが私の心の中にかつてのような疑いはない。「フィロスならば、こんな時にブラザーにどうしただろうか」、そんな風に考えながら、彼らの求めにできるだけ応じるように努めている。

トドゥプラの郊外を彼らとオートリクシャーで走る時、ほろ酔い加減のフィロスが得意げに運転するバイクで、彼の背中につかまりながらゾウの元まで通ったことを思い出す。そんな時、調査者である以前に、友人としてここに通い続けている自分がいることに気づかされるのだ。

【読書案内】

マリノフスキー、B　一九八七『マリノフスキー日記』谷口佳子（訳）、平凡社

『西太平洋の遠洋航海者』の著者による調査日記である。時に住民を罵倒し、苛立つ心情を赤裸々に記しており、フィールドワークという営みの実態を明らかにするとともに、人類学的知の性質や調査倫理を根本的に問うている。

ギアーツ、クリフォード　一九九一「『住民の視点から』――人類学的理解の性質について」、『ローカル・ノレッジ――解釈人類学論集』梶原景昭・小泉潤二・山下晋司・山下淑美（訳）、岩波書店、九七‐一二四頁

ギアーツによれば、『マリノフスキー日記』は「住民の視点」から考えることの可能性を問うており、重要なのはラポールに基づく心的交流ではなく、異文化の象徴体系を読み解く能力である。従来のラポール論に再考を

迫る論考。

桜井厚　二〇〇二『インタビューの社会学――ライフストーリーの聞き方』せりか書房

ラポールに関する従来の議論を批判的に検討した桜井は、「対話的構築主義アプローチ」の立場から、ラポール関係はインタビューという相互行為過程から実践的に構築されると説く。インタビュー調査について深く知るための格好の書。

第5章　フィールドとの「つながり」、フィールドとの「断絶」

――ロシアと日本の往還から見えたもの

櫻間　瑛

人類学のフィールドワークは、「内面的理解」を一つの目標としている。だが、ロシアの少数民族を研究対象とする筆者は、現地で二年以上もフィールドワークを行ったものの、「内面的理解」を得たという実感はない。もちろん、フィールドの人びととつながりを感じることは多々あった。しかし、時を経るにつれ、彼らとの断絶を感じたり、彼らを理解できないと思ったりすることが多くなった。自己と断絶された「他者」の存在を認め、そのうえで彼らとつながることもできることを知ることこそ、実はフィールドワークの意義なのではないかと筆者は考えるようになった。本章ではそうした思考の軌跡について論じる。

非人類学者のフィールドワーク

私はロシアの少数民族におけるエスニシティ（ethnicity）と宗教の関係を専門対象としている。そして、二年超の現地調査・フィールドワークを行い、それを踏まえ二〇一二年度に博士論文を執筆・提出した。

もっとも、私は生粋の人類学者というわけではない。学部ではロシア文学を勉強し、大学院はロシアをはじめとする東欧・中央ユーラシア地域を専門とする地域研究センター（北海道大学スラブ・ユーラシア研究センター）で学んだ。このセンターのスタッフは、歴史学・政治学・経済学を専門とする研究者が主であり、私が入学した時には人類学を専門とする教員は在籍していなかった。必然的に、私も歴史や政治に関して勉強をする、あるいはそうした研究に触れる機会が多くなっていた。とはいえ、もともと人びとの日常や社会のあり方そのものに関心をもっていた私にとって、人類学という学問や、フィールドワークという手法は魅力的なものであった。

そこで、私は本書の編者でもある桑山敬己氏のもとを訪れ、ゼミに参加させていただき、人類学について勉強するようになった。そこでは、人類学の基本的な理論やフィールドワークの方法などについて学ぶことができた。それに加えて、独学でさまざまな人類学の教科書やフィールドワークの方法論についての勉強は行った。とはいえ、普段から力を入れて勉強していたのは、研究対象地域の歴史などであった。結果的に、自身の専門分野は「人類学」とも名乗れず、かといって「歴史学」や「政治学」とも断言できず、「地域研究」としか形容できないものとなった。

それでも、研究を進めるに当たってフィールドワークを行うという意思に変わりはなかった。そして修士課程一年目の二〇〇六年の初頭、初の現地調査に行くこととなった。もっともこの時はわずか二週間程度で、フィールドの人びとと顔合わせをする程度にとどまった。それ以上に、まだ私の語学力も非常に低く、十分な調査を行えるような状況ではなかった。とはいえ、もちろんこの訪問にまったく意味がなかったわけではない。何よりこのわずかな期間でも現地の空気に触れることができたのは、大きな意味があった。修士論文の執筆にあたっては、結局主に文献を資料とすることになったが、それを解釈するのに、自分は現地を見ているという（実は根拠はないのだが）自信を持つことができた。その後、博士課程に進学後、本格的なフィールドワークを行うこととなった。そして、その経験は研究に限らない多くの学びを与えてくれるものであった。

多文化社会としてのロシアとそこでの生活

私が本格的なフィールドワークを行ったのは、博士課程二年目の二〇〇八年夏からの二年強であった。ここで、私の研究対象について紹介しておこう。そもそもロシアは、あまり日本では認識されていないが、公認されているだけで二〇〇近い民族が住み、ロシア正教＝キリスト教の他に、イスラームやチベ

タタール語（上）とロシア語（下）の２言語で表記されている通りの標識（2009年　筆者撮影）

ット仏教、ユダヤ教を公式の伝統宗教とする、多民族・多宗教国家である。その中で、私が特に研究の対象としているのは、タタールと呼ばれる民族である。

少し教科書的な書き方を許してもらうと、タタールはロシア国内に五〇〇万人近くが居住しており、最大の少数民族となっている。その多くは伝統的にイスラームを信仰してきた人びとであり、また彼らの母語とされているタタール語はトルコ語などに近い言語である。特にその多くが居住しているのが、ロシアを流れる大河ヴォルガ川の中流域で、そこには現在タタルスタン共和国という民族（自治）共和国が置かれている。タタルスタンの人口の半数強をタタールが占め（約二〇〇万人）、タタール語を国家語と規定し、街中の標識などは基本的にロシア語とタタール語の二言語表記（場合によっては英語も含めた三言語表記）となっている。

このタタルスタン共和国の首都はカザン市で、一〇〇万人以上の人口を抱える、ロシアでも有数の大都市である。また、近年はさまざまなスポーツ大会を開催しており、特に二〇一八年のサッカー・ロシア・ワールドカップでは、会場の一つとなると同時に、日本代表のキャンプ地ともなった（ひょっとすると、本書の読者の中にもその機会に訪れたという方がいるかもしれない）。そのため、日本でも徐々に知名度があがりつつある。

このカザンは、その多民族性・多宗教性を体現した空間となっている。すでに指摘したように、市内の標識などにはロシア語とタタール語の二言語表記が所々に見られ、ここが多言語空間であることを示している。それ以上に、この街を訪れた人びとが驚くのが、キリスト教の教会とイスラームのモスクが並び立っている様子である。

私はここで、タタールの中でもロシア正教徒に改宗した祖先を持つ少数派の人びとのエスニシティと宗教意識の関係を研究した。そのために現地でのフィールドワークを行ったわけだが、その方法はいわゆる通常の人類学的なフィールドワークとは異なるものであった。人類学的なフィールドワークといえば、特定の村落や地区に居を構え、長期間（多くの場合は二年）そこでじっくりと調査を行うというものであろう。それに対し、私は主要な調査地となる村落を複数設定し、基本的には都市のカザン市に滞在しつつ、各村落では一週間から一カ月程度の短期訪問を繰り返すという形式をとった。その結果、一カ所当たりの調査の濃度は下がらざるを得ないものの、それぞれを比較する視点を得ることはできた。

また、結果的に都市であるカザンで多くの時間を費やすことになった。カザンに滞在中は、教会での聞き取りなどを行いつつ、基本的には図書館や文書館での文献調査を行った。この点では、人類学的なフィールドワークからはずいぶん離れた印象を持つかもしれない。とはいえ、そもそもフィールドワークとは、対象とする社会での経験全体を取りあげるものであると私は考えている。その意味では、こうした都市での経験そのものも、十分に考察の対象となるものであった。以下では、その経験を基にしつつ、このフィールドで出会った「異文化」について、それをどう受け止めるのかについて少し書いてみたい。

「不真面目なムスリム？」

私はエスニシティと宗教のつながりという側面に注目して研究を行っている。そして、その主要な研究対象はロシア正教徒＝キリスト教徒だが、私のフィールドはムスリムも多く生活している。そして、当然私自身もムスリムの人びとと交流する機会はあった。

ムスリムというと、特に現在の日本では、「毎日熱心に礼拝している人たち」、「豚などを食べない人たち」など、戒律に厳しく、ややもすると付きあうのが難しい人びとという印象が先行している。また、それがゆえに「理解困難な他者」の一つの典型とみられている面もあるだろう。しかし、タタルスタンで私が見たムスリムの姿は、そうしたイメージとは一線を画すものだった。

そもそも、「宗教はアヘン」というマルクス主義の教義に則り、ソ連時代にはイスラームやキリスト教といった宗教は、完全に禁止されていたわけではないが、抑圧の対象であった。当時のカザン市内で

首都カザンの中心部カザン・クレムリン内にあるクル＝シャリフ・モスク（2014年　筆者撮影）

首都カザンの中心部カザン・クレムリン内にある生神女福音大聖堂（2014年　筆者撮影）

も、機能していた教会とモスクはそれぞれわずか一つに過ぎなかった。その後、一九九一年にソ連が崩壊すると、宗教への抑圧も弱まり、逆に「宗教リバイバル」と呼ばれるような状況が生じた。そして、各地で宗教施設の再建・新設が目立つようになった。タタルスタンも例外ではなく、カザン市内を含め、各地に教会やモスクが林立する状況となっている。そして、正教徒やムスリムとしての自覚を人びとも公言するようになった。

もっとも、その実際の様子を見てみると、私たちが普段もっているようなムスリム像とは少し異なる様子が見てとれる。ひとことで言えば、彼らは一見「不真面目なムスリム」のような振る舞いをしていた。たとえば、多くの人は礼拝に行くことはなく、街中の女性も頭をスカーフで覆っている人などはごくわずかであった。また食事についても、酒を飲む人は多く、豚肉を食べる人も珍しくなかった。特に

ムスリム式の結婚式の宣伝。ロシア語で上から「(イスラーム風の)神前式,(世俗式の)披露宴，宴会，1500ルーブル（当時のレートで約3000円）から」と書いてある（2017年　筆者撮影）

こうした傾向は中年以上の人びとに顕著である。一方、若い人びとの間では、飲酒を避けようとする人や、礼拝に行く人が徐々に目立つようになっていた。それに対応するように、街中でもイスラームの戒律に則った食品を売るコーナーや、ムスリムの様式に則った結

街中で目立つようになってきたハラール食品。ロシア語で「ハラール食品」と書いてある（2017年　筆者撮影）

婚式を提供するサービスなどが目立つようになってきている。

この双方には相応の言い分があった。中年以上の人びとからすれば、そうした宗教的な行為に従うことは、彼らにとって「不慣れ」なものであり、自分の子どもらの世代がそういったことにこだわることも戸惑いの種である。彼らの言い分からすれば、「スカーフを巻くのはおばあさんになってからでいい」、「見た目だけ取り繕っていても、日頃の振る舞いがよくない」という。ここには彼らなりに「あるべきムスリム」の姿を想像しようという姿勢をみることができる。一方、若者らからすれば、「親たちは礼拝などをちゃんとしておらず、不真面目なムスリムだ」ということになる。

ただいずれにしても、彼らの言い分は十分に私には「理解できる」ものであった。たしかに、一般的なムスリム・イメージからすると、こうした発言や態度は理解に苦しむかもしれない。しかし、いったんこうした前提を取り払い、自分たちと同じ世界のこととして捉え直してみよう。そうすると、イスラームの戒律などに関心を向けない中年層の振る舞いは、多くの日本人が仏教徒を名乗りつつ、実際にはその決まりなどをほとんど守っていないことと似たものを感じないだろうか。またそれに対する反動として、若者たちがその実践にこだわっていることを捉えることもできよう。

さらに中年以上の人びとでも、やはり葬儀などについてはイスラーム的な方法にこだわっている。あるいは死を前にすると、すがるようにイスラームへの関心を強めている。こうした様子も、「葬式仏教」と揶揄される日本人のあり方と、そこはかとない類似を感じないだろうか。ここで私は、「他者」とは決してまったく理解不可能な存在ではなく、ある程度自分たちとのつながりの中にある人びとである、ということに気づくこととなった。また、そうした視点を意識しつつ、彼らを理解しようと努めることが重要であると考えるようになった。もっとも、他者である以上、彼らを完全に理解できる、ということは期待できない。

フィールドとの断絶

私はフィールドでの暮らしを通じて、徐々に彼らの考え方にも慣れてきたように感じていた。おおよそ彼らの行動のパターンや、基本的な思考の方向性についても理解してきたつもりになっていた。とはいえ、彼らとの距離感がなくなったわけでは決してない。むしろ、そうした中でこそ、彼らとの違い・溝を感じざるを得ない場面にも遭遇することとなった。

それを体感したのが、ある知人との会話であった。彼女はタタールの出自で、都市部から離れた村の生まれであり、家庭内や村内での会話はすべてタタール語で行うという環境で育っていた。当時の彼女

タタール語振興運動に参加する若者たち。後姿の若者（写真中央）のＴシャツには，タタール語で「私はタタール語を話します！」と書かれている（2017年　撮影：櫻間瑞希）

はカザン大学で学生をしており、私は彼女にタタール語を教えてもらっていた。彼女は私と雑談する際などに、常々カザン市内でタタール語があまり使われていないことについて不満を述べていた。

一つの例として彼女が挙げたのが、外で友人と食事をしていた時のことである。その店の従業員の一人が同郷の人であることに気づいた彼女は、タタール語で声をかけた。それに対して、その従業員は冷たくロシア語で、「あなたのことは知らない。何を言っているかもわからない」と返してきたのだという。カザンでは、タタール語はしばしば「バザール（市場）の言葉」と揶揄され、それを話すことは田舎者の印とする向きもある。まさにそうした空気を具現化したものとして、このやりとりへの憤りを彼女は示したのである。

私はこうした心情を理解できないこともなかった。ただ、どうしても理解できなかったのが、彼女や多くのタタールの人びとが「母語」にこだわることであった。教育言語としてのタタール語の地位は、ロシア連邦政府とタタルスタン共和国政府の

タタール語振興運動のシンボルマーク。タタール語で「私はタタール語を話します！」と書かれている。タタール語で買い物ができる店には，入口脇にこのシールが貼られている（2016年撮影：櫻間瑞希）

間の重要な政治的対立点である。また近年は若者の間で、タタール語の復興・普及のための活動が積極的に展開されている。

彼らはロシア語でのやり取りは問題なくでき、日常の不便を感じるようなことはない。それでもタタール語が使われない現状に対して強い不満を抱くということが、どうにも私には理解できないことであった。そして、そのことをある時彼女に伝えた。それに対する彼女の答えは、「あなたには自分の国があって、自分の言葉を自由に話すことができる。だから、私たちの気持ちはわからない」というものであった。

これは、十分に予想された答えであり、当然のものと言えるであろう。しかし、それを聞いた私は少なからぬショックを受けた。これを聞いた瞬間に、自分とフィールドの人びととの間に埋めがたい溝があることを実感したのである。すなわち、自分が「自らの言語・文化」を何の疑いもなく主張できる、マジョリティの立場にあることを再確認するとともに、そうした権利をもっていないマイノリティとしての「彼ら」との隔絶を、まざまざと見せつけられた気持ちになったのである。こうしたことは、たしかに頭では理解しているつもりであった。しかし、その事実をまさに名前を持った生きた人間を前にして認識することとなったのである。

しかし、そもそもこうした「他者」の存在は、遠方のフィールドでしか感じられないものなのだろうか。また、自己と他者は完全に断絶しているのだろうか。ここでもう一つ、筆者がフィールドで感じたものがあった。それはそれまでの疑問を半ば解消しつつ、逆に一層深めるものであった。

つながる断絶の感覚

ここで少し時間を遡ろう。私がフィールドワークへ向かう前、まだ修士課程の学生の時に、あるアイヌ関係の方と話す機会があった。その際、私は素朴な質問として、「アイヌの人びとに対する差別のようなものはあるのですか」ということを尋ねてみた。それに対する回答は、「差別とならないことが問題なのです」というものであった。私はその言葉の意味を理解することができなかった。そして、そのことが常に心のどこかに引っかかっていた。

そうした思いを抱えたまま、私はタタルスタンへフィールド調査に赴くこととなった。すでに記した通り、私はタタールという少数民族の中でも、多数を占める人びととは宗教を異にするマイノリティの中のマイノリティと呼びうる人びとを対象とした調査を行った。この人びと（自称として「クリャシェン」と名乗っている）の祖先は、ロシアがこの地域を占領した後の改宗政策によってロシア正教＝キリスト教を受け入れた人びととされている。それがために、ややもすると彼らに対しては「裏切り者」というイメージもついているとも言われている。

私がクリャシェンと呼ばれる人びとに聞き取りをしていると、たしかにムスリムのタタールがクリャシェンに対して差別的な待遇をしている、という声を聞くこともあった。しかし、多くの人びとは「クリャシェンに対して（ムスリムの）タタールから差別があるということはない。そもそも自分たちとタタールの間にそれほど大きな違いがあるわけでもない」と語っていた。そして、ムスリムのタタールからも「クリャシェンは（ムスリムの）タタールとそもそも違いはない」として、彼らに対する差別があることは一様に否定していた。

しかし、私はこうした言葉に引っ掛かりを感じるものがあった。たしかに表立っての差別を目の当たりにすることはなかった。そして、みな口々に「クリャシェンは（ムスリムの）タタールと同じなのだから」という話をしていた。しかし、それと同時に「クリャシェン」という存在がある種の特別なものであることも漠然と意識されていた。「彼らはタタールだ、まぁキリスト教徒だけど…」といった具合にである。そして、この二つの言明の間のわずかな矛盾の中に、彼らの苦悩があることに気づいたのである。

私がフィールドワークを行っている間、クリャシェンの民族文化運動組織のメンバーにお世話になっていた。彼らの不満は、自分たちの文化がそれとして認知されていない、ということであった。その認知されていないということの意味は、私の解釈では、一方でタタールと同一視されながらも、その中の特殊な存在であるということも潜在的に意識されることで、曖昧な存在としてしか認識されないということなのであろう。言い換えれば、潜在的には異なる存在と認識されつつも、それを主張すると、「タタールと同じ」という同化への圧力が襲いかかってくるのである。それにより、彼らはあくまで中途半端な存在として位置づけられることとなり、自身の存在を主張することへのジレンマを抱えることとなっているのである。

ここまで考えた時、先に挙げたアイヌの話が不意に頭に蘇り、そしてこの二つの話がつながった気がした。アイヌの人びとの苦悩も、まさにこれと同じ構造の中にあるのではないだろうか。すなわち、一方でアイヌは「日本人」であるとみなされている。しかし、その中で異質で特殊な存在とみられることもある。そして、その独自性を主張しようとした途端、彼らに「同化」の圧力が襲ってくる。こうした二つの隘路の中にいるということは、まさにクリャシェンがタタールに対して置かれている状況と同じなのではないだろうか。もちろん、私はアイヌ研究者ではないので、この解釈が正しいと断言するだけの自信はない。しかしここで私は、自分の研究フィールドと日本とがつながったように感じたのである。

つながりと断絶の向こうへ

こうしたフィールドでの経験は、私にいくつかのことを教えてくれた。何よりも、フィールドでの経験は、「他者」との向き合い方を否応なく考えさせるものであった。フィールドワークの過程、あるいはフィールドでのささやかな日常の中で、私は否応なく、生きた「他者」と向き合い、具体的な名前を持った存在として彼らと相対することとなった。

そこでの気づきの第一は、「彼ら」が自分たちと地続きであるということであった。すなわち、一見遠い位置にいるように見える人びとも、深く接すれば、自分たちと共通する部分を見つけられるのである。と同時に、どんなに深く接しても、「彼ら」の中には理解できない部分があるということにも気づいた。それは、奇しくも「自己」と「他者」の違いそのものへの理解を深める結果となった。

また、遠いフィールドでのこうした経験は、かえって自分の身近な世界を見直す契機ともなった。フィールド上の「他者」との出会いを通じて、世界の中の自分たちの位置や、自らの住む社会の中の「他者」への理解を深めるきっかけともなったのである。

私にとってのフィールドワークとは、「他者」に直面することで、「自己」のあり方を問い直す旅であった。それは、単に研究のための資料収集にとどまらない、自身の生き方を変えるものでもあった。フィールドワークを終えた後、私は「他者」の存在を意識するようになり、自らの振る舞いや物の見方に少しの余裕ができたと感じている。それは、まさに剝き身で「他者」の中に飛び込み、その中で「他者」と向き合う、という経験から得たものである。ロシアでの二年間のフィールドワークとは、私にとってそうしたイニシエーションであったのである。

【読書案内】

小松久男（編著）二〇一六『テュルクを知るための六一章』明石書店

タタールもその中に含まれるテュルク系諸民族の歴史、文化などを網羅的に紹介したもの。一流の研究者が自身のフィールド調査なども踏まえ、多様なトピックを取り上げている。レポートを書く時の参考にしたり、研究の取っ掛かりを摑んだりするのに最適の一冊。

櫻間瑛　二〇一八『現代ロシアにおける民族の再生——ポスト・ソ連社会としてのタタルスタン共和国における「クリャシェン」のエスニシティと宗教＝文化活動』三元社

ムスリムが多数派を占める民族集団の中で、キリスト教徒の系統を引く人びとが独自のエスニシティを主張する過程を、歴史資料の分析やフィールド調査を通じて明らかにした。特にソ連という無神論の時代を経た中で、宗教と民族意識の関係のあり方に焦点を当てている。

櫻間瑛・中村瑞希・菱山湧人　二〇一七『タタールスタンファンブック——ロシア最大のテュルク系ムスリム少数民族とその民族共和国』パブリブ

タタルスタン共和国について、歴史、政治、経済、文化などを包括的に紹介した書。基本的な情報を整理しつつ、三人の著者の現地経験なども織り込みながら記述し、多民族・多宗教社会の現実の一端を示している。

藤本透子　二〇一一『よみがえる死者儀礼——現代カザフのイスラーム復興』風響社

中央アジアの大国カザフスタンを舞台に、ソ連崩壊による独立と社会主義からの移行に伴って、儀礼のあり方がどのように変化したかを現地調査に基づき明らかにした。近代化、民族意識、宗教観などの変遷が、儀礼をめぐる具体的な事例を通じて描写されている。

第6章　知らない土地とのつながりを見つける旅

――アリゾナで先住民族ヤキの人びとと過ごして

水谷裕佳

人類学的な研究は、単に学術的な問いを明らかにする作業ではなく、研究に取り組む者の人生と連動したものではないだろうか。振り返ってみれば、筆者の場合、自分自身のアイデンティティに関わる課題が研究テーマの設定に影響を及ぼした。そして、フィールドワークで出会った人びとは「調査対象」を越えた「師」や「友人」となり、筆者を助けてくれた。本章では、米国アリゾナ州トゥーソン市におけるフィールドワークを通じて、筆者が先住民族ヤキと自分自身の中にどのようなつながりを見出しつつ、彼らの文化や社会を理解していったかについて論じる。

初めてのアリゾナ訪問

大学院に進学した後、私は米国のアリゾナ州南部にあるトゥーソン（Tucson）という都市に住むヤキ（Yaqui）という先住民族の人びとに関心を抱き、彼らを取り巻く問題について調べ始めた。ヤキの人びとは現在の米国・メキシコ国境の両側に居住しており、パスクア・ヤキ・トライブ（Pascua Yaqui Tribe）と呼ばれている米国側のヤキの保留地（reservation［先住民トライブ（部族）による一定の自治権が認められた土地］）がトゥーソン市内にある。二〇〇三年の夏に初めてトゥーソンの空港に降り立ち、白っぽい地面に巨大なサボテンが立ち並ぶ景色を眺めた時の衝撃は、今でもよく覚えている。「私の知っている米国ではない」というのが、最初の感想だった。私が知っている米国とは、高校時代の留学先であったペンシルバニア州の西部であった。トゥーソンの景色は、緑の木々に覆われた丘が続き、冬には真っ白な雪に覆われるペンシルバニアの景色とはまったく違っていた。空港の隣にあるホテルにチェックインする頃には、夕暮れ空が鮮やかなピンクと紫色に染まり、五メートル以上に伸びるサボテンが黒々とした影を落としていた。目の前の景色と自分の間に何一つとしてつながりが感じられないことが急に恐ろしくなり、涙が出た。

トゥーソン市街地の様子（2011年　筆者撮影）

トゥーソンの位置するソノラ砂漠の夕焼け
（2017年　筆者撮影）

先住民族ヤキの移住と環境

ソノラ砂漠のサボテン（2017年　筆者撮影）

現在のアメリカ大陸に入植してきた人びとが彼らの方法で土地を利用し始める前には、多くの先住民族が自由に居住地を移しながら文化や社会を発展させてきた。たとえば今日ではアリゾナ州やニューメキシコ州の北部に保留地を持つ先住民族ナバホの祖先は、八〇〇年から一〇〇〇年ほど前に現在のカナダ西部から集団で南下してきた。同じ地域に暮らしながらも、季節ごとに移動してきた民族も多い。アリゾナ州南部からメキシコ北部の先住民族トオノ・オータムは、冬場は山の裾野に湧く泉のほとりで暮らし、夏になると谷に下って農耕や採集に従事した。ただしヤキの人びとの場合は少し事情が異なる。ヤキの一部は現在の米国領内でも暮らしてきた。しかし米国内のヤキの数が一九世紀終わりから二〇世紀初めに急増したのは、メキシコのヤキが迫害され、難民となって米国に渡ったためである。メキシコのヤキの故地は、ホエールウォッチングなど大自然を目玉にした観光でも名高いカリフォルニア湾に注ぐヤキ川の川辺にあり、米国のトゥーソンとは自然環境が異なる。鯨が泳ぎ、魚も豊富な海に近いメキシコの集落から、山に囲まれ、小川さえ流れないトゥーソンに辿り着いたヤキの中には、初めてアリゾナに着いた私のように衝撃を覚えた者もいたのではなかろうか。さらに、メキシコのヤキ集落が大都市とは離れた場所に位置する一方で、トゥーソンはアリゾナ州南部の中核都市である。建物の数や交通量の多さ、騒音の大きさ、動植物の少なさに驚いた人びともいたに違いない。

　時が経つにつれ、移住したヤキは、儀礼場をつくって聖人を祀り、トゥーソンの環境の中に自らの居場所をつくり出していった。今日では、トゥーソン周辺のヤキの人びとは、米国政府からも同国の先住民トライブだと公式に認められ、すっかり地域社会の一員となっている。一方で、彼らが現在でもメキシコ側に存続しているヤキ集落から貝殻を取り寄せて儀礼用品をつくったり、女性が羽織るショールの両端を漁網と同じ方法で編んだりする様子からは、トゥーソンのヤキの人びとが世代を経てもカリフォルニア湾の故郷を慕う様子が伝わってくる。ヤキとして生まれ育たなかった私には、トゥーソンに住むヤキの心情を完全に理解することはできない。しかし、民族の故地から離れた悲しさを感じることもあろうが、悲しみに暮れるばかりでもない複雑な心情であろうと想像している。米国のヤキ集落は都市に位置するため、個人としての就労の機会はメキシコのヤキ集落よりも多い。そのうえ、米国の先住民トライブとしての集団的な経済活動を通じた利益も得られる。結果として、個人および集団として経済的にやや恵まれた米国側のヤキがメキシコ側のヤキを財政面で支援し、逆にメキシコ側のヤキが米国側のヤキの文化復興に知識や物質面で貢献するというサイクルによって民族の文化が守られている。そのような大きなサイクルの一部として民族の存続に貢献できることは、国境のどちらの集落に属していても、一人のヤキとして感慨深いことではなかろうか。

ヤキの集団的な経験と私の個人的な経験のつながり

おそらく多くの研究者は、調査対象の人びとに対して研究以外の面でも特別な思い入れを抱いている。私が環境の変化や移住といった話題に敏感であり、ヤキの移住というトピックに興味を抱いたのは、自分自身の個人的な体験とのつながりを見出した故であろう。私の家族は国内外の各地を数世代にわたって転々とし、私自身も転居を繰り返しながら育ってきたため、もはや故郷として実感できる地がない。「ご出身はどちらですか」と尋ねられると、どのように返しても完全には説明しきれず、微妙な違和感が残る。

どこかの土地と明確なつながりをもって生きてきたとしたら、もっと他人に説明しやすく生きやすい人生になったのだろうかと考えた頃もあった。しかし、現在に至るまでのどこかの時点で、自分自身について深刻に考える機会は減った。なぜなら、似たような状況にある人は多いことを実感してきたからである。もちろんすべての出会いや学びが研究を通じて起こったものではないものの、トゥーソンで生きるヤキの人びとは、新天地で生き抜く強さや、異なる環境の中に自分の居場所をつくり出すことができるという希望を与えてくれたことは事実である。研究上は便宜上ヤキの人びとを「調査対象」と呼ぶことが多い。しかし現実的には、彼らは研究以外のことも含めた問いに示唆を与えてくれる「師」であり、時には悩みや寂しさを共有する「友人」である。研究者と研究対象としての関係にはいつか終わりが訪れるが、願わくはその後も友人であり続けたいと思う。

自分を位置づける作業としてのフィールドワーク

現在では友人も多いが、訪問を始めた当初はトゥーソンに一人も知り合いがいないどころか、現地についてほとんどなにも知らなかった。私がヤキに関する研究を始めた時点で、日本語でヤキについて書かれた文献はほとんどなかった。哲学者の鶴見俊輔は、一九七六年に出版された『グアダルーペの聖母』（筑摩書房）の中に「国の中のもうひとつの国」と題した章を設け、メキシコ側のヤキ集落を訪問した経験を綴っている。しかし、この本には米国側の集落の暮らしは描かれていないうえ、時間的にも数一〇年が経過している。近年出版された論文の中には、ヤキの歴史や文化について学術的な分析を試みたものも散見されるものの、それらを読むだけでは今日のトゥーソンにおけるヤキの人びとの生活状況はわからなかった。英語の出版物に関しても同じような状況で、私は現地に暮らすヤキの人びとについてほぼ情報をもたないまま、初めてトゥーソンの地に降り立った。到着の夜に夕陽を見て涙が出たのは、次の日から何が起こるのかまったく予想できず、あまりにも心細かったためでもあった。特に最初数回の訪問では、自分や周囲に何が起こり、自分が何を学んだのかもいまだによく理解できていない。一日を振り返っても何一つ有意義な活動が思い起こせない日も珍しくなく、書く内容が見つからないため、フィールドノートは書けなかった。正直に言うと、トゥーソンはあまり好きではなかった。

何が転機となったのか、振り返りながら考えてみると、現地で車の運転ができるようになったことは大きな変化であったように思える。まず、常にヤキの人びとと行動を共にするのではなく、彼らから少し離れて一人で行動する時間が増えた。そのような時間に、私はトゥーソンの周辺にある国立公園をドライブするようになった。すると私は、砂漠のサボテンや動物、そして広い空や地平線まで人工物が見えない大地を美しいと感じるようになった。また、資料収集も兼ねて街に点在する古本屋を巡り、気に入ったスーパーで買い物を済ませるようになると、ヤキの特定の人物を通じてではなく、自分自身の頭で街全体の様子を理解するようになった。その結果として、私にはヤキの人びとを取り巻くトゥーソンの地域社会の全貌が少しずつ見えてきて、何が彼らにとって問題なのか、それはどうしてなのか、といった問いが浮かんできた。つまり私にとってのフィールドワークとは、私自身を現地に結びつけ、私自身の居場所をトゥーソンに見出す作業であった。

人類学者のブロニスロウ・マリノフスキー（Bronislaw Malinowski）が残した民族誌に示された示唆は、現代の人類学者にも大きな影響を与えている。マリノフスキーの代表作である『西太平洋の遠洋航海者』（原著一九二二年）では、フィールド調査で重要な三つの点が挙げられている。一つ目は学問的な目的を持つこと、二つ目は現地の人びとの真ん中に身を置くこと、三つ目は多くの専門的方法を用いながら調査をすることである。二つ目の点は、私が調査で体験した「一人で行動する時間をもつことで周囲が見える」という点とは一見異なっている。

しかし、同著の中でマリノフスキーは、村の中で現地に浸る生活をしながらも、一人で散歩に出かけてリフレッシュすることの大切さを説いてもいる。マリノフスキーは、散歩に出かけると孤独感を感じるために、現地の人びとと話したいという欲求が湧いてきたのだそうだ。マリノフスキーの調査地であったパプアニューギニアのトロブリアンド諸島と、私の調査地であるトゥーソンとは、島と大陸、そして小さな村と都市という違いがあるために、単純に比較することは難しい。もしもマリノフスキーが指摘したフィールド調査への姿勢が普遍的なものであるのならば、私にとっては、国立公園へのドライブや古本屋巡りが、マリノフスキーの散歩に相当する行為なのかもしれない。

さらに、ヤキの場合、保留地が小さいために、ほとんどの人が保留地外の住宅地に住んでいる。そして仮に保留地内に住んでいたとしても、保留地そのものが大きな都市に位置していることを考えれば、その中で完結した生活を送ることは不可能である。つまり、私が車に乗って舗装された道路を運転し、スーパーで買い物をすることは、ヤキの現実的な日常生活を自らの足で辿るという非常に基本的な作業であり、マリノフスキーがトロブリアンド諸島の集落内を一人で歩きながら周囲を観察することと実は同じ行為なのではないかとも思う。先住民族と聞くと、地理的にも社会的にも彼らの中で完結した世界に暮らしているという思い込みを持つ人が多い。そのような誤解に私は驚きを感じることがあるが、保留地や市内にいくつかある集住地区に留まることに当初こだわろうとした私もまた、そのような思い込みを持った一人であったのだろう。

手探りの方法で調査を続ける中で、少しずつヤキの文化や社会をより深く理解できたと感じる瞬間も出てきた。一番印象に残っているのは、博士論文を提出した二〇〇九年の現地訪問である。ちょうどヤキ文化で一番大切な儀礼が開催される時期であった。私はそれまでにも儀礼を見せてもらったことがあり、その際には、参加者の多くが涙を流す場面に出くわして驚いた。全員が同じように感じているのかは定かでないが、儀礼を見ているとこの一年に起きたことが走馬灯のように思い起こされ、感情が揺さぶられて涙が出る、と話してくれた人がいた。二〇〇九年に儀礼を見た際に、以下の理由で私は初めてそれを体感した。

ヤキの人びとはキリスト教とヤキの古来の信仰が融合した宗教観を持っており、儀礼ではキリストが十字架に掛けられてから復活するまでの様子が再現される。その過程で、ヤキが神の使いとして崇める鹿を体現した踊り手が現れ、キリストを迫害した悪の化身と戦い、勝利する。鹿の被り物を頭に載せた踊り手が悪の化身に叩かれては立ち上がる様子を見ていると、博士論文を書きあげるまでの想いが浮かんできた。私は博士論文を書き上げるために、三年間米国に滞在していた。執筆が進まない時の焦り、研究能力が足りない自分への自己嫌悪、将来の不安など、さまざまな感情に打ちのめされながらも、明日こそあと一ページ書ける、いつか論文が仕上がり、将来への道も開けると、自分を奮い立たせた三年間が、叩きのめされた鹿がまた立ち上がるシーンと重なり、涙が出た。私の場合は悲しみではなく感慨深さで泣けてきたが、周りで泣いていた人にはそれぞれの別の理由があったことだろう。儀礼が終わると、春が訪れる。儀礼は困難に打ち勝つ強さのシンボルであるが故に、民族迫害の歴史を乗り越えたヤキの人びとにとって大切にされているということを、私はこの時にやっと理解した。

ヤキの家族との出会い

トゥーソンのヤキの人びとを初めて訪問してから一四年後の二〇一七年春、いつも現地でお世話になっている家族の子どもたちが来日することになった。普段は私が訪ねる側であるにもかかわらず、今度は彼らが私を訪ねる側になったのである。それぞれ二〇代半ばの姉と弟は、数年間にわたって旅行資金を貯め、飛行機を乗り継いで現在私の住む東京にやって来た。このエッセイの中では、姉をアコ（ヤキ語で姉の意味）、弟をサイラ（同じく弟の意味）という仮名で呼ぶことにする。

初めて出会った時には、アコもサイラもまだ中学生であった。パスクア・ヤキ保留地の面積は一平方キロメートルに満たないほど狭く、毎年トライブ政府が周辺の土地を買い足しているものの、全員がその中に住むことはできない。よって、多くのヤキは保留地の外に家を買ったり借りたりして暮らしている。アコとサイラの家族の家も保留地近くの一般的な住宅地にあり、母親はそこからパスクア・ヤキ・トライブ政府に通勤して、文化復興や教育に関する業務に取り組んでいる。現在アコは市内の大学で教育学を専攻する大学院生で、サイラは行政関係の仕事をしている。アコもサイラも、現代に生きる多くの他の先住民族の人びとと同様に、ヤキとしてのみのアイデンティティを有しているわけではない。彼らは、ある場面ではヤキとしてのアイデンティティ、別の場面では一般的な米国人としてのアイデンティティ、また別の場面においては他のアイデンティティを使い分けながら、柔軟かつ自由に生きている。

トゥーソン市内には大学もあり、日本人留学生も学んでいる。しかし、米国の他の都市と同じように、市内は地区ごとに特色があって人種構成も異なっている。アコやサイラの家の周辺は落ち着いた住宅街ではあるが、日本人と出会うことはまずない。そのような環境にありながら、たまに訪問する私が印象に残ったせいなのか、それとも日本好きな若者が世界中で増えているからなのかはわからないが、アコとサイラは日本のポップカルチャーにも詳しい若者に成長した。また、彼らの家の壁にはヤキの工芸や家族の古い写真がまるで博物館のように多く飾られているが、それに混じって私の贈った日本の小物や、私と同じようにこの家族を遠方から時折訪ねる人びとの贈った品々も飾られている。

トゥーソンから車で一時間も南下すればメキシコに着くため、アコとサイラはもちろんメキシコには行ったことがある。また、アコと母親はニュージーランドに住むこの家族の友人を訪ねたことがある。しかし、サイラにとっては日本が初めて訪れる外国となり、アコにとっても二回目の海外旅行となった。やはり遠方への旅行経験が多くないアコとサイラの両親は、二人を送り出すにあたって随分と心配したと聞いた。

アコとサイラが訪れた東京の日本庭園
（2017年　アコ撮影）

アコとサイラの東京訪問

アコとサイラは、日本中の観光地を巡り歩くのではなく、私が普段生活している東京の一角の日常生活を体験したいと話した。日中私が仕事をしている時間には、二人はスマートフォンの翻訳機能や地図機能を活用して、ローカルな街歩きを楽しんだ。英語のメニューがないレストランにも臆することなく入り、観光客向けではない料理を注文する姿を見て、ふと気づいたことがあった。先住民族に押しつけられた同化政策の結果、今日米国内で暮らしている先住民族の多くは日常生活で英語を使っており、この二人も英語が第一言語である。しかし、アコとサイラの母親は、英語の他にスペイン語とヤキ語の話者でもあり、そもそも米国メキシコ国境沿いに位置するトゥーソンには非英語話者が多い。そのため、海外経験は少ないものの、二人は非英語話者とのコミュニケーションに慣れており、いわゆる欧米の言語でない日本語に対しても、それほどの抵抗を感じていなかった。もしかしたら彼らには、一般的な米国人観光客よりも、日本文化や社会が身近なものに見えたかもしれない。

二人は私の研究室も訪れた。私はいつもトゥーソンの古本屋で北米地域の先住民族に関する本をたくさん買い求める。アコは、それらが東京の研究室の本棚に並んでいる様子を眺めて、「先住民族の本がたくさんある」と呟いた後、一緒に行ったトゥーソンのお祭りの射撃ゲームで獲ったぬいぐるみが上の段に置いてあるのを見つけて笑った。砂漠の街から来た二人に何を見せようかと迷い、水族館に行った。また、綺麗な日本の海を見に行くほどの時間はなかったものの、お台場から一緒に東京湾の景色を見た。

週末には、都心から電車で一時間程の距離に住む私の家族を訪ねた。父の運転する車から、近所の畑や川の風景を見た。ヤキの人びとは遠縁の親戚を含めた家族を大切にする。加えて、儀礼組織の中でも父親や母親のような役割を果たす人物が家族以外から選ばれ、彼らとも深いつながりを持つため、人間関係が緊密かつ複雑に結ばれた社会が形成されている。そのため、私だけでなく、私の家族を知ってもらうということは、私にとって重要だった。

東京のお台場から海を臨むアコとサイラ
（2017年　筆者撮影）

私が普段住む世界をアコとサイラはその目で確認し、砂漠の街に帰って行った。私はアコとサイラの家族の日常生活をよく知っているにもかかわらず、彼らは私の東京での生活を知らないということは、ある意味で両者間に不平等な関係があるように感じていた。訪問するだけではなく訪問されること、そして東京という現場で自分の暮らしを見せる体験を通じて、その関係性が多少なりとも改善されたことを願っている。

研究と人生の不可分な関係

「ワーク・ライフ・バランス」という言葉がよく聞かれる今日ではあるが、研究者にとって仕事である研究活動とプライベートを完全に分けることは難しいように思える。なぜなら、調査地では現地の人びとと共に過ごす時間が長いうえ、日本にいたとしてもＳＮＳで彼らと常につながっていることも珍しくないため、自らの日常生活や行動を調査対象に見せることが避けられないからである。さらに、研究課題が時に自分自身のアイデンティティやルーツに関する問いとつながっている事実は、上記の理由よりもさらに強く研究と人生のつながりを示している。私はとりわけ信心深い人間ではないが、過去数世代の家族の経験のうえに私の研究が成り立っていると感じている。

移住というテーマだけでなく、先住民族に関するテーマに関心を抱いたのも、家での些細な出来事を通じてであった。私が北米地域の先住民族の文化に初めて接したのは、まだ小学校に上がる前だった。理系の研究者であった祖父は、研究のために度々訪れていた米国で先住民族ナバホの織物の美しさに驚き、鳥の絵が織り込まれた織物を買い求めた。祖父母の家には世界各地の工芸品があちらこちらに置かれていたが、この織物は居間の特に目立つ場所に飾られていた。その織物について尋ねた幼い私に、祖父や母が「先住民族」や「ナバホ」といった言葉を教えてくれた。祖父は、ナバホ保留地の土地が織物のように赤っぽい色をしていること、そして現在では多くのナバホが街に住んで学校に通ったり働いたりしていると話してくれた。一五歳で初めて米国に行き、ナバホ保留地の中にあるグランドキャニオンを訪ねた時に、織物と同じように赤い大地を見て感激した。グランドキャニオンの売店ではお小遣いのほとんどを使い、米国の先住民族の工芸を写真入りで紹介した分厚い本を買った。その本は今、私の研究室の本棚に並んでいる。

親子でも感性は異なるとはいえ、祖父がナバホの織物に美しさを見出すような感性や価値観、関心は、おそらくさらに前の世代から受け継がれてきたのだと思う。それが私の研究テーマの基盤を支えている。そのため、私の研究テーマは私独自のものである一方で、完全に私独自のものではなく、祖先や彼らと何らかの関わりをもった人びとの問いや答え、関心事などが積み重なって生じたものである。少なくとも人類学分野の研究活動は、純粋な学術的問いによってのみ構成されたものではなく、研究者と非研究者の枠を超えた多様な人びとの人生の上に成っている。そして私が研究の問いを求める過程も、たどり着く答えも、私だけのものではない。私には少なくとも現在子どもがいないため、血のつながった人に受け継がれることはないが、おそらく誰かが私の研究の一部を引き継いでいくのであろう。それはもしかしたらアコやサイラ、そして彼らの子どもたちによってかもしれず、私の学生や、教員を目指すアコの未来の学生によってかもしれない。
　フィールドワークを通じて、トゥーソンという街や、アコやサイラをふくめた人びとと、私の一部がつながった感覚がある。これこそまさに「ご縁」なのかもしれない。人生と研究がつながっており、さまざまな場所や人との間にご縁が結ばれると書けば、何か素晴らしいことのように聞こえるが、実際には気疲れも多い。しかし、私自身のためではなく、いずれ私の研究にある何かを引き継いでくれる人のために、そのご縁は切ってはならないのだと考えている。

【読書案内】

阿部珠理（編著）二〇一六『アメリカ先住民を知るための六二章』明石書店
　米国大陸部の先住民の歴史、社会、文化、彼らにまつわる法律といった基礎的な事項が網羅され、専門的な文献の理解に役立つ情報がまとめられている。項目ごとに、より深く学ぶための参考文献も挙げられている。
鎌田遵　二〇一一『ドキュメント　アメリカ先住民――あらたな歴史をきざむ民』大月書店
　本書は鎌田と米国の先住民の人びとの間に生じた深い交流を基盤として書き上げられている。著者自身が撮影した写真も多く掲載されており、先住民に関する学術的な議論と彼らの現実的な姿が同時に理解できる。
水谷裕佳　二〇一二『先住民パスクア・ヤキの米国編入――越境と認定』北海道大学出版会
　米国とメキシコに暮らす先住民族ヤキのうち、米国側に住むパスクア・ヤキ・トライブの歴史が、一九七八年の米国政府による先住民トライブ認定にまつわる事項を中心に論じられている。
水谷裕佳　二〇一八「先住民の歴史を裏付ける資料とは――米国のパスクア・ヤキとテキサス・バンド」、深山直

子・丸山淳子・木村真希子（編著）『先住民からみる現代社会――わたしたちの〈あたりまえ〉に挑む』昭和堂、二一二―一三七頁
誰がどのような方法で伝えてきた情報が、民族の集団的な経験を裏付ける資料となるのか。米国アリゾナ州のパスクア・ヤキ・トライブと、テキサス州のテキサス・バンド・オブ・ヤキ・インディアンズの事例が比較されている。

第7章 「わたし」と「あなた」が出会う時
――ドイツでの経験を日本での教職に生かす

石田健志

人類学者はフィールドに出かけ、他者について記述する。しかし、人類学者の存在そのものが他者に影響を与えたり、人類学者自身も他者から影響を受けたりする。その過程で、人類学者の自己認識および他者認識も変化していく。このような問題意識に基づき、本章では、まず筆者自身のドイツでのフィールドワークの経験を紹介し、次にその異文化経験と筆者の現在の生活、つまり「教師として働くこと」とのつながりを考察し、いかに自己と他者の相互作用についての認識を深めるかという問題について論じる。

学生寮の仲間たちとの出会い

二〇〇七年八月から二〇〇八年八月までの一年間、私はドイツのミュンヘンという街に滞在していた。

ミュンヘンの街並み（2008年　筆者撮影）

大学の交換留学生としての資格を得て、ミュンヘン大学へと国費留学する機会を得たのである。期待と不安を胸に、家族に見送られながら、私は空港を出発した。あの時の高揚感は、今なお鮮明に覚えている。

フランクフルト空港に着いたのは、現地時間の午後五時頃だった。夏のドイツ、まだまだ日も暮れていない。韓国の仁川から一二時間近くかかった長旅の後、そこからさらにドイツ版の新幹線ともいえるＩＣＥでミュンヘンに向かわなければならない。たどたどしいドイツ語を用いつつ、案内表示を読み解きながら、何とかミュンヘン行きのＩＣＥに乗り込んだ。すぐにでも眠り込みたかったのだが、不安で一睡もできず、ミュンヘン中央駅に着いたのは、夜の一〇時を回った頃だった。

その夜は事前に予約していたホテルに泊まり、翌朝、大学の寮に向かった。寮にはこの後一カ月間住むことになっていたのだが、国籍の異なる八人との共同生活であるということは、現地に着いてから初めて知ったことであった。

こうした学生寮は、ドイツ語でＷＧと呼ばれる。これはwohn-gemeinschaft（wohnen：住む、gemeinschaft：共同体）の略称であり、同じ部屋になったメンバーは、共同体の一員としての意識を持って生活しなければならない――と入寮初日に私に教えてくれたのが、部屋の構成メンバーの一人でドイツ人のロバートであった。彼はこう付け加えた。「不安もあるだろうけど、大事なのはオープン・マインド（open mind）だ」と。

ロバートの言葉を受けて、私はできる限り共同部屋の仲間たちに心を開き、率直かつ誠実に関わろうと努めた。到着したばかりの私のドイツ語力など限られたものでしかない。しかしそれでも、仲間たちの言葉に耳を傾け、時間はかかってもできる限り丁寧に会話をすることを心がけた。そうすると仲間たちは皆、私の話を何とか聴き取ろうとしてくれたし、それだからこそ、私のほうもより一層、皆の話を何とか聴き取り、その気持ちに応えようという姿勢を継続することができた。語学力以上に「相手のことを理解したい」という思いが、私たちの対話を成立させていたのだろう。そうした仲間との共同生活の思い出は、これ以降の留学生活においても、折に触れて私の心を温めてくれた。

こうした体験を受けて、私は次のような思いを強くするに至った。「日本は中国と仲が悪い」とか、「ドイツとトルコは緊張関係にある」といった言説は巷に流布しているし、しばしばその国の人たちは本質的にそういう関係性の中に生きているものだと思われがちであるが、その時の「中国」や「ドイツ」とは、いったい誰のことを指しているのだろう、と。少なくとも当時私の周りにいた友人たちは、お互いのことを思いやることができる人たちだったし、私たちは優しさに根づいた心地よい関係を構築

ミュンヘン大学での講義の様子（2007年　筆者撮影）

していた。そこには人間同士の豊かな関係性があった。そこでしか生まれ得ない個別具体的な関係が構築されていた。国際情勢を考える時、あるいは他者との関係構築について考える時、私はこのドイツでの経験を念頭において、大きな言説に取り込まれないよう留意しながらものを考える。日々世界を更新しているのは、「国家」や「民族」といった枠組みではなく、一人一人の心ある「人間」そのものに他ならないのだ。

フィールドでの出会い

その後、私はミュンヘン郊外の学生用のアパートに移り住み、ミュンヘン大学に通いながら、ドイツでの日々を過ごした。そして二〇〇八年四月から七月までの期間、ミュンヘンにあるバレーボールのフェライン（verein：同好会、趣味を同じくする者が集まる団体）を対象に、単独で人類学的なフィールドワークを行った。中学・高校・大学と一貫してバレーボールに取り組んだ私にとって、ドイツのバレーボールチームを対象に研究を進めることは、非常に心躍るものであった。

私が門を叩いたのは「ＳＶＳＦバレー部」というフェラインである。ミュンヘン郊外を拠点に学生から社会人まで、年齢や性別を問わず多様な人びとがバレーボールという共通の目的のもとに集まり活動している団体である。当初は不安や戸惑いもあったが、四カ月通い続けたこともあって、徐々にバレー部のメンバーから受け入れられていくのがわかり、関わりも深くなっていった。バレーボールを通じて現地の人びととつながれたという実感を得られたことは、私自身にとって非常に大きな喜びであった。

しかし一方で、私はあくまで「調査者」であり、それゆえにもたらされる葛藤に直面することもしばしばあった。たとえば、コーチのウォルフガングに調査のためのアンケート用紙をメンバーたちに配布してよいかどうか尋ねた時のことである。練習後、ウォルフガングにアンケート用紙を配りたい旨を説明したところ、彼は「どんな内容の？」と警戒した様子で聞いてきた。私は面食らってしまった。すぐさま調査の概要を説明すると彼は許してくれたのだが、いざ具体的な調査となると相手も構えてしまうのだろう。「一メンバー」としての私は受け入れられていたとしても、「調査者」としての私はどうしても壁をつくられてしまう。それを実感した時、私は少なからず寂しさを覚えたのである。調査者として背負う宿命を感じた瞬間であった。

しかし「調査者はどこまで行っても調査者である」という宿命は、そこから目を背けるのではなく、しっかりと認識するべき事実である。やや悲観的にすぎるかもしれないが、どれだけ現地の人びととの

ミュンヘン大学のキャンパス（2007年　筆者撮影）

距離が縮まったとしても、彼ら彼女らの生き方や世界観を完全に理解することは不可能であると思う。私自身もドイツでの生活を通じて、ずいぶん現地の作法や振る舞いを学ぶことができた。語学も上達したし、最初はわからなかった現地の「冗談」も徐々に理解できるようになった。しかし一〇のうち九は理解できても、最後の一あるいは最後の〇・五にどうしても手が届かないという感覚は、最後の最後まで残った。このように、どれだけ現地の人びととの距離を縮めたところで、その間にある溝を乗り越えることは、おそらく不可能ではないかと思う。

だが、このことは私にとってのドイツが根源的な「異文化」だったから、ということに由来するものだとは言い切れない。おそらく自文化内においても、否、そもそも他者が他者である以上、どのようにしても他者を完全に理解することは不可能なのである。このように述べると、いくらフィールドワークを重ねてエスノグラフィーを書いたところで、結局のところ他者を理解することはできない、という諦めの声が聞こえてきそうである。

しかし私はこう考えたい。理解できるかできないかという狭間、そのせめぎあいが起こるギリギリのところで踏みとどまって、ものを見て考えることができるということこそが、人類学者の強みではないか、と。たしかに他者を完全に理解できるところまでは行けないかもしれない。しかし、他者を理解したいという強い思いをもち続け、真摯にフィールドワークを重ねることを通して、一〇のうち九もしくは九・五のところまで人類学者は行けるのであり、これは他分野の研究者が容易に到達できる地平ではない。この容易には到達できない地平に自らの身を置き、ものを書く。これは人類学的フィールドワークを重ねることでしか達成できないことではないだろうか。こう考えると、人類学のもつ醍醐味や持ち味、あるいは学問としての強みが見えてくるのではないかと思う。

フィールドで見えてきたこと

このように、「一メンバー」としての自己と「調査者」としての自己の狭間を揺れ動きながら、SVSFバレー部での時間を過ごした私の意識は、やがて「そもそもフィールドワークとは何なのか」という人類学の根源的な問いに向かうことになる。その結果、私は以下の三つの地平にたどりつくに至った。

第一にたどりついた地平は、「様子が違うのは他者なのか、自己なのか」という問いである。二〇〇八年六月三日、いつものように体育館に足を運んだ私は、SVSFバレー部の様子がいつもと違うのではないかという意識をもった。だが、一見どこが違うのかわからない。いつもと同じようにも見える。しかし、何かが違うような気もする…。このような自問自答を繰り返す中で私はハタと気がついた。

いや、「違う」と感じているのは私だけなのかもしれない。そもそも「いつもと違う雰囲気」と調査者が感じている時、その感覚は本当に対象の変化によるものなのだろうか？　実はそうではなく、調査者のその日のモチベーションとか機嫌とかによるものと考えられはしないか？　それに左右されないことなど、そもそもあり得るのだろうか？（二〇〇八年六月三日のフィールドノートより）

すなわち、変化しているのは「他者」ではなく「自己」のほうなのではないか、という発想の転換が起こったのである。自己の意識の変化を対象に当てはめて、押しつけて、それで「今日はいつもと対象の様子が違う」という結論を出すのは、安易で横暴なことなのではないか。このことに気づいた結果、私は自分のフィールドワークに対する認識を改めて問い直す機会をもつことができた。自己の変化を他者の変化と錯覚してしまうという「誤解」は、特に単独での調査がスタンダードになっている人類学的フィールドワークにおいて起こりやすいかもしれない。

第二にたどりついた地平は、「参加なのか、参与観察なのか」という問いである。この問いを私に突きつけたのは六月一〇日の練習での出来事であった。この日のゲーム中、コーチのウォルフガングとメンバーのマータが作戦のことで言い争う場面があった。二人の口論はしばらく続いたが、その結果マータが途中で怒って帰ってしまったのである。この瞬間、私のバレーボールに熱中する気持ちはやや冷めてしまい、それまで熱中していた気持ちは自分の中で相対化され、それと共に現在の自分の立ち位置について問うこととなった。

私はここでハタと気づいた。マータが帰る事件まで、私は本当に違和感なく練習に参加し、バレーを楽しんでいた。一メンバーとして「参加」していた。「参与観察」ではなく。そこに観察は抜けていたと思う。ところがマータが帰ったことで参与観察者としての自覚を取り戻すことができた。私は参加者ではなく、参与観察者であるべきなのだ。しかし同時に、逆説的であるが、「参加者」になることに抵抗するこの態度は、はたして何なのだろうか。これが人類学者の背負う宿命なのかもしれない。（二〇〇八年六月一〇日のフィールドノートより）

マータが練習場を去ったことにより、私は「参与観察者」としての自己を取り戻すことになったのだが、それと同時に「参加者」としての自己を放棄することになった。この放棄によって、私はもう一メンバーとして純粋にバレーボールを楽しむことはできなくなったのである。参加者になってしまうことへ抵抗しつつ、参与観察者であろうと自分を律する。だが、はたして参与観察者だけに「真実」が見えて、参加者には「真実」が見えないなどということがあり得るのだろうか。たしかに参与観察者でなければ見えない世界もある。しかし同時に、参加者だからこそ見える世界というものも、きっと存在するはずだ。参与観察者が捉える事実も「真実」ならば、参加者が捉える事実もまた「真実」と言えるのではないだろうか。

そもそも観察・参与観察・参加の三者は単純に分離して考えることのできるものではない。人類学者が現場にいる限り超然とした観察というものはあり得ないし、人類学者が学者である以上、相手と一体化した参加を達成することは不可能なのだと言える。また、万人に通用するマニュアル化された参与観察の方法など存在しないことは、フィールドに身を置いた人類学者なら痛感するところであろう。したがって、観察・参与観察・参加の三者を明確に分けて考えるのではなく、三者はスペクトルのようにつながっており、単純に境界線を引くことのできないものとして理解するべきだと私は考える。大切なのは、現場の状況に合わせて対象との距離を臨機応変に調整することである。

そして第三にたどりついた地平は、《調査者》対《被調査者》という二分法に基づくフィールドワークに対する疑問である。フィールドワークを行うにあたって、調査者は自身の人間性をさらけ出さずに、もっぱら冷静にデータを集め、それを分析しているのだろうか。違う。人類学のフィールドワークが「他者」という人間を相手にするものである以上、いくら学術的調査のためとはいっても、やはりそこには調査者自身の人間性が介在してくる。調査者は自らの人格を隠してフィールドワークを行うことなどできないのである。つまり、人類学的フィールドとは、調査者および被調査者の人間性が滲み出てくる場なのだと言える。そしてこの時、《調査者》対《被調査者》という額面通りの関係性は解体され、それは「わたし」と「あなた」という人間関係へと集約される。このことに私は気がついたのだ。

(「今日はうまくプレーできなかった」と落ち込んで話すメンバーのハミッドに対して) 相手が落ち込んでい

る時、どのような言葉をかけていいものなのかわからない。これは日本人相手でも他の国の人相手でも難しいものである。人の心をどう励まし、慰めるのか。これは文化差を越えての難問と言える。そもそも調査者から見て相手が何を考えているのか明確にわかることなどあり得ないだろう。これは通常の人間関係においても同じである。フィールドワークとはいっても、やはりそれは一対一の人間関係の構築に他ならないのではないか？（二〇〇八年七月一日のフィールドノートより）

いったんフィールドにおいて深い人間関係が構築されると、《調査者＝見る者》対《被調査者＝見られる者》という図式は、もはや成立しない。観察し干渉するのは調査者だけではない。被調査者もまた調査者を観察し、調査者に干渉するのである。この時《調査者》対《被調査者》の間にある壁は消え失せ、両者の関係は相互に影響を与え合うものとなる。

人類学者が「現場にいる」以上、人類学者は必ずその現場に影響を与え、絶えずその現場を変容・更新している。人類学者がフィールドワークをしている限り、この現実は不可避のものである。極端に言えば、人類学者がその場に「存在している」というその事実だけで、現地の人びとに十分な影響を与えているのである。そして人類学者を内包するその現場のあり様は、二度と繰り返されることのない、個別具体的で代替不可能なものなのである。このことに気づいた私は、七月三日のフィールドノートに次のような記述を残している。

私の調査に彼ら彼女らは興味をもっている。私の中にも彼ら彼女らの言葉や振る舞いが入ってくる。

SVSF バレー部の練習の様子（2008年　筆者撮影）

私の研究が、私の存在が、彼ら彼女らに影響を与えていると同時に、彼ら彼女らの存在が私に影響を与えているのだ。私の影響で彼ら彼女らは変わり、彼ら彼女らの影響で私も変わっていく。（二〇〇八年七月三日のフィールドノートより）

フィールドとは単なる調査地を意味するのではない。それは「わたし」と「あなた」の個別具体的で代替不可能な関係構築の場であり、そこにおいて「自己」と「他者」は絶えず相互作用を繰り返し、互いの存在や認識を更新し続けているのである。人類学的フィールドとは、そのような現象を生む非常にダイナミックな場なのである。

人類学あがりの教師として

さて、こうしたドイツでの経験を生かして、私は卒業論文と修士論文を執筆し、現在は故郷の鳥取県で教職に就いている。日々教壇に立ちながら、この経験から学んだことを生かして、生徒たちと関わることを意識している。

日々生徒たちと向き合う私であるが、「生徒たちの世界」というのも、一つの異文化ではないかと感じることがしばしばある。子どもにとって「大人の世界」がわかりにくいように、大人にとっても「子どもの世界」というのは、完全に把握できるものではない。子どもには子どもなりの考え方や人間関係があり、その場その時の言葉や表情が子どものすべてを物語っているわけではない。それにもかかわらず、「〇〇はこういう子だから」とか「あのタイプの生徒は…」といった言い回しが、教員の世界に身を置いていると、しばしば聞こえてくる。大学院卒業後に職場で最初に違和感を覚えたのが、この言い回しだった。「これは一人ひとり異なる生徒に対して、ラベルを貼って理解したつもりになっているだけではないか」と疑問に思ったものである。他者という存在は、そのように容易に理解できるものではない。当時の私は率直にそう感じたし、今なおそのように考えている。

《教師》対《生徒》という図式のみで両者の関係性を捉えてしまうと、両者の間で生起するはずの豊かな関わり合いはそぎ落とされ、《支配する者》対《支配される者》という構図に集約されていくような気がしてならない。前出の言い回しは、生徒を理解し支配したつもりになっている教師の愚かな傲りのようにも聞こえる。理解すること（理解したつもりになること）と、支配することとの表裏一体の関係性を思わずにはいられない。他者理解というものは、もっと困難かつ繊細なものであるはずだ。

ここで教師に求められるのは、生徒との程よい距離感だと思う。生徒の世界に入り込みすぎず、しかし決して見放すわけではなく、見守りながら必要に応じて適切に関わっていく。こうした姿勢をもつべきではないか。あたかも人類学者がフィールドで現地の人びととの距離感を考えるように、教師ももっと生徒との距離感について謙虚かつ真摯に考えてもよいのではないだろうか。日頃の現場経験に鑑みると、そうした程よい距離感がとれた時、生徒の側も教師の考えや思いを「知ろう」としてくるように感じる。

そしてまた、教師が自分の立場を「絶対的なもの」であると過信しないことも重要である。人類学に照らして述べるならば、「完璧な人類学者」という自己など存在するはずもなく、現地の人びとと関わっているのは、あくまで一人の人間としての自己である。だから当然、人との関わりの中で、考え方や感じ方は変わるはずだし、日々変化しているはずなのだ。このことは「現地に入る前の自己」と「現地で生活している時の自己」と「現地から帰ってきた後の自己」の違いを認識しながら、フィールドワークについて熟考し論文を書く過程で、私自身が痛感したことでもある。同時に、現地の人びともまた、人類学者との関わりの中で感情や思いを変化させながら、日々自己を更新し続けているのであって、固定的で画一的な「現地の人びと」像など存在しないのである。自己が流動的であるように、他者もまた流動的な存在なのである。

教育の現場においても同じことが言える。「完璧な教師」としての自己などあり得ない。教師も生徒と関わる中で日々変化しているはずであり、生徒たちも教師と関わる中で日々変化しているはずである。あるいは生徒同士の関わりの中で、生徒が飛躍的に変化し成長することもある。したがって、「この生

ミュンヘン最大の祭りのオクトーバーフェスト
（2007年　筆者撮影）

徒はこんな子」といった言い回しが通用するはずもなく、固定的な「生徒」像といったものも存在し得ない。教師も生徒も日々自己を更新し続けている可変的な存在なのである。両者は日々の関わりの中で互いに作用し合い、時に心を通わせ、また時にぶつかり合いながらも、絶えず自己を更新し続け、他者をも更新し続けている。そうした過程を経て、教師も生徒も人として成長していくのではないだろうか。

そうした相互作用を自覚しながら、真摯に人と関わっていこうとする営みこそが、より豊かな教育実践を生むはずである。このような自己と他者の相互作用によってもたらされるダイナミックな成長の過程があってこそ、授業や学級は一層力強く胎動し始めるのではないか。教師も生徒も互いに尊重されるべき「わたし」であり「あなた」なのである。そこに立ち戻って対話を積み重ねていけば、互いにとってより生産的で建設的な関係性を紡ぎ出すことができるだろう。

たとえ民族や国籍が違ったとしても、私はそうした思いをもち続け、対話の回路を開き続けたい。私がそのように主張できる根拠は、ドイツで私に関わってくれた人びととの日々の積み重ねに他ならない。

こうした思いを胸に、今日も生徒という他者と、誠実かつ真摯に関わる。人類学あがりの教師として。

【読書案内】

木村敏　一九七二『人と人の間――精神病理学的日本論』弘文堂

「自己」と「他者」は最初から独立している存在ではなく、両者が出会ったまさにその瞬間に初めて生起するような存在であり、両者の「あいだ」で根源的な生命が躍動を始める。こうした木村の認識論は人類学者にも深い内省を促す。

菅原和孝　二〇〇六『フィールドワークへの挑戦――〈実践〉人類学入門』世界思想社

学生フィールドワーカーたちの葛藤、挫折、感動、学びを追体験できる入門書。フィールドワークを「生きかた」の問題として捉え、他者の「生のかたち」に迫っていく過程が、著者や学生たちの熱意と共に生き生きと描写されている。

ラビノー、P　一九八〇『異文化の理解――モロッコのフィールドワークから』井上順孝（訳）、岩波書店

モロッコでの調査をもとに、フィールドワークという行為が調査対象となる相手および調査者自身をどのように変えていくのか、そこで共有されるものは何なのかという問いを深く突き詰めていく名著である。

第8章　アジア人がアメリカの大学で教える時
――三〇年前の新任教員に立ちはだかった壁とその教訓

桑山敬己

《フィールド＝他者》と《ホーム＝自己》という二分法は、人類学に深く根づいた思考である。事実、多くの人類学者は異民族を「フィールド」で調査して、その結果を自民族に向けて「ホーム」で書く。民族誌（エスノグラフィー）が「ホームメード」と言われる所以である。だが、「ホーム」が必ずしも「自己」ではなく、むしろ「フィールド」以上に「他者」の時もある。その一例が、外国の大学を本拠とする日本人研究者が故国に赴いて調査を行い、帰還後、その結果を外国人のために外国語で書いたり教えたりする時である。本章では、筆者がアメリカの大学で学位取得後もアメリカに残り、助教授として教え始めた約三〇年前のことを振り返って、オリエンタル（東洋人）がオクシデンタル（西洋人）に人類学を講義した時の体験を綴る。

UCLAのシンボル，ロイス・ホール（1989年　筆者撮影）

東京からロサンゼルスへ

一九八二年の秋、私はフルブライト奨学生としてカリフォルニア大学ロサンゼルス校（University of California, Los Angeles以下「UCLA」）の大学院に留学して、本格的に人類学の勉強を始めることになった。

日米間には多くの文化的相違があるが、キャンパスでも街中でも特段カルチャー・ショックを受けなかったのは、今にして思えばアジアの影響が強い西海岸だったからだろう。南カリフォルニアにはアジア系の人口が集中しており、当時のUCLAはUniversity of Caucasians Living among Asians（アジア人の間に住んでいる白人の大学）と揶揄された程である。その後、新入生全体の四〇パーセント以上がアジア系で占められるようになると、University of Caucasians Lost among Asians（アジア人の間で見失われた白人の大学）とさえ言われた。そうした中、私はカルチャー・ショックを受けることなく、むしろ安堵感さえ覚えたのである。

一九八〇年代、ロサンゼルスには日本語の番組を放送していたテレビ局がいくつかあって、ＮＨＫの午後七時のニュースは一日遅れくらいで毎晩流されていた。それが終わると韓国語のニュースが聞こえたところが、いかにも南カリフォルニアらしかった。このニュース番組は韓国の国歌「エグッカ（愛国歌）」で始まるのだが、国歌らしくない美しい旋律が印象的だった。私の住んでいたＵＣＬＡの既婚学生用の寮――当時 Married Student Housing と呼ばれていた――のそばには小さな日本人町があって、日本の食料品や日常用品を専門に扱った店もあった。

ソーテル（Sawtelle）という名のその地域には、日本の文部省（当時）から派遣された教員が管轄する「あさひ学園」という名の補習校もあって、毎週土曜日、地域の公立中学の校舎を間借りして、小学生から高校生まで多くの日本人師弟が学んでいた。私はこの学校に現地教員として五年ほど勤務した。このように日本が溢れている環境では、たとえアメリカに身を置いていても、日本との落差をあまり感じることはなかった。

もっとも、このことは一一年間に及ぶアメリカ生活で、まったく「アイデンティティの危機」を感じなかったということではない。アイデンティティとは、自分は何者かという意識のことである。当初、私には日本人としてのアイデンティティしかなかったが、しばらくして日本人であろうが日系人であろうが、アメリカでは「ジャパニーズ（Japanese）」であって、そのジャパニーズは「アジア人（Asian）」に包括されるということに気づくと、私は次第に自分自身を彼らアメリカ人の眼で見るようになった。

この意識の変化は、人種差別の激しいアメリカで、自分は人種的にも民族的にも少数派に属し、彼らの運命は自分の運命でもあるという意識を生んだ。

一九八〇年代といえば、太平洋戦争終結後四〇年も経っていたが、多くの日系人にとって強制収容所は決して過去の出来事ではなく、彼らはアメリカ政府による謝罪と賠償を求めて活動を行っていた。一九八八年、レーガン大統領（当時）は日系アメリカ人補償法に署名し、公式に謝罪すると同時に現存者に対する補償を約束した。マイノリティー意識のついた私にとって、それは戦時下で辛酸をなめた日系人が人生を賭けて名誉回復に奔走した賜物のように感じられた。

いずれにせよ、私はロサンゼルスに恋をした。二人の子どもは現地で生まれたので、我が家にとってロサンゼルスは文字通り故郷となった。アメリカは生地主義を採用しているため、子どもは二人とも自動的にアメリカ国籍を取得した。当時、生後二週間以内に領事館に届ければ、日本人の父を持つ子は日本国籍も取得できた。第一子（長男）は幼い頃からベビーシッターに預けられたためか、アメリカ人以上のアメリカ人に育ち、日本語の会話もままならぬほどであった。私の妻は日本の大学で出会った同級生なので、私たちのような外国人の親にとって、子どもはアメリカ社会への窓であり、子育てを通じてアメリカを肌で学んでいった。

私は早くからアメリカに永住を希望していた。だが、アメリカに残るためには大きな法的問題があった。フルブライト奨学生は国費留学生であり、「二年間の自国滞在（two-year home country stay）」という規則が課されていたからだ。この規則は非常に厳格で、すべての奨学生は留学の目的終了後いったん

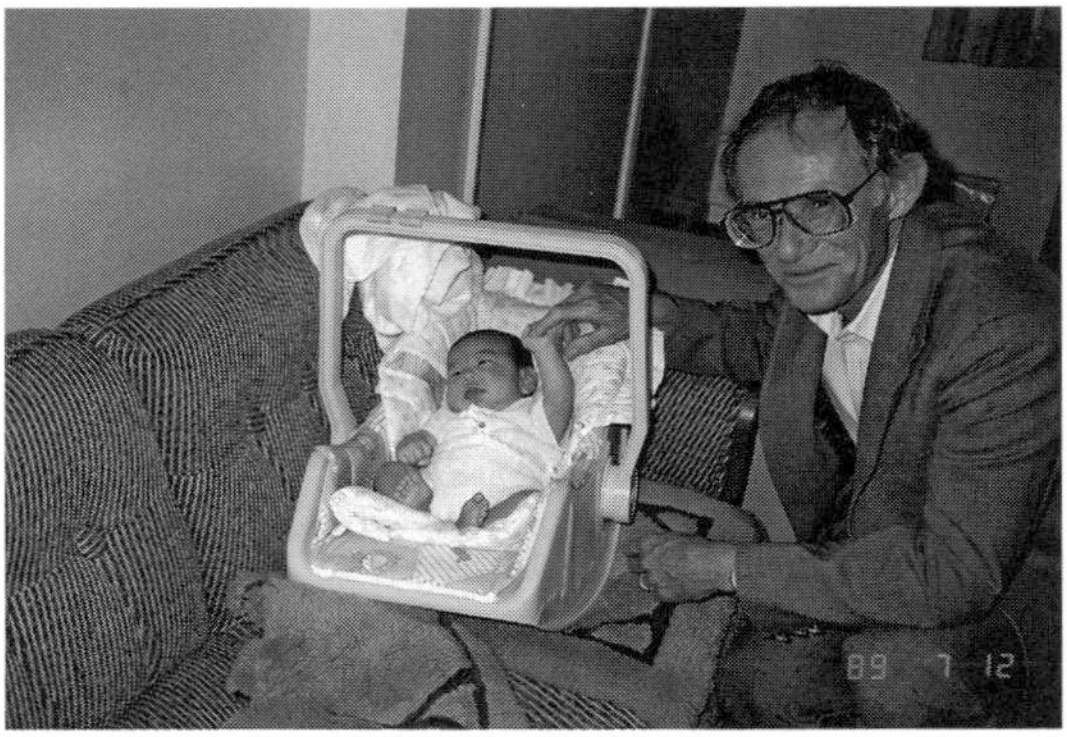

故ロバート・エジャトン（Robert B. Edgerton）（写真右）。ヴァージニアに発つ前，UCLA で筆者の指導教員だったエジャトンが，生まれて間もない娘に会いに来てくれた（1989年　筆者撮影）

自国に戻り、それから最低二年を経なければアメリカ再入国のビザはもらえなかった。敗戦後の日本を含む途上国の人材流出を防ぐための規制と言えようが、私の世代の日本人研究者は自国に戻っても仕事にありつけるかどうかわからなかったので、正直に言って厄介だった。

だが、意思あるところに道は開けるもので、いろいろ調べた結果、少なくとも日本人に関する限り、先にアメリカで仕事を見つけてしまえば、あとは両国政府間の交渉次第ということがわかった。そこで、私は博士論文の提出を意図的に遅らせて、アメリカの大学のポジションを必死に探したのである。女神がほほ笑むまで数年かかったが、一九八九年の春、やっとのことでお声がかかったのがヴァージニア州の州都リッチモンド市にあるヴァージニア・コモンウェルス大学（Virginia Commonwealth University 以下「VCU」）という州立大学であった。それもテニユア・トラック（tenure-track）という、終身在職権を狙える正規の助教授（assistant professor）のポジションだった。同年夏、我が家は東京の新婚時代から飼っていた三毛猫を連れて、七年間住んだロサンゼルスを後にした。

ロサンゼルスからリッチモンドへ

リッチモンドといえば、かの南北戦争時（一八六一年～一八六五年）、敗北した南軍の拠点となった場所である。それから一二五年ほどの時を経ていたが、そこには戦争の爪痕が至る所に残されていた。特に、南部の経済は奴隷を使ったプランテーションを基盤としていたので、カリフォルニアのように歴史が浅く、アジアの影響が強い西部の州とは人種・民族関係がまったく違う。そのリッチモンドで私は、アメリカという多民族国家で人種的に可視的な少数派（racially visible minority）とは何を意味するかを、嫌というほど思い知らされたのである。

最初の「事件」はリッチモンド到着後、僅か数日後に起きた。世界の多くの都市がそうであるように、同市の東側は低所得者が多く住んでいて治安も悪かったが（殺傷率は全国的にも高かった）、西側は中産階級またはそれ以上の居住区で、ダウンタウンから西に行けば行くほど高級地になった。特に、ファー・ウェスト・エンド（Far West End）と呼ばれる新興住宅街には、赤レンガ造りの高級住宅が何軒も立ち並んでいた。もちろん、ロサンゼルスにもビバリーヒルズ（Beverly Hills）のような超高級住宅街があ

リッチモンドにある南北戦争時の南軍の将軍ロバート・リー（Robert Lee）の銅像（1992年　筆者撮影）

るが、そこには財を成した人が住んでいるというだけで、ファー・ウェスト・エンドのように、いかにも「白人クラブ」といった閉鎖性と排他性はない。

当時の新任大学教員の給料は安く、私の初任給は年収で三万ドル以下だった（一九八九年の為替レートは一ドルが一四〇円ほど）。アメリカの都市部は家賃がけっこう高いので、その程度の給料でファー・ウェスト・エンドに住めるはずもなかったが、好奇心に駆られて私は家族と一緒にレンタカーのクライスラーで回ってみた。まだ新しいのにサイドミラーが壊れていて、故障の少ない日本車が売れる理由が垣間見えた。昼時だったので、たまたま見つけたレストランに入ったところ、私たちはロサンゼルスで経験したことのない出来事に遭遇することになった。

ドアを開けた瞬間、見渡す限り白人の客とウェイトレスが一瞬手を止めて、いっせいに私たちのほうを振り返りジッと見つめたのである。おそらく一人一人にそういう意識はなかっただろうが、何一〇人もの人がいっせいに見ると、見られたほうはその集合的視線に戸惑ってしまうのだ。しかも、彼らの目つきはまるで動物園の珍獣を見る眼であった。私は一瞬たじろいだが、何事もなかったかのように人数を係に告げて、あてがわれた席に着いた。

だが、内心は穏やかではなかった。アメリカに七年も住んでいて、あのように言い知れぬ好奇心と困惑の眼で見られたことはなかったし、自分の存在が、それもただ見かけが違うというだけで、周囲の関心を呼ぶとは思ってもみなかったのである。一昔前の日本の子どもが西洋人を見て、「あっ、外人だ」と叫んだのと同じ反応である。そして、この「事件」は一回きりの偶然ではなく、リッチモンドに滞在した四年間、至る所で経験したのであった。

初めての授業で起きたこと

大学のキャンパスも例外ではなかった。アメリカの大学には、一年を秋と春の二学期に分けて各一五週間ずつ授業を行うシメスター（semester）制度と、一年を秋と冬と春の三学期に分けて各一〇週間ずつ授業を行うクウォーター（quarter）制度がある。夏に行われる授業は別枠で、休みに単位を稼ぎたい学生や留学生などが受講する。教員の給与は学期中しか支払われないので（通常は九カ月分の給料を一二カ月で割ってもらう）、教員にとっても夏は稼ぎ時だ。一九八〇年代、ＵＣＬＡはクウォーター制度を採用していたが、試験を含めてすべて一〇週間で終わらせるのは大変なので、シメスター制度の大学のほうが多かったように思う。私が初めてポジションを得たＶＣＵもそうであった。

ＶＣＵでの私の最初の授業は異様な雰囲気で行われた。五〇人ほどの学生が集まった「文化人類学概論」の教室に入ると、ポーディアム（podium 教壇）には既に誰かがいて、学生は不安そうな表情を浮かべていた。というのも、ポーディアムの横の椅子に白いステッキを携えた盲目の中年女性が腰かけていて、「奇妙な」動作を繰り返していたからである。彼女はあたかもタイプを打つように空中で指を動かし、何かブツブツと独り言を言っていた。私が近づいて顔を覗いてみると、アイシャドーがずれていた。どうやら、彼女は学生の席に着くつもりで教員側に座ってしまったようだが、少なからぬ学生は彼女が担当の教員だと思っていたようだ。

自嘲的だが、「本物」の教授が見慣れない顔つきの若いアジア人であることがわかった時、学生は二重のショックを受けたに違いない。便覧にある私の名前 Kuwayama を見て、すぐ日本人／日系だとわかる学生はほぼ皆無だったし、Ku Way Am（クウェイアム）などと呼ぶ者もいたほどであるから、本人が現れるまで正体不明だったに違いない。

私は盲目の学生をそばの席に移してから授業を始めた。しかし、学生の反応はさっぱりだった。教室の前のほうに座った学生は、シラバスではなく私の顔を観察するように見入っていたし、後ろのほうでは私を横目で見ながらヒソヒソ話をしていた。シラバスを見て退室した学生はいなかったが、肝心の講義が始まっても彼らはなかなかノートをとろうとしなかった。

アメリカの学生の良いところは、まじめで教室では私語を慎み――日本の大学のように寝ている学生はまずいない――、教員の言葉をディクテーション（口述筆記）のように書き留めることだ。言語学者フェルディナン・ド・ソシュール（Ferdinand de Saussure）のように、後世に名を残した欧米の学者の中には、自分自身では本を書かずに、生前の講義を聞いた学生がノートを持ち寄ってつくった本が評価されている者がいるが、それはこうした理由による。だから、教員を無視するような態度は珍しかった。少なくとも、私がＵＣＬＡでＴＡ（Teaching Assistant 教育助手）を務めた時には、外国人に対する懐疑心は多少あったものの、まずお目にかからなかった光景である。

最初は大学のレベルの差かと思った。ヴァージニアで成績上位の学生は、州立大学ならＶＣＵではなく第三代大統領ジェファソン（Thomas Jefferson）が創立したヴァージニア大学（University of Virginia）に行くからだ。しかし、教員とＴＡでは学生に対する圧力がまったく違う。講義をしながら、私は「何だ、これは⁉」と心の中で叫んでもがいた。

実は、ＶＣＵで教え始めてから最初の二年ほどは、この授業ばかりではなく初回の講義はいつも同じような感じだったのである。ある日、私は研究室が隣でほぼ同じ歳のスティーヴ（Steve）という助教授に、どんなことが理由として考えられるか聞いてみた。すると、彼は躊躇しながらも率直に「たぶん外見の問題ではないか」と答えたのである。それは、まさにファー・ウェスト・エンドでの「事件」以来、私が密かに疑っていたことであった。

当時、ＶＣＵは学生総数が三万人を超す大きな大学であったし、その後も成長を遂げている。だが、医学部など一部の理系の学部を除けば、私の在職中、アジア系の教授はごく一握りであった。さらに、

筆者の研究室が入っていたVCUのビル（1995年　筆者撮影）

カリフォルニアと違って、首都ワシントンに隣接する北部を除くと、ヴァージニアの小学校・中学校・高校にアジア系の教師は数少なかった。だから、学生は私の存在そのもの——見慣れない極東（Far East）の人間が教壇に立っているという事実そのもの——に違和感を覚えたのではないか、というのがスティーヴの弁だった。

ＶＣＵは一九六八年、ヴァージニア医科大学（Medical College of Virginia）と、リッチモンド・プロフェッショナル・インスティテュート（Richmond Professional Institute）が合併して出来た都市大学である。前者は今日でもＭＣＶと呼ばれていて、日本から多くの医者が研修に訪れる。広大なキャンパスを持つＵＣＬＡとは対照的に、都市大学のＶＣＵにはキャンパスと言えるほどの土地はなく、一九九〇年代当時は、ダウンタウンとその周辺の古いレンガ造りのオフィス街に小さな校舎が散らばっていた。

ＶＣＵの人種・民族関係はきわめて同質的で、私が就職した一九八九年の新入生の約七〇パーセントは白人であった。

さすがに南部の大学だけあって、黒人学生の比率は約二一パーセントと高かったが（同年のアメリカ全国平均は約八パーセント）、アジア系は約四パーセント、留学生にいたっては僅か〇・六パーセントにすぎなかった。また、新入生の約八七％がヴァージニア州出身で、基本的に自分たちの州以外の世界を知らない学生がほとんどであった。

ある黒人教授の苦悩

大学教授という高い社会的地位にありながら、エスニック・マイノリティーであるがゆえに辛い思いをするのは何もアジア系ばかりではない。アメリカの少数集団を代表するアフリカ系（African American）も同様の立場にある。以下、アフリカ系を「黒人」、ヨーロッパ系を「白人」と呼ぶことにするが、これらはアメリカの日常生活で使われる black と white に相当する表現で、必ずしも肌の色だけの問題ではない。

そもそも、人種に科学的客観性があるわけではなく、むしろそれは社会的に構築された主観的カテゴリーである。そのことは、第四四代大統領バラック・オバマ（Barack Obama）が、父親はケニア出身の黒人で母親はカンザス州出身の白人、つまり「ハーフ」であるにもかかわらず、アメリカ初の「黒人大統領」と呼ばれたことからも明らかであろう。

さて、コーネル・ウェスト（Cornel West）という、名門ハーヴァード大学とプリンストン大学で教鞭

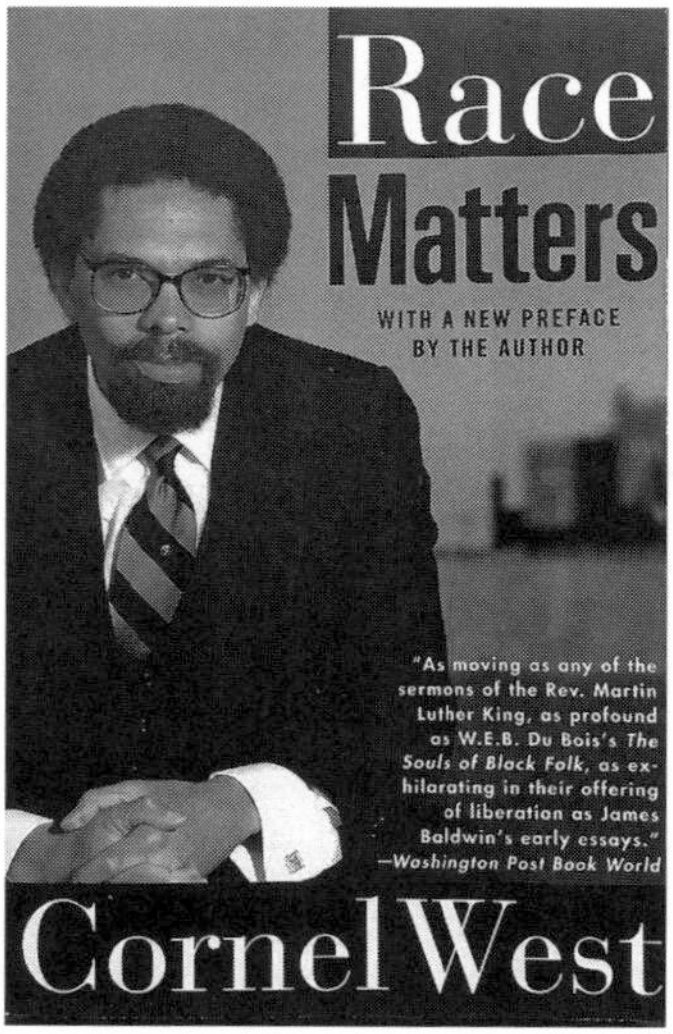

コーネル・ウェストの著書 *Race Matters*（原著 1994 年，New York: Vintage Books）（邦訳は『人種の問題――アメリカ民主主義の危機と再生』山下慶親（訳），新教出版社，2008年）

をとった、宗教哲学が専門で世論に強い影響力を持つ著名な黒人教授がいる。以下に紹介する彼の経験は、黒い肌とアフリカ系の風貌がアメリカでいかに不利に働くかを物語っている。

ウェストはハーヴァード大学を優秀な成績で卒業した後、プリンストン大学で博士号を取得した秀才である。過激な発言と行動で物議を醸すこともあるが、現代アメリカの代表的な「パブリックな知識人（public intellectual）」だ。彼自身の言葉で語った以下のエピソードは、若き日のウェストが母校ハーヴァード大学で初めて教えた時の出来事である。それはＶＣＵでの私の経験と相通じるものがある。

私が初めて教えたのは［引用者注：ギリシャ神話に登場する］アンティゴネー（Antigone）の講義だった。その時、とある学生が私を用務員と間違えて、もっと椅子を持ってくるように言ったのである。私は彼の仰せの通り教室に椅子を運んで、学生がだいたい揃ったところで教壇に立ち、アンティゴネーの有名な愛の歌について講義し始めた。いったい、なぜ人間はかくも高尚であると同時に、かくも残酷な存在なのか。それがアンティゴネーのメッセージである、と（*The New York Times Magazine* 一九九一年九月一五日号）。

つまりこういうことである。授業が始まる前に教室に着いたウェストは、入口のそばの席に座って学生が来るのを待っていた。教室が満杯になりかけた時、一人の白人の学生が気を利かせたつもりで、用務員と思しき黒人に椅子をもっと持ってくるように指示したのである。その黒人が授業担当のウェスト博士だとは知らずに。「高尚であると同時に残酷な存在」とは、こういう態度を揶揄したものである。授業開始後、無礼を働いた学生はさぞ驚いたことであろう。

インターネットが発達した今日、ウェストが話している姿はYouTubeなどで見ることができる。話の内容はともかく、私は彼の服装に注目したい。というのも、ウェストは講演する時も、テレビに出演する時も、そして街でデモに参加する時も、必ずと言ってよいほどスーツ姿なのである。三つ揃えの背広からネクタイまで、ほぼ黒系統でまとめているのは何らかの象徴的意味があるのかもしれないが、私はそうしたウェストの姿を見るとＶＣＵでよく見かけた黒人教授を思い出す。彼もまた常にスーツ姿だったからだ。

スティグマ化されたマイノリティーの辛いところは、いつ何時でもきちんとした恰好をしていないと、それこそ用務員と間違われて侮辱的な扱いを受けることにある。問題はそこにとどまらない。二〇二〇年、全米に広がった社会運動「Black Lives Matter（黒人の命を粗末にするな）」が示すように、黒人が

「怪しい」格好で街をうろついていると、警察に呼び止められて命を落とすことさえあるのだ。逆に、大学のような「高尚な」場所でも、白人の中流階級出身の教授は、男性ならジーンズとポロシャツで通す人が少なくない。理由は簡単である。彼らには多数派としての隠れた自信があるからだ。むしろ、教授という社会が与えた権威を振り払うために、あえてそのような恰好をしているとも言える。アメリカでは、地位の高い人物が「普通の人」や「ナイス・ガイ（nice guy）」を演出することは、社会的共感を得るために大切な技法である。

アメリカにおいてアジア系とアフリカ系の接点は少ない。アジア系からすれば、アフリカ系は「不真面目」で「怠惰」で「大口」を叩くだけのように見えるし、アフリカ系からすれば、アジア系は「生真面目」で「仕事中毒」で「寡黙」、そして何よりも「従順」すぎるように見えるだろう。だが、アメリカ社会全体からすれば、両者とも人種的に可視的な少数派であって、大同小異の構造的問題に晒されているのだ。

私がリッチモンドで過ごした時間は四年に過ぎないが、そのインパクトは高齢者となった今でも私の身体に深く刻まれている。日本では多数派で甘やかされていた私も、リッチモンドでは抑圧され差別される側に置かれていたのである。

マイノリティーとして学んだこと

あれから三〇年以上の月日が流れた。当時を振り返ってみて、私がアメリカで直面したキャリアづくりの壁は、周囲の私に対する評価と自分自身の自己評価の「基準」が違うということであった。

たとえば、文法的ではあるが言葉の選択がぎこちなく、しかも外国人のアクセントで発せられる私の英語は、言語への依存度が高い人文社会科学系では大きなハンデであった。小学生とはいえ、アメリカで生まれ育った息子の自然な英語に比べると、それは「欠陥品」さながらの代物であって、移民の親が子どもに劣等感を抱くというのは、こういうことかと思ったものである。

だが、心の奥底で私は自らの英語に誇りを持っていた。一九五五（昭和三〇）年生まれの日本人の私にとって、英語は中学校に入ってから初めて習う外国語に他ならず、当時の学校にネイティヴ・スピーカーの教師やアシスタントはほぼ皆無だったからである。そもそも、生の英語を聞くことさえ難しい状況にあった。特殊な環境にいた人を除けば、私の世代の日本の中学生や高校生が「本物の」英語に接する機会は、NHKのラジオやテレビの教育番組、そしてFEN（Far East Network）という在日アメリカ軍のラジオ放送などに限られていた。インターネットで海外のメディアにいとも簡単にアクセスできる今日とは、状況がまったく違う。

ここに少数派の人びととの苦悩がある。保守的なアメリカ南部の大学で、アジア出身の外国人教授——

しかも専門は白人教員が圧倒的に多い人類学である——というまったくのマイノリティーとして過ごした経験から私が得た教訓は、人を評価する際にはその人が成し遂げたことだけではなく、そこにたどり着くまでに何をどのように乗り越えたかを考慮すべきだということである。なぜなら、社会の周辺に置かれた人びとは、中心を占める人びとが当たり前に思っている資源を欠いているからで、そのことによって最初から不利を背負っているからである。日系三世の知人から、アメリカの英語には You have two strikes against you（ストライクが二つ）という表現があると聞いたが、まさに最初から「ツー・ストライク」でバッターボックスに入るようなものだ。

多数派から見れば取るに足りないことでも、それを少数派が成し遂げるためには、実に多くの努力や犠牲を必要とする。それゆえ、出発点が違う場合は、優遇策をとるといった小細工ではなく、評価の基準そのものを変える必要があるのだ。そうしなければ、少数派はポテンシャル（潜在可能性）を開花させることができず、いつまでも周辺や底辺に留まらざるを得ない。

南北戦争時の南軍の拠点リッチモンドで過ごした四年間は、実にいろいろなことを私に教えてくれた。辛いこともあったが、最大の収穫は、マイノリティーとはどういうことかを、身をもって知ることができたことであろう。それは、私のように日本にいればマジョリティー、しかも客観的にみれば「成功」した部類に属する人間に対して、人生を根本的に考え直す機会を与えてくれた。さらに、貧困のため戦前の小学校しか出ていなかった私の父のように、自分自身にはまったく非がないにもかかわらず、家庭環境や世の中の構造的問題によって日陰に置かれた人間の眼で物事を見ることを教えてくれた。

人類学には道徳科学（moral science）としての側面がある。植民地主義の落とし子として近代西洋列強に発達したこの学問は、「野蛮」や「未開」と称され軽蔑された非西洋の人びとと直接触れ合い、彼らを鏡として自らの「文明」に根本的疑問を投げかけた。異質な他者との接触を通じて、自己の在り方そのものを疑う勇気と、そこから得られた謙虚さ、差異への寛容、他者との共感、人類愛、そして、そうした価値や理念を蔑ろにする勢力に立ち向かう闘争心こそが、この学問の特徴である。少なくとも、それが私の学んだ人類学であり、後世に伝えていきたい人類学である。その意味で、人類学者として私を鍛えてくれたのは、若き日のリッチモンドでの生活であった。

【読書案内】

明石紀雄・飯野正子　二〇一一『エスニック・アメリカ――多文化社会における共生の模索（第三版）』有斐閣

アメリカの民族関係を包括的かつコンパクトに解説した格好の入門書。問題の歴史的推移を、アングロ・アメリカ社会の形成、新移民流入による社会の多様化、多文化社会における共生理念の登場という観点から描いた。

小田隆裕・柏木博・巽孝之・能登路雅子・松尾弌之・吉見俊哉（編）二〇〇四『事典　現代のアメリカ』大修館書店

現代アメリカの諸相を、「多民族社会の実態」「グローバル・システムとしてのアメリカ」「日本とアメリカの関係」「アメリカ的知の枠組み」など、全一〇分野に分けて解説。アメリカ人類学に関する項目も掲載されている。

小暮修三　二〇〇八『アメリカ雑誌に映る〈日本人〉――オリエンタリズムへのメディア論的接近』青弓社

『ナショナル・ジオグラフィック』など、アメリカの主要雑誌における日本人の表象を、オリエンタリズム、セルフ・オリエンタリズム、ナショナリズムといった観点から分析した書。ゲイシャとサムライに関する章は特に興味深い。

竹沢泰子（編著）二〇〇九『人種の表象と社会的リアリティ』岩波書店

人種が生物学的実体のない社会的構築物に過ぎないのなら、なぜ人種は日常生活で強固なリアリティをもち続けているのか。本書はその答を種々のメディアや言説空間における表象に求め、国内外の事例を通じて学際的に論じた。

第II部　外国人が見た日本

第9章　五感から異文化を考える
——日本に暮らす一人のラトビア人の日常から

インガ・ボレイコ

一般に、馴染みのない出来事に遭遇して、驚いた時の瞬間を「カルチャー・ショック」と呼び、それを通じて「異文化体験」を語ることが多い。しかし、「異文化」と意識することなしに、いつの間にか身体化されるものもある。それは自然化して何の違和感も覚えなくなるが、ふと振り返った瞬間に「異文化」として認識される。本章では、こうした身体感覚、いわば「五感による異文化との触れ合い」をテーマとする。具体的には、ラトビア人研究者としての筆者が、「見る・聞く・味わう・嗅ぐ・触る」という日本の日常を体験する過程で、知らず知らずのうちに筆者の中で変わったものに注目し、身体と文化のつながりについて述べる。

教科書の中の「異文化」と現地で接した「異文化」

夏のさなか、成田空港からバスを降りた瞬間に感じたうだるような蒸し暑さ。近くの公園から合唱のように聞こえたセミの鳴き声。ゆったりと自転車をこぐ学生の姿。これが初めて訪れた日本で私が最初に感じ、耳にし、目にしたものであった。見慣れた母国ラトビアの風景はもうそこにはなく、周りのものすべてが変わった。二〇一二年八月、故郷から八千キロ以上も離れた日本のつくば市に、私は飛行機を乗り継いでやっとのことで到着した。その時に全身で感じた喜びと興奮は、今でもはっきりと覚えている。

学部生時代に、私はラトビア大学のアジア研究学科で日本語と日本文化を勉強した。授業では、「文化」という言葉が幅広い意味で使われ、日本の芸術や文学から日本語に特有な表現まで、多くのトピックが取りあげられた。そうした学際的な講義がきっかけで、私は大学三年生の時日本に留学することになったのである。

最初の留学先は短期留学生として訪れた筑波大学であった。筑波大学では、留学生を対象とした日本文化紹介のイベントが定期的に行われており、そのおかげで、私は折紙、生け花、茶道などを身近に体験することができた。それはラトビアで勉強した教科書通りの「伝統的日本文化」だったので、既にある程度の馴染みがあり、来日前から想定していた「異文化」でもあった。

筆者の日本留学の起点，つくば駅の周辺（2013年　筆者撮影）

実際に日本に住んで生活してみると、ラトビア人の私にとっては「非日常的な」体験も多かったが、時間の経過と共に、「異文化」とはすぐそれと認識できるものだけではなく、日常生活で知らず知らずのうちに経験しているものもあるのではないか、と思うようになった。

現在、私は北海道大学大学院で研究生活を送っていて、札幌での生活も六年目に入った。不思議なことに、最近、これまで考えもしなかった「異文化」の存在に気づくようになった。それは、ラトビアに一時帰国して、家族や友人と会った時に感じるのだが、久しぶりに母国に戻っても、そこでの生活が逆に「異文化」のように見えてしまうのである。文化は常に変化するものとはいえ、私は丸五年間もラトビアを留守にしているので、そこで起きた変化をあまりよく知らない。どうやら、私の心の中にある「ラトビア文化」は昔のままの姿で、日本に住んでいる間に私自身も変わったせいか、今現在のラトビアの姿とのギャップを感じてしまうのである。たしかに、五年はそれほど長い期間ではないだろうが、それでも「自文化」とは何か、「異文化」とは何かといった問題について、私は改めて考えるようになった。

本書はエッセイ集なので、本章でもあえて文化を定義しない。私が試みたいのは、一般的な「文化体験」ではなく、私にとって外国である日本で、留学生としてどのような「異文化体験」を積んで、それが私の日常生活にどのように表れたかということを、きわめて個人的かつ具体的に述べることである。

通常、私たちは事あるごとに周りの世界を認識し分析しているが、それとは異なる作業も無意識にしている。それは、身体（body）を通じて世界を理解し感じとることである。もちろん、身体感覚を認識・分析から完全に分けることはできないが、ここで注目したいのは、私たちが「自文化」の視点から「異文化」を見る際、必ずしも最初から「異文化」として認識しているわけではない日常的なことが多々ある、ということである。それらは、毎日の生活の中で自然と体験し、いつの間にか身につけてしまうような事柄である。実際、あることが元々は「異文化」であったということを、後から気づく（認識する）ということも稀ではない。

日本での生活が長くなるにつれて、最初に気にかけなかったことが少しずつ私の生活の一部となり、また私自身の一部にもなってきた。「文化」の経験は必ずしも「頭」、つまり認識によるものだけではなく、「体」つまり身体を通じて経験していることも多い。以下、私の日本とラトビアにおける生活から、「見る・聞く・味わう・嗅ぐ・触る」という五感をめぐるエピソードを紹介して、「異文化」と「自文化」の関係について考察する。

見る――景観を「見る」ことと「感じる」こと

周りの世界を把握するにあたって、視覚は大変重要な役割を果たしている。人間は日常的な景観（landscape）に慣れ親しむことで、自然とその一部になる。当たり前のように思われるかもしれないが、いざ新たな場所に身を置いてみると、その景観における自分の位置について考えざるを得なくなるものだ。

ラトビアと日本は景観的にも視覚的にもかなり異なっている。日本は山が連なっているのに対して、ラトビアは平地が広がっている。東京のような都会で見る高層ビルや地下鉄はないが、首都リガの旧市街には低い建物の街並みがあり、街中にはバスと路面電車を一緒にしたようなトロリーバスが走っている。メディアが発達した今日、私たちは実際に旅に出なくてもさまざまな場所の風景を見ることができる。つまり、現地を訪れる前に「見る」ことができるわけで、来日前の私にも、写真や映像で見た「日本」のイメージがそれなりにあった。しかし、実際に日本に来て自分の眼で見た日本の景観は、まったくの「異文化」であった。

初めて東京を訪れた時に感じた人の多さや街全体のスピードは、ラトビアでは経験したこともなく、想像すらつかなかったものであった。ラトビアの全人口はおよそ二百万人で、毎日の新宿駅の利用者数より少ない。東京では、すべてのものが眼前の景観の中にうまく収まっていて、あたかもそれぞれの

ラトビアの首都リガの旧市街における日常的景観
（2010年　筆者撮影）

「居場所」があるように思われた。また、すべての人びとは暗黙の了解のもとに行動しているように感じられた。私もラトビアにいた時には、同じようにして景観がつくる自然なリズムの一部であったが、東京では何をやるにもうまく対応できず、まず周りを見回してから適切な行動をとるのが常であった。事実、エスカレーターに乗る時でさえ、どちらの側に立つべきか迷ってしまったほどである。このように、日本の日常生活のもっとも些細な出来事でさえ、外国人の私には自然ではなかった。

そうした体験を通じて、私は初めて「景観に対して自分は他者である」という意識をもつに至った。東京でうまく対応できなかったのは、私がよそ者であったからに他ならない。要するに、東京ひいては日本という新たな場所で、私は自分を起点としてそれを「異文化」として捉えるのではなく、むしろ新たな景観に対して自分は他者である、と意識したのである。この「自己の他者性（otherness of the self）」とでも言うべき考えは、自分が物理的には特定の景観の中にいるにも

東京の新宿御苑における賑わい（2018年　筆者撮影）

かかわらず、その一部にはなり切れていない存在であるという実感をもたらす。それは故郷のラトビアでは経験することのなかった観点（perspective）であった。現在の私にとって、日本はフィールドであると同時にホームでもある。しかし、いまだに「日本という景観に対して自分は何者か」という問いから自由になることはない。景観は一方的に「見る」ものではなく、身体全体で感じとるものなので、いくら映像を見ても現地にいないとわからないものがあるのだ。

人類学には《ホーム＝自己》対《フィールド＝他者》という前提があるため、人類学者は概してフィールドを「他者化」しがちである。しかし、フィールドの景観全体をまず視野に入れて、どこから何を見ているかを考えれば、自らの他者性を意識することができるようになる。研究者がフィールドワークを行う際には、自己が特定の景観の中にいることを十分意識したうえで、眼前の景観と自己との関わり――相互作用（interaction）――について考え、景観にとっての自分を探る必要がある。そこから得られる感覚だけは、やはり現地に行かないと身につかない。フィールドに足を踏み入れて、その景観を「見る」ということは、単に風景を愛でるということではなく、景観と自己の関係性を新たに構築することに他ならない。

聞く――新たな世界観を生み出す言葉

私たちが日常的に聞く音はさまざまである。その中でも「言葉」――特定の言語で意味をもつ音のかたまり――を含んでいるものは特に多い。では、単なる「音」を「言葉」として認識するまでには、どのような過程が含まれているだろうか。そして、そうした変換の過程は、私たちの生活にどのような影響を及ぼしているであろうか。

外国に住んでいて実感するのは、もっとも乗り越えがたい壁は言語であるということである。私はラトビアで日本語を勉強したものの、来日当初は教科書的な表現しか使えなかったため、なかなか本当に言いたいことが言えなかった。日本語を聞いても、それを音として正確に聞き取ったり、意味として理解したりすることは難しかった。たとえば、街中を流している石焼き芋の車から「いしやきーもー」という例の宣伝文句を聞いても、それがサイレンなのかアナウンスなのか、まったく区別できなかったことを覚えている。一方、母語で話す時は、どの音が何を意味するかということを、まったくと言って良いほど意識する必要はない。すべてが自分の一部だからである。初めて耳にする外国語や外国の街の音は、自分の外に存在しているようなものだが、時間の経過と共に、周りのサウンド・スケープ（soundscape 音の風景）は、だんだんと自分の一部になっていく。

一般に、外国語の勉強にあっては、まず言葉を正確に聞き取り、そこに込められている意味を母語に直してから理解しようとする。少なくとも、初心者のうちはそうである。しかし、日常的に外国語を使うことによって、ある言葉が使われる文脈に習熟し、次第に理解も深まっていく。日本語には、ラトビア語に訳すことができない（またはほぼ使われていない）言葉や概念が多く存在する。中でも、「宜しく」、「お疲れさま」、「お世話になります」といった挨拶表現は、翻訳不可能と言って良い。それらに相当する表現がラトビア語にはないからである。だが、それ抜きの日本の生活は考えられないであろう。

ほとんどの外国人がそうであるように、私も日本に住み始めてから日常生活の中でそうした挨拶を身につけた。と同時に「宜しく」などの表現に含まれている気持ちも、少しずつ理解できるようになった。理解するばかりではなく、そうした気持ちを積極的に表現することが、自分の一部になってきたと言って良い。ところが皮肉にも、今度は「宜しく」などの言い回しを、母語のラトビア語で言い表せないというパラドックスに直面したのである。それは日本語を勉強し始めた時に感じたことの裏返しであった。長らく、私は母語以上に自分の胸の内を言い表せるものはないと思っていたし、その考えは今でも基本的に変わっていない。しかし、日本語という外国語を日常的に使うことによって、それまで考えもしなかったことを、いつのまにか身につけてしまったのである。その結果、新たに身体化した思考や感情を言葉で表現するには、母語だけでは不十分だということに思い至ったのである。

このように、「異文化」との邂逅による言語の壁を完全に乗り越えなくても、日常的に耳にする言葉やサウンドスケープに「馴染む」ことによって、最初は「異文化」にすぎなかったものが、いつのまにか自分の一部と化すこともある。さらに、それは私たちが担っている（と信じている）「自文化」にも影響を及ぼしているのである。

文化は決して静的なものではなく、常に変化する動的なプロセスである。単なる「音」に過ぎなかった外国語は、時間の経過と共に日常生活に不可欠な「言葉」へと姿を変え、学ぶ者に対して新たなものの見方や感じ方を見せてくれる。世界観を広げてくれると言っても良いだろう。外国語ひいては「異文化」の学びは、私たちが成長する過程で自然化した母語や「自文化」の世界観に新たな光を当てて、その可能性と限界の両方を明らかにすることによって、新たな地平を開いてくれるのである。

味わう・嗅ぐ――料理を通して現地に触れる

食べ物は人と人をつなぐ。「家庭の味」や「ふるさとの味」といった表現は、料理の味や香りだけではなく、それを介してつながった人間関係を想起させる。家庭料理は家族で共有され、世代間の絆にもなっているし、郷土料理は生まれ育った場所に対する帰属意識を育む。さらに敷衍すれば、国家のレベルでも、たとえば「日本の味」つまり日本料理といった存在を考えることができる。たしかに、グローバル化した今日では、日本料理は日本以外の国でも食べられるが、それが即「異文化体験」となるかど

ショートケーキのようなイチゴ入りの「寿司」
（2015年　筆者撮影）

うかは別の話である。本節では味覚と嗅覚という観点から「異文化」を考察する。

ラトビアにも日本料理や「アジア料理」を提供する店は多い。中でも、寿司を中心とするチェーン店は人気がある。しかし、そこで出される寿司は、必ずしも日本人が想像する代物ではない。たとえば、デザート用の寿司があると言ったら、多くの日本人は驚くであろうが、現実には、バニラソース、クリームチーズやイチゴ入りのしゃり（米）に、バニラソースをかけた「寿司」がラトビアにはある。米を使ったデザートもあるくらいなので、甘い味の米にまったく違和感がないのである。そのため、この手の寿司は「日本料理」と銘打っていても、当のラトビア人にとっては「異文化体験」より「自文化体験」に近い。

さらに興味深いのは、最近、このラトビア風の寿司を食べにくる日本人の観光客が、けっこう多いという事実である。彼らは本場のラトビア料理だけでなく、ラトビア化した寿司という風変わりな「日本料理」を通じて、

筆者が日本人の友人につくってもらった和食。昆布，湯葉，タケノコは，日本に来て初めて味わった食材である（2015年　筆者撮影）

「異文化」を楽しんでいるようだ。一方、それを食べて日本という「異文化」に触れたと思い込んでいるラトビア人は、実は海外で勝手に想像／創造された日本のイメージを「消費」しているわけで、本来の「異文化」理解とは逆の方向に進んでいるのかもしれない。

来日後、私は日本の家庭料理やさまざまな地域の名物を味わう機会に恵まれた。さらに、日本人の友人を通じて、ラトビアの日本料理屋ではまず使われない食材（たとえば、納豆、モズク、ウニ、餡子など）も数多く知った。それらを初めて食べた時の感想、特に納豆の独特の匂いについては、いまだに聞かれることが多い。私が「苦手ではない」と答えると、どういうわけか、納豆が苦手な日本人でも笑顔になる。自分自身は苦手なのに、西洋人の私が食べられると聞くと嬉しくなるらしい。そうした反応に、私は幾度となく驚かされた。

ラトビアでは、日本料理は「珍しくて馴染みがないもの」、つまり「異文化」として提供されている。それはかつての私を含むラトビア人にとっては遠い存在で、日本料理がラトビア人と日本人の接点を生むことはまずなかったが、実際に日本に来てさまざまな料理にチャレンジしてみると、それだけで多くの人とつながることができた。ラトビアに生まれ育った私にとって、本来どんなに「珍しい」味・香りであっても、しばらく日本に住んでいると、それはもはや遠くの「異文化」ではなく、日本人と共有する身近な存在になったのである。特定の料理が得意か苦手かということとは無関係に、ある味や匂いに関する集合的な感覚そのものが、人と人をつなぐ接点になるのであろう。

日本では、よくラトビアの主食は何かと聞かれる。「ジャガイモです」と答えると、日本のジャガイモ料理について教えてくれる人がけっこういる。食は人と人をつなぎ、そのつながりはコミュニティー（共同体）意識を生む。食べ物は単に味わったり嗅いだりするものではなく、人間関係そのものだということに改めて気づかされるこの頃である。

触る――身体的記憶となる「異文化」

触覚について語る際には、その逆の「触らない」ということについても考える必要がある。私にとって、その典型はお辞儀である。ラトビアでは、人と会って挨拶する時には、握手をしたりハグしたりすることが一般的である。つまり、自分と相手の体を接触させることから始まる。一方、日本ではお互いの身体に触れず、お辞儀をしながら言葉を交わすので、私もいつの間にかそれが習慣となった。

私がお辞儀について初めて詳しく学んだのは、ラトビアの大学の授業であった。教科書には、相手との関係性や親密度によって、お辞儀の角度が変わると書かれていて、「角度へのこだわり」という考えに新鮮な驚きを覚えた。ただ、実際の場面でどのようにすれば良いかは、想像すらつかなかった。とある日本人の知り合いに、お辞儀の練習を一緒にしてもらったところ、「首だけでするのではなく、背中からするように」と注意された。それは来日前には意識したことのない身体所作であり、私にとって不自然だったばかりではなく、見ている日本人にも笑いを誘う仕草であっただろう。

言うまでもなく、日本ではお辞儀は挨拶ばかりでなく、謝罪や感謝の念を表すためにも用いられる。私は常に「適切な角度」を念頭に置いて、丁寧にお辞儀をしようと心掛けているが、ついついお辞儀そのものに注意を奪われて、肝心の言葉を取り違えることがしばしばあった。これだけの集中力を要するものなら、やはりお辞儀は私にとって永遠の「異文化」なのかもしれない。来日して日が浅いうちは、そのように思ったものである。

ところが皮肉なことに、ラトビアに一時帰国してみると、何と握手やハギングではなく、お辞儀をしながら挨拶している自分がいることを発見して、我ながら驚いてしまった。それればかりではない。街中で車に道を譲られると、ほぼ無意識的に運転手にお辞儀をしていた。もっとも、その次の瞬間には、いまのお辞儀の意味は運転手に通じなかっただろうと思いなおしたが、ラトビアに戻ってラトビア語で「ありがとう」や「すみません」と言う時に、どうしてもお辞儀をしてしまう。そうしたことを繰り返しているうちに、お辞儀という本来私にとって「異文化」だったものが、いつの間にか私の身体感覚の一部になっていることを実感したのである。

たしかに、ラトビアの社会的文脈では、お辞儀にコミュニケーションの手段としての意味はない。交通機関が発達した今日、日本からラトビアには僅か一日で行けるので、国境を越えたことによる場所の変化はすぐに意識できるだろうが、長い間に身につけた身体感覚は、そうすぐに変わるものではない。人間には「頭」で意識するものの他に、「体」で覚えているものがある。そのため、私たちを取り巻く環境が変わっても、身体に刻まれた記憶はすぐに変化することはないので、意識で把握した出来事と身体の動きの間には微妙なズレが生じるのである。

来日前の私にとって、握手やハギングといった「触れる」タイプの挨拶は、自分の身体的記憶の一部であった。しかし、日本で生活しているうちに、それらは次第に「触れない」というお辞儀に取って代わられるようになった。だが、こうした変化にもかかわらず、現在の私が日本のお辞儀のニュアンスを完全に理解しているかといえば、実はそうとも言い切れない。もしそうだとしても、今度はラトビアに戻った時、逆に困ってしまう。相手に私の表現したいことが伝わらないからだ。

このように、当初、私はお辞儀をうまくすることができず、日本人の挨拶を「異文化」として捉えていたが、日本での時間の経過と共に自然と「自文化」となり、それがかつてのラトビアにおける「自文化」に影響を与え始め、「自文化」と「異文化」の境界がぼやけてきたのである。お辞儀という「異文化」が無意識のうちに身体化され、それが身体的記憶の一部となった結果、意識や認識と矛盾することが起きる。長期間にわたる深い「異文化体験」とは、そうしたものなのであろう。

身体で感じとる「異文化」

本章では、日本に暮らす一人のラトビア人として、日常における五感を中心とする「異文化体験」について述べた。それは日本での新たな体験だけではなく、母国ラトビアにおける生活を新たな目で振り返った体験も含んでいる。

私たちは、外国の日常生活で経験する数多くの小さい出来事を、必ずしも「異文化」として捉えているわけではない。しかし、そうした出来事には、いつの間にかそれまでの自分を変えてしまうような力がある。「異文化」は一つの大きな全体というより、さまざまな事柄から成り立っている現象であり、それをどのように体験するかには個人差がある。人間には身体という物理的基盤が備わっており、それが一人ひとり違う以上、「異文化体験」における身体感覚の役割を見落とすべきではないだろう。

私たちは、「見る・聞く・味わう・嗅ぐ・触る」という五感を通して、日常を過ごしている。そのため、私たちが理解する世界は、身体によって構築されていると言える。前節で述べたお辞儀のように、認識的に「自文化」あるいは「異文化」として理解されたものが、身体感覚上の「自文化」あるいは「異文化」とは一致しないこともある。日常生活においても、人類学者がフィールドで行う観察においても、身体感覚に注目する必要がある所以である。身体感覚は感情が絡むため、一見、非論理的で非合理的に見えるかもしれないが、そこに十分配慮して世界を考察することによって、より豊かな文化研究が可能になるであろう。私はそのように信じている。

【読書案内】

桑山敬己（編）二〇一六『日本はどのように語られたか――海外の文化人類学的・民俗学的日本研究』昭和堂

異文化としての日本が英語圏と東アジア圏でどのように描かれたかを検討した一冊。古典的な人類学的・民俗学的研究から現代的テーマを扱った研究まで幅広い事例を扱い、描かれた側のネイティヴ（日本人）の立場から捉えなおした。

Davies, Roger J., and Osamu Ikeno (eds.) 2002 *The Japanese Mind : Understanding Contemporary Japanese Culture*. Tokyo: Tuttle.

「曖昧」「甘え」「天下り」「家」「頑張り」「義理」「馴染む」「腹芸」「本音と建て前」といった日本的概念を取り上げて解説した書。西洋では日本文化の入門書として、日本では異文化としての日本の解説書として読める。

Ingold, Tim 2011 *The Perception of the Environment : Essays on Livelihood, Dwelling and Skill*. London: Routledge.

世界に住むとはどういうことか、世界を捉えるとはどういうことか、を論じた著書。人間を周囲の環境との関係を通じて考察することによって、自然と文化の二元論を超える文化理解が可能になると説いた。

Le Breton, David 2017 *Sensing the World : An Anthropology of the Senses*. Carmen Ruschiensky (trans.). London: Bloomsbury Academic.

感覚は個人が自らの身体で経験すると同時に、社会的な文脈とも強く結びついていると著者は説く。幅広い分野の事例を紹介しながら、五感に焦点を当てて感覚と文化の関連性を考察した好著。

第10章　「日本」を追い求めて

——文化を共有することとは

孫　嘉寧

中国の北京に生まれ育った筆者は、中学生時代から日本の「二次元」、つまりアニメやマンガに魅了されて「オタク」の道を歩み始めた。見たこともない日本のイメージやファンタジーが、筆者の心に育まれていったのである。これは決して一個人に特有な経験ではない。今日、世界の至るところで、オタク文化に代表される日本の「部分的真実」を、さまざまな人が共有している。だが、実際に日本に留学してみると、筆者が身体でとらえた日本は違う姿をしていた。来日前、外国人であっても日本を知ることができる、わかることができると自負していた筆者だが、現在は、どの日本を「日本文化」とするのか、日本の何を誰と共有しているのか、または共有していないのか、そしてその意味は何か、等々について考え続けている。本章では、そうした思考の軌跡を読者と分かち合って、一緒に考えてみたい。

「二次元」からのファースト・コンタクト

まず自己紹介から始めよう。私は中国北京の出身で、専門は文化人類学である。日本に留学してから七年が経ち、既に博士課程を修了して、現在、学位論文を執筆中である。学部時代は北京大学（外国語学院日本言語文化学科）で過ごしたが、北海道大学大学院文学研究科への進学を機に、二〇一三年、日本に渡った。

振り返ってみれば、アニメとマンガに惹かれたのが、私と日本との「馴初め」だったように思う。これは、おそらく現在二〇歳から三〇歳くらいの中国の若者によく見られるパターンである。現代日本のポップカルチャーやサブカルチャーは、メディアの発達（特にインターネットの普及）によって、国境をはるかに越えた「ピア（peer 同士）」、具体的には「オタク」というアイデンティティをつくり出している。それは、出身も言語も異なるさまざまな人びとが、同じ文化と文脈を共有することを可能にしている。

物語は人間社会のもっとも原初的な活動の一つである。アニメやマンガは、前近代なら口頭で親から子へと伝承されたり、一昔前なら活字化されて書店に並べられたりしたところの、昔話や伝説といった「お話」の新しい形態である。かつて民家の炉端で物語に聞き入った人びとは、今日では映画館のスクリーンに釘付けなのである。実は、来日前の私もこうした「現代のフォークロア」とでも言えるアニメ

北京大学の未名湖と博雅塔。北京大学の名所は「一塔湖図」（塔，湖，図書館）と言われ，鏡面のような湖水を湛える未名湖と，そびえ立つ博雅塔は記念写真の定番である（2019年　撮影：高遠）

やマンガの世界に惹かれ、一人の「同士」として日本に関するイメージを膨らましていた。もっとも、それはセンチメンタルな情動に満ちた世界にすぎなかったが。

日本のアニメやマンガは独創的かつ幻想的で、一つ一つの物語とその画面から伝わってくる鼓動は、中国人の私にとって、海を挟んだ隣国の文化を強く印象づけるものであった。そして、そこには日本の生活や日本的な価値観と世界観が垣間見られるように思われた。アニメ、マンガ、ゲームなど、それ自体はサブカルチャーとして日本文化の一部であるが、私と同じような経緯でオタクになり、日本に興味を抱いた人たちにとって、「二次元」（三次元の現実世界に対して、アニメなどサブカルチャーのコンテンツを指す言葉）から出会った日本には、ファンタジー的な側面がある。

こうして、アニメやマンガなどのコンテンツを

新千歳空港のアニメ関連イベント展示。新千歳空港にはエンターテイメント複合施設があり，ポップカルチャー産業とも連携している。この展示は『鬼灯の冷徹』と登別温泉のコラボレーションである（2014年　筆者撮影）

貪り見ているうちに、私は大勢の仲間や「同士」と知り合うことができた。実は、北海道大学大学院に留学する前、私は一年間ほど交換留学生として同大学で過ごしたのだが、その時、大学のサークル活動を通じて、留学生や外国人など多彩な背景をもつ人たちと「アニメ・マンガ談義」に興じたものだった。メキシコ、ポルトガル、ロシア、アメリカ、ベトナム等々、世界各地の人びととオタクという縁でつながり、ありとあらゆる外国人訛りの日本語で熱く語り合う姿は、外から見ればきっと奇妙なものであっただろう。しかし、私はこの一風変わった「ユネスコ」的な時間が楽しかった。そこに日本人はいないのに、「日本」の文化（サブカルチャー）を熟知して共有する国際的組織ができたような気がしたからである。このように、世界を横断してオタク文化に興じる人びとは、時として日本人抜きで「日本文化」を共有しているのである。

どのような日本文化を、誰と共有しているか

世界を股に掛け、アニメ、マンガ、ゲームを語り合える「オタク連盟」が存在する一方で、実際に日本でそうした事柄に詳しい人は一握りでしかない。「外人」たちが憧れと親しみを勝手に抱いている日本は、多くの日本人にとっては本当の日本ではないのかもしれない。しかし、それは世界の一部の人びとにとっては、たしかに慣れ親しんだ日本文化であって、また少なからぬ日本人にとっても日常の一部である。

このように、日本発のサブカルチャーは、オタクを中心に共有されていて、そのオタクたちの中には数多くの外国人も含まれている。本来は、文字通り「サブ（sub）カルチャー」のはずだが、彼ら外国人にとっては、むしろ日本の「メイン（main）カルチャー」なのである。逆に、日本に住んでいる「一般」の人びとは、そうしたサブカルチャーの共有において周辺的である。

このように、サブカルチャーを核として、一つの国全体の文化を捉えたり愛したりする人びとが増え、その結果、彼らがつくりだした文化は国境を越えて、時として海外でより広く共有されている。インターネットなどのメディアが発達した今日、それは新たな人びとのつながり――少し大袈裟に言えば「連帯」の形態――を示していると言えよう。

日本に一歩も足を踏み入れたことのない外国人が、アニメやマンガなどの「サブカル」を通して、自

イギリスのヴィクトリア＆アルバート博物館の日本文化展示コーナー。日本のサブカルチャーとして，女性のロリータ・ファッションとハローキティのコラボ家電などが展示されていた（2017年　筆者撮影）

分勝手に日本的なものを想像してのめり込むことは、非現実的な日本イメージの（再）構築という見方もできる。しかし、彼らは相当な時間と情熱をつぎ込んでおり、日本のオタクも含めて、お互いに通じる意味空間や心の鳴動を共有していることも事実である。

　どの日本を共有するのかという問題は、今日、ますます複雑な様相を呈してきている。これは他の国や文化にも言えることだが、日本人だからといって、必ずしも日本文化の流通や受容を完全にコントロールできるわけではない。たとえば、日本人が歌舞伎を日本文化の象徴として取りあげる時のように、自らアピールしたい文化の部分を選んで、それを外に向かって積極的に伝えることは可能だし、また効果的でもある。だが、外国人にとって魅力的な部分が勝手に注目を集めて、日本人の思わぬところで日本文化のファンが増えることも多々ある。

　その一方で、「これが日本だ」と思ってのめり込んだコンテンツが、実はさほど日本的ではない、つまり現実の日本の日常からかけ離れているということがある。ひょっとして、これまでも、そうしたコンテンツを通じて日本を知った人びとや、日本通を気どっていた外国人（かつての私も含めて）は、現実との乖離を知ってショックを受けたかもしれない。恋しく思う相手に、「私はあなたのそこが大好きなの」と思い切って告白してみたら、「僕はそんな人間だったかな」と困った顔をされたようなものだ。告白した本人はさぞ気が滅入るだろうが、それが日本に対する理解を深める契機となることもあり得る。

身体感覚と日常生活の日本

日本と中国をより俯瞰的な立場で考察すると、歴史上、長い年月にわたり交流を続けてきた両国は、相通じる部分が大きい。一例を挙げると、今日でこそ違う暦を使っているが、正月、端午、七夕など、一年の時間を刻む重要な年中行事を日中は共有している。内容の詳細は異なる点もあるが、大枠は共通していて、それぞれ前近代との連続性を感じさせると同時に、一種の懐かしさをもたらす。そもそも、漢字および漢字文化の共有――現在では微妙な違いはあるが――は、両国の強力な絆になっている。中国に生まれ日本に伝わった漢字という文字は、日本で独自の文化の形成にあずかる一方で、中国および東アジア諸国とのコミュニケーションの道をおのずと開いてくれた。そして、漢字という文字システムに含まれる文化的背景と知識の共有は、そうしたコミュニケーションを質量共に担保してきた。

そのような歴史に加え、来日前の私には、アニメやマンガをはじめとする日本のコンテンツに入り浸り、随分と日本文化を「予習」してきたという自負があった。それらは日本の物質的側面と精神的側面の両方を反映していると思われた。上述のように、北京大学の日本言語文化学科に入学後、私は日本文化にどっぷりと浸り、ポップカルチャーやサブカルチャーのコンテンツはもとより、日本の古典文学なども貪るようにして読み漁った。そして、私は自分の心の中に「日本文化の箱庭」をつくりあげ、そこに安らぎを覚えていたのである。国費留学生として日本に留学することが決まった時も、まったく不安を覚えることはなく、ただひたすら喜んだものである。それは、異国や異文化に赴くというより、既に慣れ親しんだ文化の「故郷」に行くという感覚であった。

しかし、ここに例に漏れず「しかし」という接続詞が入るのだが、私が専攻すると決めた文化人類学（および民俗学）では、異文化の理解にあたってフィールドワークを重視する。留学生として異国の地に飛び込むこと自体が、一種のフィールドワークのようなものであり、マクロな観点からすれば、同じ東アジアに位置する日本と中国は文化的に近似しているものの、逆に共通点が多いからこそ、ミクロな生活の現場では微妙な、しかし重要な違いに気づきやすい。日本に来て生活してみて、それまで自分がつくりあげてきた日本のイメージが覆ったとまでは言わないが、僅かな違和感と些細な出来事が積み重なり、日本人の言動に関する「暗黙の了解」は、実は私には馴染みのないものであったことを、毎日の暮らしの中で実感せざるを得なかった。

一般に、「文化」と言えばまず思い浮かぶだろう衣食住の様式、伝統行事や神社仏閣にまつわる由緒と作法、子どもでも知っている伝説や昔話などは、事前情報として私の「日本文化の箱庭」に入っていた。だが、実際に生身の体で感じた日本、いわば「身体知」としての日本文化は、予想さえしなかった異質な姿を現し始め、私にとって日本はやはり異文化なのだと思い知らされたのである。

卑近な例を挙げれば、日本ではレストランから美容室に至るまで、（一世代前は必ずしもそうではなかったようだが）ほぼすべての店は予約してから行くことになっている。首都の北京でも「飛び入り」が普通だった中国から来た私には、ほとんど経験がなかっただけに戸惑ってしまった。日常生活で身についた習慣という意味で、日本人の「予約好き」は日本文化の一部とさえ言えよう。

また、都会の街中を含む公共の場所で、日本人は概して声を抑えて話す。郊外の広々とした場所でも、静かにしているのが礼儀のようである。それは、他人に「迷惑をかけない」という心掛けの表れであろうが、周りに「遠慮」したり関わらないでおこうとしたりする、また、何事にも「～しない」という否定形の動詞を使うのが好きな日本人――たとえば日本ではしばしば「勝て」ではなく「負けるな」と言う――の思考には、いわば「引き算」をベースとした人間関係と行動原理が表れているような気がする。

それに対して、声が大きくて「うるさい」という悪評高い中国人は、たしかに公共の場所、特に屋根のない空間では、遠慮なく大声で話す傾向がある。見ず知らずの他人に対しても平気で声を掛けたり、干渉とも言われかねないほど関わったりすることが少なくなく、日本人の「引き算」とは対照的に、「足し算」ないし「掛け算」に基づく行動原理に沿って、周りに「ちょっかい」を出すことを厭わない。もっとも、日本の居酒屋における喧騒も相当なものである。普段物静かな日本人の振る舞いが豹変するのは、特定の「場」における文化的ルールが違うからだろう。

こうして、理屈を考えるのが好きな私は、毎日の小さな気づきから出発して、その背後にあるより大きなものについて考えるように努めた。上記の観察は僅かな例にすぎないが、異質な他者との相違や、逆に思いがけない共通性を探究することが、異文化理解、さらにそれを鏡とした自文化理解へとつなぐ鍵だと思う。私は、このように日々の生活から、身体で感じた日本文化を自分なりに咀嚼して、来日前に自分の中につくりあげた「日本文化の箱庭」を、現実の日本の日常に接合させていった。

「複顔」の日本、重層化した文化

日本に住み始めて七年になった私は、最近「日本化」したと言われることがある。たぶん、それは挨拶代わりの社交辞令なので、本来なら笑顔で相槌を打てばよいのだろうが、捻くれ者の私は、「日本と言っても十人十色だけどな」と思ってしまう。

どういう「十色」があるのか、つまり、日本はどのように多様な「顔」を持っているのかはこれから述べるが、その前に一つ断っておきたいことがある。それは、こうした議論にはステレオタイプ化や本質化（文化はそれぞれ本来的に固有で不変の性質を持っているという考え方）が往々にして付きまとう、ということである。そのうえで、（一）以下に述べることは個人的な経験や観察に基づいていること、（二）それを何らかの論理で整理するには、多少の本質化はやむを得ないこと、（三）ステレオタイプを再生産するつもりは毛頭ないが、ステレオタイプにも何らかの現実的基盤があることが少なくないこと、を

アイヌの先祖供養。白老町にて。アイヌ民族博物館（2018年３月に閉館）の境内では，毎年秋にシンヌラッパ（先祖供養）が行われた。先祖に祈りと食べ物を捧げ，イナウという御幣に似た祭具を供える（2014年　筆者撮影）

あらかじめ理解していただきたい。

私は日本に来てから最初の五年間ほどは札幌に住んでいて、修士論文ではアイヌの神話を取りあげた。そのため、アイヌの人びとと交流する機会に恵まれていた。アイヌの文化や伝統について実際に見聞きしたり調査したりする機会も多く、和人とはまったく異なる彼らの文化の独自性には強い印象を受けた。大学の講義はもとより、アイヌ文化振興に携わる人びとと活動を共にしたり、アイヌの舞踊・歌・刺繍や工芸品について、その伝統と現在の姿に触れたり、アイヌの方の案内で北海道の植生を学びながら街を歩いたり、バスツアーで伝説上の土地や山川を巡ったり、祭りの時期に儀礼の末席に加わって、終了後、アイヌ料理に舌鼓を打ったり、古い伝承の記録と近年つくられたアイヌのアニメを比較したり、言語復興の最中にあるアイヌ語をかじったり、居酒屋でアイヌの口承文芸や歌をアレンジしたライブを聞きながら、スリランカのカレーを食べるという「異種混合」のイベントを楽しんだりして、日本の主流を占める和人の文化とは別の、日本国内にある異文化を体験したものである。

そうした体験を重ねる中で、私はさまざまなアイヌの人びとと出会った。彼らとの日常的なやり取りを通して感じたのは、その素朴で率直なところであり、朗らかで情に深いところであった。もちろん、和人の中にもそうした人はいるが、概して和人は感情を表に出さないので、アイヌとは集合的な印象が異なるのである。日本を近代国家という範疇で捉えるならば、こうしたマイノリティの民族の文化も日本文化の一つの「顔」であり、日本文化はアイヌと和人というダイナミックな関係性の中で形成されてきたと言えよう。アイヌはマイノリティであるがゆえに、日本文化全体の中では埋もれがちだが、北海道で最初の日本を経験した私にとっては身近な存在であり、「複顔」の日本文化を構成する一つの「大きな顔」であった。

二〇一八年、私は北海道から関西圏に引っ越すことになったが、日本国内の地域的文化差を実感して、改めてカルチャーショックを受けた。卑近な例を挙げれば、関西弁の衝撃はもちろんのこと、派手で目立つファッションと化粧を楽しむ女性が多いこと、食事の面では、私の好物の甘い卵焼きより味付けが淡白な厚焼きが多く、食パンへのこだわりが半端ではなかったり、北海道とは蕎麦の味がかなり違ったりすること――あまり知られていないが、北海道は日本一のそばの生産地である――、お年寄りや体の不自由な人などが周りにいなければ、電車の優先席は「普通」の人でも遠慮なく座ること、住まいを探すに当たって、私にはいまだによくわからない「部落問題」が影を落としていること、賃貸契約の際には北海道ではほとんど聞かなかった、しかも高額な礼金が必要だということ等々、引っ越し早々、生活のあらゆる面で新鮮な発見と驚きがあった。札幌にいた時には特に何も考えずに当たり前に思っていたことが、関西という新たな場所に身を置いてみると、決して当たり前ではなく、むしろ特殊なように思われてきたのである。

もちろん、同じ大都会である大阪と札幌には共通点も多いが、いま述べた方言や習慣の違いの他にも、人びとの雰囲気や相手との距離の取り方などにおいて、微妙だが重要な差異が感じられる。その多くは日常の生活における身体感覚として気づくもので、「土地柄」や「県民性」として一般に説明されるものである。

個人的経験を一般化することはできないことを承知で、この人間関係の差についてもう少し触れると、北海道では、特に雪が深い冬は人が一か所に集まりにくいこともあって、大学の講座や研究室の集まりは比較的少なく、学生同士の関係や学生と教授の関係もあまり密ではない。それに対して、関西では「ほんわか」とした関西弁——より正確に言うと西宮付近で話されている言葉——のせいもあるのだろうが、キャンパスにおける人間関係は数段濃いように感じる。また、札幌では、買い物や街中でたまたま出会った相手に対して、人びとは「丁寧」かつ「優しく」接するが、どこかお互いに距離をとっていたように思う。概して、北海道人は聞き上手だがドライである。一方、大阪では他人に対する「配慮」が薄く、良くも悪くも相手のことをあまり気にしないようである。その代り、親しみを込めて話しかけてくるし、ぶっきらぼうではあるが飾らない良さがある。彼らは聞き上手というよりは話し上手である。「県民性」と言ったら少々眉唾ものだが、日常生活における身体感覚のレベルで、地域による人間関係

岡山市周辺の農村部の風景。緩やかなカーブを描く岡のような造山古墳から眺望すると，一面に広がる水田がパッチワークさながらの模様を見せている（2015年　筆者撮影）

の差異を私はしかと感じたのである。

また、都市部と農村部では、日本はだいぶ変わった姿を見せてくれる。私は短期間の旅という形でしかいわゆる日本の「田舎」を訪れたことはないが、それでも気がついたことがいくつかある。美しい水田に囲まれて一見のどかな農村だが、外来者をまるで「招かざる客」のようにして見る視線は、他人の存在をあまり意識しない都会とはかなり違う。事実、外から特定の集落に移住してきた者は、長年住んでいてもなかなか「異人」や「よそ者」という烙印を拭い去ることができないと聞く。その反面、郷土意識の薄い大都会とは違って、住民の地元に対する誇りや愛着は強い。各地域の民俗や祭礼や伝承には長い歴史があり、個性も豊かで他とは比較できないものが田舎にはあるので、ウチに対する包摂性とソトに対する排他性は表裏一体の関係にあると言えよう。これは必ずしも日本に限ったことではないだろうが、日本には都市部とかなり違う姿を見せる農村部があることを忘れるべきではないと思う。

他にも、さまざまな基準によって、日本や日本文化を切りとることができよう。たとえば、大学には学校生活一般が培った独自の文化があるし、アニメ・マンガ・ゲームを中心に形成される「オタク」コミュニティーのように、国内各種のコミュニティーにはそれぞれのしきたりや作法がある。

では、いったいどこに日本があり、何が日本文化なのだろうか。また、日本文化とは誰が担っていて、それを共有するとはどういうことなのだろうか。私の経験によれば、たとえ日本人であっても、それだけの理由で日本文化のすべてを所有／共有したり代表したりすることはできず、いくつもの基準で区分された複数の下位集団の文化を合わせ持っているにすぎない。個々人はいわば独自の「レシピ」によって部分と部分をつなぎ合わせ、パーシャル（partial）な複合体としての日本文化を持っているのである。言い換えれば、人びとは日常生活において重層的に複数の集団に所属または関係していて、「複顔」の日本文化を部分的に共有しており、そして、その中には私のような日本人ではない者も参与しているのだと思う。

文化の共有をめぐって

これまで、主に日本文化の共有について私の体験と考えを述べてきたが、「文化を共有」すると言った時に注意しなければならないことがある。それらは以下の三点にまとめられる。

（一）文化の区分や単位は人為的で多様である

文化はさまざまに区分することができる。たとえば、国家を単位とした区分も考えられるし、地縁や血縁ひいては「趣味縁」を単位とした区分も考えられるだろう。つまり、人間集団の種類だけ文化はあるはずである。当然、これは文化の定義という問題にも関わっている。桑山敬己が提唱した定義によれば、文化とは「ある一定の規模と歴史をもつ人間集団の生活様式（way of life）」である（桑山敬己・島村恭則・鈴木慎一郎『文化人類学と現代民俗学』風響社、二〇一九年、一〇頁）。人間の集団は規模も性質もさまざまであり、人びとは重層的に存在する集団と文化の中に生きている。何らかの文化を特徴とする集団への加入も可能だし、完全な所属という形ではなくとも、その集団に関わることによって、当該文化をある程度共有することができる。また、文化を知ることや理解することと、文化を共有することは区別する必要があるだろう。前者は主に認識の問題であるのに対し、後者は知識と理解のうえに成立する受容という意味合いが含まれており、より深く感情つまり身体に関わっている。

（二）文化はさまざまなレベルの要素と側面によって構成されている

どの要素や側面が関わるかによって、文化の共有は難度が異なる。文化には複数の異質の要素が含まれているので、同じ文化でも異なった側面が見えるはずだが、概して私たちはそれらを一括して「〇〇文化」と呼びがちである。しかし、同一文化にも物質性がより高く、商品化しやすいためにすぐにでも共有できて、拡散と受容が早いもの（たとえば食べ物、服装、工芸品、道具）などがある一方で、特定の環境で獲得された身体知と深く結びついた暗黙の了解や、自己認識に関わる観念などが他方にはある。両者の中間に位置づけられるものとして、言語、礼儀作法、多様なメディアによるコンテンツなどを掲げることができるだろう。無論、一つの文化的事象（たとえば祭りなどの伝統行事）には、さまざまのレベルの要素と側面が入り混じっているが、レベルの違いによって文化の共有の難度は異なる点に注意したい。

（三）個人をもって文化を措定することはできても、文化をもって個人を措定することは危険である

複数の個人の言動や思考から、とある人間集団に共有される文化の特徴を描き出すことは可能だが、その逆には危険がつきまとう。つまり、特定の集団に所属または関わる人びとの日常生活を観察すれば、彼らの《生活様式＝文化》の特徴を炙りだすことはできるだろうが、そうして一般化された文化から特定の個人を見定めて、彼／彼女の全人格を見透かしたかのように語るのは問題である。たとえば、「彼女は中国人だから、親に対して孝を尽くすに違いない」、といった類の語りがそれに相当する。人間の創造力は文化をつくり出す根源であり、それは個人のいくつかの側面をあらゆる集団（集合的単位）から逸脱させる。個人の思想や行動には、「〇〇文化」を構成する大小さまざまな、時として重なり合う部分が反映されているだろうが、最終的にはそれらの隙間からこぼれ落ちるものが常に残るのである。

グローバル化が席巻する今日、文化は国境を越えて共有され、また盛んに文化交流の重要性が説かれるようになった。だが、ここで改めて想起すべきは、そうした動きを担うのは最終的には私たち一人一人の個人であるという事実である。

文化の共有について語る際には、個人自らの「局限性」に留意しなければならない。つまり、自己は自文化が包摂する複数の集団に所属または関係することによって身につけた部分的文化を重層的に持ち合わせているにすぎない、ということである。そして、新たな異文化に接触してそれを共有する際には、前述のように、すぐにでも「入手可能」なものと、安易な共有を拒むものがあることに留意すべきである。その一方で、私たちは自らを「再文化化」する可能性にも賭けてみるべきであろう。たとえ特定の思考の源が異文化にあったとしても、それを学習して自分のものとすることは可能だし、人間はそのようにして成長するのだと思う。

そして、何よりも大切なことは、「文化」の括りの政治性——特に国家を単位にした時に醸し出される含意——を意識して、その「真正性（authenticity）」に拘泥することなく、つまり、限られた視点から特定の事物や事象を「本当」の「日本文化」や「中国文化」として捉えたり、そうでないものを排除したり異端視したりすることなく、一個人として世界のさまざまな文化に触れて、自らが「パーシャル」であることを承知のうえで、それらを自らの内に取り入れて自由闊達に生きること、さらに、他者に対しても同じ姿勢を取ることではないだろうか。

中国に生を受けて現在日本で暮らしている私は、そのように考えて毎日の生活に臨んでいる。

【読書案内】

岡本健　二〇一八『アニメ聖地巡礼の観光社会学——コンテンツツーリズムのメディア・コミュニケーション分析』

法律文化社
文献分析、インタビュー調査、SNS解析などの手法を総合し、アニメ聖地巡礼を分析した一冊。日本ポップカルチャー研究の新たなテーマであるコンテンツツーリズムを、観光・メディアとの関連から考察し、今日のアニメ研究に一石を投じた。

萱野茂　一九九三『アイヌの昔話——ひとつぶのサッチポロ』平凡社
口承文芸として語られてきたアイヌの昔話を収録。接しやすく短いストーリーの中に、自然と神と共に生きる豊かな生が表現されており、アイヌの伝統的世界観とされるコスモロジーを垣間見ることができる。

クリフォード、ジェイムズ、ジョージ・マーカス（編著）　一九九六『文化を書く』春日直樹・足羽與志子・橋本和也・多和田裕司・西川麦子・和邇悦子（訳）、紀伊國屋書店
文化人類学に「ポストモダン」を提唱した学者らによる論集であり、異文化表象にまつわる権力性や、書く側と書かれる側の関係を形作った歴史文化的背景などが、エスノグラフィーの読み書きに及ぼす作用を論じた。今日では古典的な一冊。

ホブズボウム、エリック、テレンス・レンジャー（編著）　一九九二『創られた伝統』前川啓治・梶原景昭（訳）、紀伊國屋書店
伝統文化は昔から継承されてきたとされるが、いわゆる「伝統」の多くはその実、近代の創出だということを、スコットランドのキルトやイギリス王室の儀礼などを事例に論じた。伝統文化の構築性に対する認識が説かれる。

第11章　「無」としてのマイノリティー
――不可視の内なる他者

ロスリン・アン

人類学には「奇妙を当然にして、当然を奇妙にする」という表現がある。前者は異文化の「馴化」を、後者は自文化の「異化」を意味する。馴化は異文化研究でよく語られるが、異化はあまり取りあげられない。本章では、マイノリティー研究を専門とするシンガポール出身の筆者の立場から、日本における異化について考える。滞日中、沖縄と北海道で出会った人びととの交流を通じて気づいたことは、日本ではマイノリティーを見ようとしない傾向があり、それが日常生活において不可視な空間や言葉のタブーを生んでいるという事実である。そこに隠されているのは、近代国家日本を創出する過程で抑圧または忘却されたマイノリティーの悲哀であり、「国家」「国籍」「民族」「人種」といった概念が日常化する過程で自然化した植民地主義の歴史である。

違和感から生まれた疑問

札幌にある北海道大学での修士課程の二年間、どうやら私は「日本人」として見られていたらしい。アイヌ民族の表象研究を通じて知り合った日本生まれの友人は、「英語を勉強したい」という日本人からよく話しかけられたという。彼女の父親はアメリカの白人だったので、容姿が「外国人」に見えたからだろう。幸か不幸か、私にはそのような経験はない。私はシンガポールで生まれ育ったので、公用語の英語は人並みに話せるが、中華系（漢民族）なので、見た目は「日本人」と変わらない。

修士課程修了後、私はアジアを飛び出してアメリカに渡り、ニューヨーク大学（New York University）で博士課程を過ごした。滞米中、札幌で「外国人」として見られなかった経験が折に触れて思い出され、心の奥底にあった疑問がふつふつと湧いてきた。ひとことで言えば、それは「日本人とは誰のことか」という疑問である。この問いを念頭に置いて、シンガポール・日本・アメリカにおける自らの異文化体験を振り返ってみると、日本でのフィールドワーク中から薄々気づいていたことではあるが、実際には「そこ」にいるのに見えない――あるいは、大半の人が見ようとしないために、見えなくされた――人びとの存在が大きく浮かび上がってきた。彼らはいわば「無」としての存在である。本章では、その中でも特にエスニック・マイノリティー（民族的少数派）について取りあげる。

沖縄と北海道で他者を見る

私の最初の留学先は沖縄の琉球大学で、その次が北海道大学であった。滞日中、多くのウチナーンチュ（沖縄人）や日系人、およびアイヌ民族と出会い、友人になった。彼ら以外にも、日本には在日朝鮮・韓国人、在日中国人、被差別部落民といったマイノリティーがいることは来日前から知っていたが、沖縄と北海道という日本の「周縁」で暮らしたせいか、私にとっての日本は同質性の強い「単一民族国家」というより、むしろ地域的にも歴史的にも多様性に富んだ国であった。

もちろん、北海道や沖縄には植民（殖民）地化の歴史があり、沖縄には今現在も深刻な基地問題がある。そうした状況下で、友人となった沖縄やアイヌの人びとが日本国内で「他者化」され、陰に陽に差別されていることは十分承知していた。そして、本来の多様性に目をつぶるような国家政策と、それを気にも留めない一般国民の日常もわかっていたつもりである。ただ、日本に留学中の私は、「日本人とは誰のことか」という根本的な疑問を呈するより、既に差別され無力化されたマイノリティーや先住民が「そこ」にいるという前提のもとに、彼らに対する抑圧のメカニズムを明らかにしたい、という知的欲求のほうが強かった。

当時、ＮＨＫ連続テレビ小説で、沖縄を舞台とした『ちゅらさん』（二〇〇一年上半期放送）が人気を博していた。また、沖縄で「スローライフ」を楽しもうという標語が流行っていたこともあり、私は、マイノリティーとしての沖縄の表象構造、および沖縄イメージの消費を中心に研究を始めた。長らく、沖縄には「ゆったりとした生活」という正のイメージがある一方で、沖縄人は時間にルーズで（つまり近代社会の基本である時間管理ができず）、まじめに働かない（それだから進歩しない）といった負のイメージもあり、彼らは差別の対象となってきた。それが、近代社会の疲弊が明るみになると、今度は逆にノスタルジアの対象となり、沖縄は主流社会の「現代」が癒しを求めて回帰する「過去」として美化され始めた。

沖縄県費留学生と外国人国費留学生。沖縄県費留学生には，沖縄から南米に移住した日系人の子孫や，東南アジアからの留学生がいた。茶会の後で（2002年　筆者撮影）

こうした構図は、一五世紀末に始まった大航海時代以降、西洋から怒濤のごとく押し寄せてきた移民によって周辺化された世界中の先住民の表象にもよく見られる。先住民社会は、近代西洋文明の対極にある「未開」として位置づけられ、両者の間には文化的序列が生まれた。そして、優位を占める西洋は「未開」を「救う」ことによって、彼らを「文明」へと導くという同化のシナリオが描かれたのである。その典型が、西洋による植民地化の過程でよく語られた「白人の重荷（white men's burden）」であった。これは、優秀な文明や文化をもつ白人には、惨状にあえぐ非白人を救い出す責務がある、とする考えである。当然、この「重荷」の背後には他者に対する権力の正当化があり、その権力の行使によってもたらされたのが、白人の移住先の土地を含む天然資源と労働力の搾取であった。

一例を挙げれば、かつて北アメリカ大陸の先住民には、土地との共存という理念があったが、白人はそれを「未開人」の遅れた思考とみなして、土地所有権を中心とする「文明」社会の秩序への転換を求めた。そうした同化の過程で多くの人びとが犠牲となり、先住民社会は「消滅の危機」に瀕したわけだが、皮肉なことに、現代になって彼らの過去は美化され、ノスタルジアの対象となっている。

近年、文化遺産政策の一環として、マイノリティーの伝統文化を保存・活用する動きが世界的に活発化しているが、それは「消滅」しつつある彼らの文化に「哀惜の念」を感じているからであって、文化遺産政策には支配者側の「新たな重荷」が透けて見える。それは、かつて同化／植民地化の過程で消し去ろうとしたものを、自分に都合の良い部分だけとっておこうという発想である。つまり、「消滅の危機」をもたらしたのは主流社会に他ならないのに、そこに身勝手なノスタルジアを感じて、「残しておきたい」とか「手元に置いておきたい」という逆説的な欲望に囚われているのである。

その結果、マイノリティーの伝統文化は商品化されたり観光化されたりする憂き目にあう。それでも、彼らは自らの歴史や文化を「すべて失うよりはまし」と考えて、生存のための妥協を繰り返している。だが、本当に忘れ去られようとしているのは、実はマイノリティーの伝統文化ではなく、植民地化を推し進めてきたマジョリティー側の歴史である。国家による植民地化の正当性は、いっさい不問に付されていると言ってよい。

日本における私のマイノリティー研究は、こうした背景を踏まえながら進められた。近代国民国家日本による同化政策は、どのように沖縄の人びとや北海道の先住民を抑圧したのか。そして、彼らはいかに自らの文化やアイデンティティーを維持・継承し、文化の商品化や観光化に対抗してきたのか。滞日中の私の問題意識は、およそこのようなものであった。

異文化の「馴化」と自文化の「異化」

人類学者の仕事の一つは、「奇妙を当然にして、当然を奇妙にする（making the strange familiar and the familiar strange）」ことである。前者は異文化を「馴化（familiarization）」することを、後者は自文化を「異化（defamiliarization）」することを意味する。

シンガポール生まれの私にとって、日本を理解するということは、異文化を馴化することである。日本は国内に多様な文化を抱えているにもかかわらず、多くの日本人が「単一民族神話」を信じ込んでいる姿は、私の眼には奇妙に映る。その日本人にとって奇妙な他者――いわば「内なる他者」――である沖縄人と先住民アイヌを、私は上述の「未開からノスタルジアへ」という枠組みで捉えてみようと思った。そこには、まず私にとって他者である日本と、多くの日本人にとって他者である沖縄人とアイヌという、二重の他者の存在が認められる。

ただ、今になって振り返ってみると、当時の私には馴化（他者をいかに理解するか）という視点しかなく、その逆の異化（他者の眼で自己をみつめ直す）という視点が欠落していたように思う。つまり、私の日本における研究の力点は、あくまで他者理解に置かれていて、異文化を介して自文化の自明性を根本的に問い直す、という姿勢が欠けていたのである。

このことに気づいたのは、ニューヨーク大学で先住民研究（Indigenous Studies）を本格的に学び、それまでの枠組みを見直していた時であった。特に、ソル・ワース（Sol Worth）とジョン・アデール（John Adair）の著書 *Through Navajo Eyes*（『ナバホの眼を通して』、初版一九七二年）の序論には考えさせられた。そこには次のようなエピソードが紹介されていた。

ナバホ（アメリカの先住民族）自身が見たナバホの姿を、ドキュメンタリー映画に収めようと考えたワースとアデールは、長老のサム・ヤッジー（Sam Yazzie）から、現地で次のような質問を投げかけられた。「その映画は羊に害を及ぼすかね？」ワースは得意げに、自分の知る限り映画製作が羊に害を及ぼすことはない、と答えた。すると、サムは少し考えてから、「その映画が何か羊の役に立つことはあるかね？」と聞き直した。ワースは答えに窮したが、自分の知る限り映画をつくっても羊の役には立たない、と答えた。すると、サムはまた少し考えて、二人の人類学者を見つめて言った。「では、なぜ映画をつくるのか？」さすがに、ワースとアデールはこの質問に答えられなかったという。

その後、ワースとアデールはドキュメンタリー映画を発表し、それを基にした本も刊行して高い評価

多様性に溢れるニューヨーク，マンハッタン島の蚤の市。今日のアメリカでは階級差が広がり，理念化された他者理解は破綻しつつある。だが，マイノリティーによる社会運動も盛んになり，人びとは新たな関係を模索している（2012年　筆者撮影）

を受けた。その意味で、彼らの研究は人類学という学問に大きく貢献したが、結局、ナバホの長老の関心事であった羊には、何の利益ももたらさなかった（害ももたらさなかったようだが）。

私がこの一件を非常に興味深く思うのは、二人の人類学者は、白人ではなくナバホの眼から見たナバホ像を描こうとした点で、従来の研究より進んでいたものの、ナバホはあくまで異文化として位置づけられており、ナバホの眼を通してアメリカの主流社会を振り返ってみようということには、まったく思い至らなかったからである。彼らは、日本に留学中の私と同じで、異質の他者の馴化に熱心なあまり、それと表裏一体の関係にあるはずの自己の異化は意識外だったのである。

アメリカでシンガポールを振り返る

そもそも、「他者」という存在を成立させるためには、自文化または自社会との差の認識が必要である。私たちは「奇妙」なものに接して、初めて「当然」が当然ではなかったことに気づくが、あくまで自分の立場から他者を理解しようとしがちである。それは「奇妙なものを飼い慣らして当たり前にする」という異文化の馴化にすぎない。

馴化で注意すべきは、かつてエドワード・サイード（Edward Said）が『オリエンタリズム』（原著一九七八年）で指摘したように、他者を知ることは他者を支配することでもある、ということだ。他者を知り描くという一見中立的な行為によって、自己は他者を定義する権力を握る。その結果、自己は他者より優位な立場に置かれ、規矩準縄《きくじゅんじょう》の正当性——自らの基準で物事を判断する力——を手にすることになる。こうした表象の権力構造にあっては、自己の成り立ちや在り方は当然視されてしまい、「硬直化」した自己像が生まれるばかりでなく、自省的（reflexive）分析の対象になることはない。

日本に留学中、私は多少のフィールドワークも行って、日本の「単一民族神話」を批判的に検討した。その背景には、母国であり多民族国家のシンガポールとの比較があった。シンガポールでは、さまざまな言語・文化・宗教が国家によって正式に認められており、少なくとも制度上は民族的多様性が尊重されている。一方、日本は戦前から複数の民族が存在したにもかかわらず、国内外の植民（殖民）地の人びとには同化を強いて、マジョリティーの和人に従属させてきた。それは現在でも決して過去のこととはなっていない。こうしたシンガポールと日本の違いが、私の研究の出発点となったのである。

ただ、先に述べたように、当時の私には日本という他者の馴化しか眼中になく、自己としてのシンガポールの異化は眼中になかった。「奇妙を当然にして、当然を奇妙にする」という二重のプロセスの半面しか、アメリカ渡航前の私には見えていなかったのである。以下、そのことについて、個人的体験を交えながらより詳しく述べてみよう。

シンガポールは、基本的に華人・マレー人・インド人という三つの民族から成る多民族国家である。しかし、実権を握っているのはマジョリティーの華人で、他の民族は「脇役」に甘んじていると言ってよい。そのため、国内のさまざまな差異は消し去られ、マイノリティーのマレー系やインド系に対する差別が起きても、それを指摘しづらい状況が少なくとも公的空間に生じている。

マジョリティーの華人である私は、それを疑うことなく日常生活を送ってきた。自文化を問いただすことなど、ほとんどしたこともなかったのに、日本でマイノリティーが差別されているのを見て、声を荒げていたのである。もちろん、シンガポールにおける差別的状況をまったく知らなかったわけではないが、大半は親戚や友人といった私的空間での出来事だったので、特に気にかけていなかったのである。

しかし、アメリカの大学で先住民研究に触れて、自他の相違ばかりでなく共通性にも目を配り、両者のつながりや関係性について考えるようになると、かつて見過ごしていたシンガポールの親戚や友人らの言動が急に気になり始めた。それは自分でも驚くような変化だった。彼らは正面切って差別的な発言や行動をするわけではない。人種主義者は自分のことを、自らが否定的イメージをもっている人種主義者だとは言わないものである。おそらく、差別や偏見は至る所で日常化しているがゆえに、そのようなものだとして認識されることがないと言ったほうが正確だろう。

私的空間におけるマジョリティーの差別発言や行動は、時として意図せずして公的空間に姿を現し、知らず知らずのうちにマイノリティーを傷つけていることがある。たとえば、シンガポールの華人が、周りにいるインド系やマレー系には中国語が通じないと思い込んで、相手の目の前で悪口を言ってしまうことがある。私が学部時代に通ったシンガポール国立大学でも、華人とマレー人のハーフの女子学生が、「ヒジャブ」というイスラム教のスカーフをかぶっていたところ、華人の学生から中国語で罵倒されたことがあった。実は、その女子学生は中国語に堪能だったのだが、罵倒した本人はまさか相手が完璧に理解していたとは思いもよらなかっただろう。しかし、当時の私はこういう話を聞いても、特段深く考えることはなかった。

他にも次のようなことがあった。シンガポールには、マレー系は「怠け者」だというエスニック・ステレオタイプがあり、華人が成功したマレー系住民について面白おかしく語ることがある。褒めているのか馬鹿にしているのか、よくわからないような話しぶりである。ある日、そうした場所に居合わせた私が、さすがに行きすぎだと思って注意したところ、言った本人に「逆ギレ」されてしまった。

問題は、この手の語りがマジョリティーの自画自賛に終始しがちなことにある。たとえば、マレー系が成功すると、「それはこの国がマイノリティーを大切にしている証拠だ。彼らは我々に感謝すべきだ」

シンガポールのチャイナタウンで開催されたランタン・フェスティバル。ランタン・フェスティバル（中秋節）は中国系の祭りである。各民族はお互いの伝統行事を尊重するが，実際には民族間の交流は少ない（2006年　User: Sengkang ウィキメディア・コモンズ（Wikimedia Commons）https://commons.wikimedia.org/wiki/File:Mid-Autumn_Festival_35,_Chinatown,_Singapore,_Sep_06.JPG?uselang=ja）

とか、「シンガポールは平等社会だから、マイノリティーでも成功できたのだ」、といったような声が聞かれる。そうした発言に対して、今の私なら次のように応えるだろう。「その平等という基準は、マジョリティーの基準であって、マイノリティーはスタートの時点で既に遅れをとっている。彼らの社会的成功は、言語にせよ文化にせよ階級にせよ、もって生まれたハンデをマジョリティーの何倍も努力して乗り越えて、やっと手にした結果なのだ」、と。

いま述べた平等という「蜃気楼」は、アメリカの黒人差別にも見られる。一部の黒人が社会的に成功すると、マジョリティーはそれをアメリカ社会における「平等の証」として引き合いに出す一方で、失敗した大方の黒人については、「人種」が劣っているからだなどと説明する。たしかに、貧困率や教育レベルを比較すると、黒人のほうが劣っていることは否めない。だが、マジョリティーがつくった社会は、彼らにとって「自然」な言語や文化の上に築かれている。たとえば、中産階級の白人が話す英語は、スラム街のストリート・チルドレンにとって「自然」ではないし、中産階級の子弟が通う学校で求められる教員への尊敬の念は、アグレッシブな言葉遊びを競うストリートの文化と相いれない。そうした、いわば「生来の不利」を克服するために、マイノリティーは人知れず努力を重ねているのである。さらに、かつての奴隷貿易はもちろんのこと、先住民の大量虐殺をもたらした植民（殖民）地支配による暴力とその記憶は、何世代にもわたって暗い影を落とし続けている。「抑圧の痕跡（mark of oppression）」は至る所に見られるのだ。

マジョリティーの「無意識」と「無神経」は、近代国民国家のほぼすべての領域で見られ、無制限とも言えるほどの自己正当化につながっている。その中に潜む不平等と暴力を白日のもとに晒すことを彼らに期待しても無理で、おそらく問題に気づくことさえ難しいだろう。シンガポールに暮らしていた時の私も同じだった。無意識のうちに自らの国家と社会の亀裂から目を背け、遠く離れた日本のマイノリティーに問題を投影していたのである。日本という「奇妙な他者」を批判的に理解しようと努める一方で、シンガポールという「当然の自己」を疑わず不問に付していた。両者が表裏一体の関係にあることに、まったく思い及ばなかったのである。

おそらく、マジョリティーにとって本当に必要なことは、この「当然」を「奇妙」にすることではないだろうか。自省に痛みは付きものだが、あえて日常から一歩踏み出して自らを批判的に見つめ直した時、マイノリティーの苦しみのうえに築かれた一見平穏な日常、そこに潜む闇／病みの部分に気づき、他者に対して寛容な社会を築くことができるであろう。

「無」を捉える

華人というマジョリティーであるがゆえに、シンガポールの日常が「当然」になっていたことに気づいた私は、本章の冒頭で述べた「無」としてのマイノリティーという考えに辿り着いた。それは、他者が「そこ」にいるにもかかわらず、無意識のうちに彼らの存在を消し去ってしまう自己の在り方であり、自己にとって「当然」の世界に他者を住まわせることによって、平穏な日常が成り立っている様態である。

こうした観点に辿り着くまで、私は一〇年以上もの歳月を要した。その間、私は母国のシンガポールを出て、日本の最南端の沖縄と最北端の北海道で勉強し、さらにアメリカのニューヨークで研鑽を積んだ。当初は、「奇妙」な異文化を探し求めて、その理解に努めようとしていたが、アメリカで本格的な先住民研究に接して、異質の他者を理解するだけでは、ナバホの長老サムの羊の逸話が示すように、他者化された人びとと同じ地点に立つことはできないと悟ったのである。と同時に、私はマイノリティーの眼を通してマジョリティーの「当然」を疑う姿勢を養った。

実は、ニューヨーク大学で私が所属していた学部は、東アジア研究学部（Department of East Asian

Studies）であった。日本・中国・朝鮮の研究に特化した学部だが、その大きな特徴である学際的カリキュラムによって、日本研究と先住民研究を同時に学ぶことができたのである。日本とはいっても、私の焦点は沖縄人やアイヌといったマイノリティーにあったが、彼らを「無」という存在として捉えることによって、私は初めて「他者に対する無意識によって成立する日常」に気づいたのであった。この場合の「日常」とはマジョリティーのそれである。

ある意味で、この気づきは皮肉であった。なぜなら、シンガポール人の私は日本ではマイノリティーであり、日本人にとって他者以外の何者でもなかったのに、いつの間にか日本の主流社会の日常に紛れ込んで、そこから物事を見ていたからである。対照的に、日本国内のマイノリティーは、日本に生まれ育ったにもかかわらず、また、たとえ自分のことを他者だと思っていなくても、マジョリティーによって他者化される運命にある。

見えなくされた人びと

最後に、私が北海道で出会ったアイヌの女性二人のエピソードを紹介しよう。一人は舞台芸術に関わっている人物で、彼女が入院中のアイヌの友人を見舞った時の話である。

「昔、一緒にステージに出て、アイヌの踊りや歌を披露した仲間がいるのよ。このあいだ出産したから、病院まで駆けつけたわけ。その時一緒に行ったのは、アイヌの友だち一人と外国人の友だち一人だった。その外国人は見た目が白人に近いの。病院から戻ったら、入院中の彼女からメールがあってね、看護師さんから『外国人の友だちが多いですね』と言われたんですって。どうやら、お見舞いに行った私たちは、三人とも外国人に見られていたみたい。出産した本人のことは日本人だと思い込んでいたらしいけど」。

もう一人の女性は、子育てが終わってやっと自分の時間が出来たので、アイヌの伝統舞踊を習おうとしていた人物である。

「何年か前、町営の銭湯で働いていたことがあるの。そこで一緒に働いていたおばあさんが一人いてね、北海道の年寄りのことだから、たぶん私がアイヌだということはわかっていると思った。でも、私は絶対に職場でカミングアウトなんかしないわよ」。

なぜ、そのおばあさんが、彼女のことをアイヌだと気づいていると思ったのか、と私が尋ねたところ、彼女は次のように答えた。

「若い人はアイヌを見てもアイヌかどうか見分けがつかないけど、年寄りは同化する前の事情を知っているから、何となく勘が働くのよね。私もあのおばあさんも、そういう話題には触れないようにしていたけど」。

札幌の地下通路に展示されたアイヌ民族の刺繡。近年，日常的空間でアイヌ民族を象徴するオブジェは目にするようになったが，アイヌの人びとの姿はなかなか見えず，彼らは不可視の他者となっている（2019年　筆者撮影）

北海道在住中、私が周囲の人にアイヌを研究していると言うと、大方の反応は次のようなものであった。「へー、ぼくはアイヌに会ったことはないなあ」、「おもしろいわねえ、むかし白老《しらおい》のアイヌ民族博物館でアイヌを見たことはあるけど」等々。彼らにとって、いや彼らに代表されるマジョリティーの日本人にとって、アイヌは「当然」の日常には存在しない他者であり、博物館や観光施設といった「奇妙」な非日常的空間に足を踏み入れなければ、まず接することのない存在なのであろう。

だが、ここで私たちは一度立ち止まって、問い直してみる必要がある。「アイヌに会ったことはない」と言う人たちは、本当に会ったことがないのだろうか。実際には、何らかの機会にアイヌと接触しているのに、あるいは先ほどの看護師のように、目の前にアイヌの患者がいるのに、「見えていない」だけなのではないだろうか。銭湯で働いていたアイヌの女性が言った「同化」とは、日本政府によるアイヌ民族の同化政策のことだが、それによってアイヌが消滅したわけではない。

そのことは彼女の存在そのものが証明している。そもそも、アイヌかどうかについて話すことが憚られる（つまりタブー視されている）ということ自体が、タブーの対象の存在を示している。

おそらく、アイヌは日本における「無」であるがゆえに普段は見えないが、ある時突如としてその姿を現し——あくまでマジョリティーから見てという意味だが——、私たちの一見平穏な日常世界を揺さぶるのである。そして、「当然」と「奇妙」の境界線を、私たちに問い直すように迫ってくるのである。

日常の「当然」に隠された「不都合」

当然のことながら、「無」は見ようとしなければ見えない存在であり、あからさまな差別の対象でもなければ厳かな儀礼の対象でもない。むしろ、それは安定した日常の裏に潜んでいて、何かの拍子に「違和感」を覚えた時に現れるものである。もっとも、たとえ当初は違和感を抱いたとしても、それがいつの間にか日常の一部になって気づかないこともあるし、大多数のマジョリティーのように、それを無意識に「当然」だと思って生活していることもある。

「当然」の日常とは、特に何事も意識せずに暮らし、自らの社会・文化・国家・アイデンティティーについて、ことさら問うことなく生きている有り様のことである。それゆえ、本来は紙一重のはずの「当然」と「奇妙」の差を気にすることなく、日々の生活を送ることができる。しかし、そうした安穏とした生活を維持するためには、実は多大な努力と資源が見えない所で必要とされているのである。なぜなら、マジョリティーの日常が「当然」のように成立しているのは、彼らにとって諸々の「不都合」なことが隠蔽されているからに他ならないからである。その「不都合」となっているのは、少数民族はもちろんのこと、性的マイノリティー、障害者といったマイノリティーの存在である。

現在、私は上海にあるアメリカの大学の分校で教えている。シンガポール、日本、アメリカ、そして中国と歩き渡った私の現在の関心は、かつてのように「奇妙」なものを馴化することにはない。最大の関心事は、マジョリティーの「当然」と彼らの日常において、「無」はいつどのように姿を現すのかという問題である。私の研究が、先に紹介したナバホの長老サムの羊に役立つかどうかわからないが、なぜサムのような存在が「無化」されて、彼の生活の基盤である羊が「無」に帰するのか、それを突き止めてみたいと思う。私が目指しているのは、そうした問いに答えるエスノグラフィーである。

【読書案内】

小熊英二　一九九八『〈日本人〉の境界――沖縄・アイヌ・台湾・朝鮮　植民地支配から復帰運動まで』新曜社

近代日本における「日本人」の境界とその揺らぎを論じた著作。「日本人」という概念が植民地下の沖縄、アイヌ、朝鮮、台湾の人びとを包摂または排除するかたちで創出されたことを説いた。前著『単一民族神話の起源』も有益。

ハルトゥーニアン、ハリー　二〇一一『歴史の不穏――近代、文化的実践、日常生活という問題』樹本健（訳）、こぶし書房

植民地主義と近代化の過程で、どのように日本が西洋により他者化され、同時に日本国内で地方が都会により

他者化されたかについて、日常生活の分析を通じて明らかにした。本書の主要テーマの一つは歴史の不完全性である。

Smith, Linda Tuhiwai 2012 *Decolonizing Methodologies : Research and Indigenous Peoples* (revised ed.). Dunedin, New Zealand: Otago University Press.

語られる対象の先住民にとって研究とは植民地支配の道具に過ぎない。それゆえ「真実をつくり出す体制」について調べ、社会正義を目指す脱植民地主義的な方法論の開発が必要だと著者は説く。

Tuck, Eve, and K. Wayne Yang 2012 "Decolonization Is Not a Metaphor." *Decolonization : Indigeneity, Education & Society* 1(1) : 1-40.

昨今の北米における脱植民地運動は、白人植民者の罪悪感を和らげて過去の所業を無実化する演出に過ぎないと著者は批判する。和解という単純な解決法を拒み、対話の過程と未来志向の研究を提案した論文。

第12章　国内の異文化体験
――「彼ら」としての先住民と私

呉　松旆

人類学における異文化研究は、フィールドとホームの距離が離れているほど評価が高いという意味で「遠心的」である。その結果、研究者たる「私」という認識主体とは異なる存在が、研究対象に選ばれやすい。とはいえ、「私」が「彼ら」との差異を感じるのは、はるばる海外に赴いてフィールドワークを行う時だけではない。なぜなら、国内にも異文化は存在するし、十分に体験可能だからである。では、「私」と「彼ら」の間にどれほど差異があれば、異文化は立ち現れるのだろうか。この疑問は、日本在住で台湾出身の筆者が、台湾での学生時代に先住民研究を始めた頃からもち続けてきたものである。本章では、台湾および日本における筆者の先住民との交流に基づいて、自己と他者の関係について語る。

ワールドカップと異文化

私が初めて異文化の存在を意識したのは一九九八年、十歳の時であった。その年の夏、サッカーのW杯（ワールドカップ）がフランスで行われていた。父と一緒にテレビで観戦していた私は、世の中には多くの国があり、いろいろな人がいることを目の当たりにした。おそらくその時からであろう、自分とは異なる他者がいるという意識が私の心の中に芽生えたのは。観客席で大勢の人びとが歓声をあげ、さまざまな国旗が振られ、ピッチで選手がぶつかり合う瞬間を思い出すと、今でも心が震える。

そのような少年時代の経験を通じて、私は異文化に興味をもつようになった。とはいえ、その時に感じた異文化とは、「海外」「外国」「異国」といった、ありきたりな考えに基づくものであった。当時の私は、国旗や肌の色で人びとを区別して、自分とは異なる存在について考えていたに過ぎなかった。事実、私が思い描いていた異文化は、すべてはるか遠くにあった。近くにもそれがあると知るには、もう少し年月が必要だった。

初めて意識した国内の異文化

台湾の人びとの父系出自を辿ると、その多くは約四〇〇年前以降に中国大陸東南部から移民してきた福建省の閩南人《びんなん》、および広東省の客家人《はっか》の系統に行きつく。そのほか、国共内戦（一九四五〜一九五〇）に敗れた中国国民党を主体とする中華民国政府と共に、中国大陸の各省から台湾に渡ってきた「外省人」や、もともと台湾に住んでいたオーストロネシア語族系の「原住民族」が存在する。現在、権利回復を果たした「原住民族」は、総人口の二パーセント程度である。

最初に用語について説明すると、一九八〇年代以降、台湾では「先住民」の自称および公称として「原住民」や「原住民族」という言葉が使われるようになった。そこで、本章でも台湾の事例に言及する時は、彼らの意思を尊重して「原住民族」（人間集団を集合的に指す）、または「原住民」（「原住民族」に属する個人を指す）と呼ぶことにする。日本語とは違って、侮蔑の意味はない。「原住」は「先住」を意味する英語の indigenous に相当する。

なお、日本語の「先住民」と「先住民族」の区分は曖昧であるが、概して、人類学では「先住民」は個々の人間集団を越えた総称として集合的に用いるのに対して、「先住民族」は個々の人間集団を具体的に示す時に用いられる。また、「先住民族」は法的・政治的な文脈において、集団の権利と人権状況を議論する際、「先住民」より多く使われる。本章では、必要に応じて「先住民」と「先住民族」という二つの言葉を使い分けている。

当然のことながら、台湾社会で原住民族はマイノリティーである。時代によって状況は異なるが、彼らは「番人」「蕃人《ばん》」「山地同胞」「山地人」といった侮蔑的な他称で呼ばれてきた。さらに、原住民はアルコール依存症で、ブラブラするだけの怠け者だと思われており、「時代に取り残された人間」というイメージも定着しつつある。その一方で、ポリティカル・コレクトネス（political correctness）に基づく「差別意識の裏返し」とでもいうべき現象がある。つまり、原住民は大自然に抱かれた純真無垢な人びとで、天真爛漫な子どものように美しいというイメージがあり、彼らが無邪気に舞い踊る姿が観光地やマスメディアに溢れているのである。

今日の台湾では、原住民族に関する政策および研究が盛んに行われているが、それは一九八〇年代の民主化運動と共に盛んになった原住民運動以来のことで、実際に原住民に関心をもつ人びとはさほど多くない。大学入学前の一八歳の私にとっても、普段の生活でほとんど接する機会がなかった原住民は、自分とは時空を異にする非日常的な存在に過ぎなかった。

そんな私が、二〇〇六年九月、台北から一五〇キロほど南の太平洋側にある東華大学原住民民族学部に入り、人類学を学ぶことになったのである。私はそこで初めて、子どもの時の自分は遠くの異文化に憧れていただけだったと気づいた。台湾には現実に異文化を担っている人がたくさんいる。彼らはきわめて身近な存在であることを、私は迂闊にも見落としていたのである。当時の私が原住民に抱いていた印象といえば、台湾の国民教育の歴史教科書に載っていた、顔に入れ墨をしたタイヤル族の女性や、抗日英雄として描かれるセデック族マヘボ社の首領モーナ・ルダオの古色蒼然とした写真、あるいは美しい声の歌手や身体能力抜群の運動選手くらいのものであった。ちなみに、日本のプロ野球で活躍している陽岱鋼はアミ族の出身である。

当時の私にとって、原住民族学部という学部の名称自体、大きな戸惑いを感じさせるものであった。

台湾国立東華大学原住民民族学部棟（2018年　撮影：黄俐穎）

いま振り返ってその理由を考えてみると、目の前にいる原住民という他者が、同じ台湾で生まれ育ったにもかかわらず、彼らとは無関係に生きてきた私の感情を揺さぶったためであろう。元来、「原住民族」と「植民者」という概念は表裏一体の関係にある。それゆえ、両者は同時に語られなければならないはずだが、大学入学以前の私にはその一方しか見えていなかった。私の高祖母はタオカス族の血を引いているが、法律上、原住民ではない私は、それまで「植民者」によって教え込まれた台湾人アイデンティティを、無意識かつ無反省に身につけてきたのである。私が自ら抱いていた「台湾人」というアイデンティティは、台湾を支配し独占してきた「植民者」のそれだったのかもしれない。そのようなことを、原住民民族学部に入学したのを機に考えるようになると、それまでかたくなに信じていた「台湾人」としての自己や、自己としての「台湾人」といった観念は脆くも崩れ去った。

自己表象と他者表象のはざまに身を置く

(一) 他者からのレッテル貼り

東華大学原住民民族学部は、人類学を学んで原住民族を研究する場所というより、原住民と一緒に人類学を学ぶ場所であった。入学式後に行われたキャンパスツアーにはバスが使われ、車中、原住民の学生たちはほとんど初対面にもかかわらず、すぐ打ちとけた様子で楽しそうにしていた。彼らの会話を聞くと、まずお互いに「どの村の出身か」「何族か」といった質問をするところから始まっていた。一方、非原住民の学生たちはあまり喋っていなかった。あのような場面に出くわしたのは初めてだったので、私はかなり困惑していたが、突如、そばにいた原住民の学生が話しかけてきた。「あなたはどの村の出身なの?」どうやら、彼女は私が原住民だと思い込んでいたらしい。私は冷や汗をかきながら、「村?あの…私は原住民ではないのですが」と照れ笑いして答えたところ、彼女は「ふーん、漢人ね。アミ族かと思ったわ」と無邪気に言い放った。

その瞬間、私は二つの奇妙で新鮮な感覚にとらわれた。一つは、自分が「何族」なのかを、それまで考えたことがなかったという実感である。もう一つは、「漢人」と呼ばれたことへの違和感である。一般に台湾では、「漢人」は「原住民」との対比で用いられる呼称である。それは、原住民族が閩南人・客家人・外省人を一括して呼ぶ時の便宜的な名称で、彼らにとって共通の抑圧者を指す言葉でもある。

だが、ほとんどの非原住民の台湾人にとって、「漢人」であるという意識はきわめて薄い。少なくとも、それは自らのアイデンティティを表す言葉ではない。

私は子どもの時から、両親や祖父母に「あなたは中国人ではなく台湾人だよ」と閩南語で教えられていた。そのため、「漢人」という妙な人間集団に分類されてしまったことで、何とも言えない感覚に襲われたのである。と同時に、私にはマジョリティーであるがゆえに、《マジョリティー》対《マイノリティー》という意識が希薄で、マイノリティーへの配慮が欠けていたことを痛感したのである。そして、自らのアイデンティティとは異なる名称で呼ばれることの辛さや、他者からの「レッテル貼り」に伴う痛みを、初めて理解したのであった。

（二）自分にとっての「当たり前」の問い直し

東華大学原住民民族学部には新入生を歓迎する一連のイベントがある。「宜湾の夜」もそのうちの一つであり、そこで新入生は、宜湾村のアミ族が一年の豊作と無事を祝って行う「イリシン（*ilisin*）」（アミ族語で「タブーの中に」という意）という祭りで披露する舞踊や歌の一端を、祭りの背景や歴史と共に、学部の原住民族出身の先輩から教わるのである。なお、「宜湾の夜」は本来、学部内交流の促進を目的に行われてきたが、そこで用いられる舞踊や歌はすべて宜湾村のアミ族の長老から伝わり、引き継がれてきたものであるため、近年、これが先住民族の文化と彼らの知的財産権の侵害にあたるのではないかとの指摘が、宜湾村の新世代の担い手を中心になされている。この指摘を受けて、今日、主催する学生と宜湾村の人びととの間に新たな対話が交わされている。この事例は文化表象に関する大きな問題を提起しているが、紙幅の都合上、その詳細については割愛する。

当時の私たちは先輩に倣い、音頭取りと踊り手が掛け合うようにして、皆で手をつなぎ輪になって踊った。台湾では九月の夜でも三〇度近くある。その台湾特有のジメジメした空気の中で、夜七時から一〇時頃まで一週間ほど、先輩の指導のもと新入生が全身を使って大声で歌い、踊りまくったのである。私にとってそれは新鮮な経験であると共に、他者の文化に謙虚に接する貴重な機会となった。台湾は小さな国だが、文化的には多様である。「宜湾の夜」を通じて、私はそれを身体のレベルで実感したのであった。

原住民民族学部のモニュメントとアミ族出身の筆者の同級生 Kulas Umo（2010年　撮影：范瑤 Vaqu Lupiliyan）

原住民民族学部の学生の構成は、原住民と非原住民の割合がほぼ半々で、原住民の教員も多い。地域差はあるものの、台湾全体の人口に原住民族が占める割合は二パーセントほどに過ぎないため、この学部の構成はきわめて珍しい。一般社会で非原住民は圧倒的なマジョリティーであるが、このような特別の空間では事情は異なる。原住民はマイノリティーでもなければ、エキゾチックな他者でもない。

同学部は原住民族研究に特化した台湾初の研究教育機関・拠点であり、原住民と非原住民の学生を適度な比率で受け入れ、将来の原住民文化の担い手およびネイティヴの研究者を育てると共に、非原住民の原住民族研究者や協力者を養成することを目指している。原住民と非原住民、教員と学生といった立場の違いを乗り越えて、台湾原住民族に関するポリフォニック（polyphonic 多声音的）な対話の場が提供されている。こうした環境は、他大学の人類学関連の学部と比べて独特のものと言ってよい。原住民民族学部という空間では、原住民であれ非原住民であれ、自分にとっての「当たり前」の問い直しが求められる。非原住民学生の場合、それは慣れ親しんだ世界から一歩踏み出して、主流社会で見落とされがちな価値観や世界観に触れ、台湾国内の異文化の存在を認識することを意味する。

（三）原住民との時空間的共有

原住民族学部の教室で、私は人類学と先住民研究を学び、原住民の教員や学生と共に議論を交わした。基本的に、人類学的先住民研究は文化的他者を民族誌（エスノグラフィー）というかたちで描く分野で、いわば他者表象を専門としている。専門家はフィールドワークで得た資料に基づいて民族誌を書き、それを他の専門家と協議する。一見ありていの作業だが、問題は、それがフィールドではなく、ホーム（大学の教室や学会など）で行われるということにある。

概して、人類学では完成した民族誌をフィールドに持ち帰って原住民に見せたり、何らかの機会に彼らが読んだりすることを想定していない。少なくとも、従来はそうであった。ところが、原住民民族学

民族衣装を着て自民族について発表するパイワン族出身の筆者の同級生 Kui Talimaraw（2006年 撮影：謝敏旻 Zulebau Ljaljegean）

部では、非原住民の私がホームの教室で原住民について語る時、語られる彼らもまたその場にいるのである。その結果、私による原住民表象は、表象される側の彼ら原住民によって「読み返される」（reading back）。同様に、原住民の学生が自らの体験に基づいて教員や他の学生と議論する時、それは彼ら自身の民族や村について非原住民が書いた民族誌を「再解釈」することになる。その過程で、描いた側の非原住民は、描かれた側の原住民の批判に晒されることもある。事実、私の在学中、何人かの原住民の学生は、自分の村で出くわした人類学者について、皮肉を交えて語ったことがあった。また、原住民民族学部では、原住民の学生が民族衣装を着て、自民族の「伝統」文化や社会問題について積極的に語ることや、自民族の視点と言葉で自己表象することがしばしばなされている。

こうした光景を理解するには、本書の編者で北海道大学における私の指導教員であった桑山敬己が、『ネイティヴの人類学と民俗学——知の世界システムと日本』（弘文堂、二〇〇八年）で提唱した「民族誌の三者構造」という考えが参考になる。この三者構造を構成するのは、「書く者」「描かれる者」「読む者」であるが、桑山の論を敷衍すれば、東華大学原住民民族学部の原住民は、「描かれる者」やインフォーマントであるだけではなく、「読む者」であり時として「書く者」でもある。従来、「書く者」の大多数は植民地主義時代の宗主国出身だったため、支配下に置かれた「描かれる者」より優位に立っていた。だが、同学部ではもはやその構図は成立しない。

私が異文化研究における権力の問題を常に意識しているのは、大学時代に原住民の教員・先輩・同級生・後輩が自らの体験談を赤裸々に聞かせてくれたからだと思う。原住民民族学部は、人類学者と原住民をホームとフィールドという隔絶された空間に配置するのではなく、競合しつつも対話を可能にする場を提供していた。そこでの経験は、いわば自己とかけ離れた存在との共感を説く平板で畳水練的な文化相対主義からは、決して学ぶことができないものであった。

このような経験をしたがゆえに、私は一般に「時代に取り残された人間」とみなされている原住民との時空間的共有を認識することができたのであり、常にそれを念頭に置いて相互理解のための道筋を模索しているのである。

（四）人類学に潜む「遠心的」志向とその盲点

人類学という学問分野の端緒は、一五世紀後半に始まる大航海時代以降、近代西洋的な自己が非西洋世界の他者と接したことにある。そうした接触から生まれた異文化に関する知識を、徐々に体系化したのが人類学である。当時、西洋とはまったく違う世界に興味をそそられた冒険家や収集家は、「奇妙な人間」を追い求めて西洋から遠く離れた場所を訪れるようになった。そうした状況下では、ホームとフィールドの距離が大きくなればなるほど、成果は高く評価された。この意味で、人類学には「遠心的」志向が備わっていたし、それは今日に至っても基本的に変わりない。意識的であれ無意識的であれ、人類学者は自己とは異質な他者に惹かれやすいのである。

もちろん、人類学者は彼らを奇妙で理解不能な存在として一蹴したわけではない。むしろ、彼らを自己とは異なる存在として認め、自分たちにとっての「当たり前」を問い直してきた。人類学者が目指したものは異文化を担う他者の理解であり、それは文化相対主義に基づく実践でもあった。他者への寛容と自己に対する省察こそが、文化相対主義の真骨頂である。しかし、上述の遠心的志向を備えた人類学は、いかんせん、自己と他者を二項対立的に位置づけてしまう。人類学的他者には「遠く離れた」存在という前提が潜んでいるため、物理的距離の増大に伴って心理的乖離も生じやすい。その結果、どうしても他者に対する配慮が薄れ、無責任な態度とは言わずともコミットメントが弱くなってしまうのである。このような状況下で形成される他者のイメージは恣意的で、「虚像」とすら言える場合もある。描く側と描かれる側の間の力の差は隠蔽され、両者が平等な立場で接することは難しい。

対照的に、従来「インフォーマント」扱いされた研究協力者（collaborator）が常に「そこ」にいる場合、またはホームとフィールドの「混在」を前提とした場合、研究者は当事者の話に真剣に耳を傾けざるを得ない。つまり、単に「他人事」としてではなく、一定のコミットメントをもって——しかし過度な共感を示すことなしに――、平等な「対話の相手」として接しなくてはならない。腰は低いが実は上から目線という類の文化相対主義ではなく、同じ人間としての対応が求められるのである。

知の世界システムにおける「当たり前」の問い直し

（一）台湾の原住民族と日本のアイヌ

周知のように、台湾は一八九五（明治二八）年に日本の統治下となった。そのため、台湾における人類学の「植民地主義的ルーツ」は日本にあるが、第二次世界大戦以降、台湾の人類学者はイギリス・アメリカ・フランスから多くを学んできた。現在はアメリカの影響力が圧倒的に強い。この状況は台湾以外にも当てはまるが、桑山が指摘したように、世界の人類学の「中心」は英米仏の三国が占め、それ以外の国は「周辺」に追いやられている。これが「知の世界システム」である。その中で、周辺は中心の動きを常に注視しているが、逆に周辺の声はなかなか中心に届かない。また、周辺と周辺の間にはあまり接点がない。知識生産のうえで、中心と周辺には力の不均衡が存在するのである。そのため、イギリス・アメリカ・フランス以外の場所は、人類学の研究教育が行われるホームではなく、調査が行われるフィールドとして扱われがちである。この傾向は上述の人類学の遠心的志向とも一致する。

私はこうした知識の構造に疑問をもち、ホームとフィールドの乖離が小さい日本に留学することを決めた。フィールドでの資料収集作業、つまりフィールドワークの時だけ先住民と接するのではなく、ホ

アイヌの木彫家・藤戸竹喜氏（1934-2018）らが制作した「ウレㇱパモシㇼ北海道イランカラㇷ゚テ像」。木彫り。2014年２月にJR札幌駅構内に設置された（2020年　撮影：袁嘉孜）

ームの大学にいる時も彼らと顔を突き合わせ、時には険悪になる可能性があることを承知で彼らと意見を交わし、人類学的先住民研究をするという強い意志が私にはあったのである。何よりも、台湾の学生時代に学んだ原住民とのつき合い方を、日本でのアイヌ研究でも活かすことができるだろうと思っていたし、そういう密かな自信が来日前の私にはあった。だが、それはただの過信に過ぎなかった。

北海道大学大学院での研究が始まって間もなく、私は、アイヌが置かれた現状を理解するにあたって、自己と他者を対置する図式に陥っていることに気づいた。台湾原住民族とアイヌを同一視するつもりはさらさらなかったが、ついつい「台湾の原住民族はこうなのに、なぜ日本のアイヌは…」と思ってしまい、台湾との比較で日本の状況を理解しようとする自分がいたのである。そして、世界でも先住民族政策がもっとも進んでいる国の一つと言われる台湾を基準にして、日本のアイヌ政策を「遅れている」とみなしたことがしばしばあった。

たしかに、多くの人が認めるように、日本のアイヌ政策とアイヌ研究はとても十分だとは言えない。事実、人類学が盛んな国や地域から訪れた研究者は、日本の博物館におけるアイヌ展示を見て、「伝統文化」に力点が置かれすぎていて、アイヌを過去に生きる「無垢な」人びととして描く傾向にあることを指摘する。世界の博物館を見渡すと、このような伝統文化重視の展示は「時代遅れ」で、現代に生きるアイヌの「同時代性」を見失ったものという批判は免れない。

今日、日本のアイヌ政策は古式舞踊・言語・工芸などの文化面に偏っており、世界的に論じられている先住民族の権利をめぐる問題や、近年、台湾で提唱された「移行期の正義」——原住民族に対する過去の人権侵害を補償したり名誉を回復したりして、民主化後の社会で正義を実現すること——などについては、一部の専門家や運動家を除いてほとんど議論されていない。アイヌ出身の政治家はもとより、研究者も数少ないのが現状である。しかし、だからといって、単純にアイヌと外国の先住民族を比較することはできない。むしろ、来日当時の私を含めて、なぜ多くの海外の研究者が日本のアイヌ政策や研究に対して同じような印象を抱くのか、そして判で押したように同じ批判をするのか、そのこと自体を問題視してみる必要があるのではないかと考えるようになった。

(二) 日本におけるアイヌの権利回復運動の起源と展開

一九五〇年代以降、マイノリティーの人権への関心が高まるにつれて、北米社会が先鞭をつけた先住民研究は世界各地に広がり、先住民の権利を保障するさまざまな法律が定められた。さらに、国連を中心とする先住民同士の国際的連携を通じて、先住民運動は国民国家の枠組みを越えるようになった。その結果、先住民は自分たちが置かれた国際的環境をよりよく理解し、権利回復のための戦略を練り、自らの主張を通すことができるようになったのである。こうした動きを踏まえて、アメリカ、カナダ、オーストラリア、ニュージーランドはもちろん、日本と台湾を含む世界各地で、先住民をめぐる議論が活発化している。

戦後の日本では、アイヌに対する差別が依然として横行し、同化政策の進行と共にアイヌは「滅びゆく民族」であると決めつけられていた。だが、一九七〇年代に入ると、アイヌ解放運動にも転機が訪れた。それは、一九六〇年代後半に起きた国内の学生運動の影響ばかりではなく、少数民族を含むマイノリティーの権利をめぐる国際的な運動の高まりとも連動していた。

人類学者にとって衝撃的だったのは、一九七二年、第二六回日本人類学会・日本民族学会連合大会で、シンポジウム「北方圏の人類学と民族学」が開催された際に、アイヌの活動家が壇上に駆け上がり、アイヌは和人研究者によって「研究と解剖の客体」として扱われてきたと主張して、演壇を占拠したことである（日本民族学会は日本文化人類学会の旧称である）。以降、「アイヌ研究は怖い」というイメージが研究者の間で根づいてしまい、今日でもアイヌ研究を専門とする人類学者はごく僅かである。学生に対してアイヌ研究を勧めない教員もいるほどである。

アイヌを含む先住民族の権利回復運動、特に遺骨や副葬品等の返還要求にもっとも関係が深いのは、同じ人類学的研究でも文化人類学ではなく、自然人類学や博物館学である。北海道大学を例にとれば、理学部や医学部および総合博物館などが相当する。ただ、こうした問題に関しては、アイヌ文化を研究してきた文化人類学者にも責任の一端はあり、過去の問題と真摯に向き合う必要がある。一九八〇年代以降、アイヌをめぐる諸問題に関する社会的関心が高まると共に、文化人類学者の間でも研究倫理や調査成果還元に関する議論が深まったのは、こうした動きを踏まえたものである。なお、日本における先住民運動は、国家権力への抵抗といった政治的な差別糾弾闘争にとどまらず、アイヌ文化の復興・保存・発信にまつわるさまざまな活動へと展開した。

(三)「色眼鏡」を外してみる

台湾では、原住民族と政府は積極的に話し合うものの、激しく対立することが多い。そうした戦闘的なイメージを原住民族に対して持っていたせいか、日本に留学する前の私は、先住民族とは一般に自らを国家のマジョリティーから切り離して、自己の存在を彼らに認めさせようとする集団だと思い込んでいた。そのため、来日当時、私は日本という近代国民国家で抑圧されたマイノリティーという観点から、先住民族としてのアイヌを研究しようと思っていた。

だが、調査研究が進むにつれて、日本では《アイヌ》対《和人》、《弱者》対《強者》、《先住民》対《植民者》というような二項対立的な枠組みでは、両者の関係は捉えきれないことを、「頭」ではなく「体」で理解するようになった。また、状況によって先住民のアイデンティティや自己表象は異なるという事実を念頭に置かなければ、パターン化した研究に陥る危険性もあることを理解するようになった。

現在、アイヌ研究を進めるにあたって私が注意しているのは、①世界の先住民に共通な特徴とアイヌ独自の特徴、すなわち普遍性と個別性の両方を捉えること、②他者は自己とは異なる存在であるというだけの理由で、他者を理解することは不可能だとする極端な相対主義の罠に陥らないこと、③研究者としての自分が身につけている「当たり前」を常に意識して、その自明性を疑い続けること、④これまでホーム（台湾と日本の大学）で教わった人類学の枠組みや、「先進諸国」で共有されている先住民に関する常識という「色眼鏡」をかけて、自分はアイヌを見ているのではないかという自戒の念をもつこと、である。

今日、人類学的営みは「学問的植民地主義」として先住民から攻撃されやすい。そればかりか、先住民出身の研究者や知識人の登場によって、彼らは自らの視点で自己表象する能力も身につけている。そのため、彼ら自身の解釈と外来の人類学者の解釈が衝突することも少なくない。双方向の研究が必要とされる時代になったのである。

外国人研究者の桎梏《しっこく》

従来、アイヌは和人の学者によって単なる研究対象として扱われてきたため――少なくとも多くのアイヌはそのように認識している――、今日でも両者は緊張関係にある。そうした関係の外にいる外国人の私にとって、オリエンタリズム批判やポストコロニアル論を援用しながら、日本におけるアイヌ研究の「負の遺産」を批判することはたやすい。だが、そのような批判にあっては、アイヌは和人の人類学者ひいては日本という国家による被抑圧者として位置づけられ、日本人の圧倒的多数を占める和人とは結局のところ区別される存在として扱われてしまう。

事実、少なからぬ外国人研究者がアイヌについて語る時、彼らは抑圧者としての和人を意識的にも無意識的にも批判しているが、それは一種の「ポリティカル・コレクトネス」であって、過剰なシンパシーを伴ったアイヌ支援のように見える。何事に対しても「無垢」で「美しい」という、いわば「高貴な野蛮人」として先住民を描く危険性がアイヌ研究には潜んでいることを常に意識して、私は研究を進めたいと思う。

台湾では、オーストロネシア語族の原住民族研究が進んでいる一方、アイヌ研究はまだ萌芽期にある。アイヌ研究を専門とする人類学者も非常に少ない。そうした中で、「書く者」としての私が研究目的でアイヌと接触し、「描かれる者」の立場にあるアイヌを調査して、その結果を台湾で中国語——現在の公用語としての「台湾華語」——という彼らにとっての外国語で発表した場合、読者つまり「読む者」としてのアイヌは不在である。その結果、あくまで台湾においての話だが、私はアイヌの代弁者になりかねない。それも自ら勝手に任じた代弁者である。この点には十分な注意と自覚が必要だと思っている。

ほとんどの欧米の人類学者とは違って、私はフィールドワークをするために日本にやって来たのではなく、むしろホームとしての日本で人類学を学びながら、研究のかたわらアイヌの住む日本、とりわけ北海道でフィールドワークを行っている。つまり、私にとって日本はホームであると同時にフィールドなのである。そうした両義性をもつ日本において、私は研究者と研究協力者の間に潜む力の不均衡だけではなく、ホームとフィールドという区別の背後に隠された力関係一般についても留意している。

終わりのない異文化理解

既に述べたように、台湾の東華大学原住民民族学部は、フィールドとホームが混在する場であった。そのような構成について、専門家の間で賛否両論はあるかもしれないが、かつてそこで学んだ一学生としての立場からすると、フィールドワークとしてではなく、志を同じくする学友として原住民の若者と接することができたのは、実に貴重な体験であった。

当時を振り返ると、三つのことが強く思い出される。第一は、大学の球技大会で汗を流しながらグラウンドを全力で走り回り、チーム一丸となって勝利を目指したことである。負けたこともあったが、体を張り合って頑張った分、私たちの関係は着実に深まっていった。第二は、時どき原住民の学生の家族から「ふるさとの味」が学生寮に届き、皆でそれを食べたことである。一例を挙げると、パイワン族にはチナヴ（*cinavu*）という豚のバラ肉と粟を混ぜて月桃の葉に包んで蒸した食べ物がある。本来はお祝いの日にだけ食卓に乗るご馳走だが、ある日、原住民の同期生の母親がつくったチナヴが、はるばる大学の学生寮にまで届けられたことがあった。大喜びの同期生はさっそくそれを炊飯器で温めて、私たちにお裾分けしてくれた。初めて食べたチナヴの美味しさもまた、彼らと身体レベルで共有した記憶であり、私はそれを今でも鮮明に覚えている。そして第三は、学年の壁を越えて先輩や後輩と一緒に飲み食いをしながら、多文化状況下の「台湾人」の将来像について、腹を割って話し合ったことである。とりわけ印象深かったのは、パイワン族の同期生に誘われて、山腹にある彼の村まで行き、そこで火を焚いて肉を焼き、酒を酌み交わしながら一晩を語り明かしたことであった。卒業後、同期生と会う機会はなかなかないが、再会の際にはこうした出来事が青春の一ページとして語られ、旧交を温めるのである。

私にはこのような体験があるためか、「先住民」や「原住民」という言葉を研究の場で聞いても、最初に浮かんでくるのは理論や学説ではなく、東華大学時代の友人の顔である。学問を目指している以上、専門知識が問われるのは当然だが、「もし彼らがこの場にいたら、どのような表情をして、何を言うだろうか」と自問自答しながら、研究を進めることにしている。

最後に、アイヌ研究についてひとこと触れておこう。この膨大な蓄積のある研究領域について、現在の私は何かを総括的に述べる立場にはない。また、そのような資格もないことは十分承知している。いくら日本に長期留学して、日本を学問上のホームとしているとはいえ、私は一介の外国人に過ぎず、将来的にはおそらく台湾に帰国する道を選ぶであろう。その意味で私は、ホームへの帰還を前提として一時的にフィールドに滞在するほとんどの人類学者と、結局のところ大差ないのかもしれない。

ただ、いつも念頭に置いているのは、人類学者の仕事は調査を終えて民族誌を完成させた時点で終わるわけではない、ということである。つまり、民族誌の完成はあくまで一つの段階における成果でしかない。異文化／異質の他者との身体レベルでの接触は、フィールドに足を踏み入れた瞬間に始まる。真の人類学者は、彼らとの絶え間ない対話を通じて、時には反発し合いながらも理解と共感の輪を広げ、お互いに他者を鏡として自己を省みるのである。それは無限に繰り返される作業であって、完成という状態には至らない。私はこれこそ異文化理解の真髄であると思う。

【読書案内】

王甫昌 二〇一四『族群――現代台湾のエスニック・イマジネーション』洪郁如・松葉隼（訳）、東方書店

台湾におけるエスニシティ研究の第一人者の代表作。アンダーソン『想像の共同体』の理論を台湾に援用して、国家内部における複数のエスニック・グループ（族群）の関係を分析した。現代台湾を理解するための必読書。

窪田幸子・野林厚志（編著）二〇〇九『「先住民」とはだれか』世界思想社

人類学的先住民研究の旗手たちが、今日の先住民問題をめぐるポリティックスを、理論と実際の両面から検討した論集。国際的言説、各国の政策、先住民の能動性という三つの側面から、先住民の在り方の多義性を論じた。

桑山敬己 二〇〇八『ネイティヴの人類学と民俗学――知の世界システムと日本』弘文堂

人類学という学問における力の不均衡に着目して、英米仏が中心を占める「知の世界システム」に周辺の日本が挑戦する可能性を論じた。「民族誌の三者構造」など、人類学を学び直すうえで基本的な概念や姿勢を提示。

北海道アイヌ・先住民研究センター（編）二〇一〇『アイヌ研究の現在と未来』北海道大学出版会

アイヌ研究者と当事者であるアイヌが共に参加したシンポジウム（北海道大学アイヌ・先住民研究センター主催）の記録集。従来のアイヌ研究の「負の歴史」に向き合い、新たな研究の在り方を総合的・学際的観点から提言した。

第13章　アイデンティティの複雑さ
――カタルーニャ人とスペイン人であること

ビエル・イゼルン・ウバク

二〇一七年一〇月二七日のカタルーニャ独立宣言と、それを契機に起きた政治危機は、世界中のメディアで取りあげられた。この出来事によって、カタルーニャの存在を初めて知った日本人が多かったと思われる。本章では、こうした出来事の歴史的経緯を踏まえたうえで、日本に行って初めて「スペイン人」となったカタルーニャ人の筆者が、個人的な体験に基づいて近代国家の矛盾を内と外の両方の観点から描く。特に、国家（state）とネーション（nation）の問題については、日本との比較で検討する。

自己紹介するのは困難である

一九九三年の夏、まだ私が中学生だった頃、日本から二人の兄妹《きょうだい》が私の家にホームステイにやって来た。最初は片言の英語でコミュニケーションをとっていたが、同世代ということもあり、次第に打ち解けて仲良くなった。その出来事が、私が日本について興味をもつ最初のきっかけとなった。日本の歴史・社会・文化・言語を学んでいくうちに、いつの日か日本に留学したいという希望を抱くようになった。二〇〇六年に長年の夢が叶い、北海道大学への留学が実現した。

だが、いざ日本で暮らし始めてみると、自分自身についてどのように紹介すべきか、ちょっとしたジレンマに陥ってしまった。「私はスペイン人です」と自己紹介すると、誰もが「フラメンコ」「闘牛」「情熱の国」を想像した。しかし、それらのイメージは、私とはあまり関係ないものである。そこで私は、「国籍はスペインですが、私自身はカタルーニャ人です」と自己紹介してみた。しかし、これを聞いた日本人の大半は、「カタルーニャ?」と言って首を傾げるだけだった。文化的に統一された国に生まれ育った日本人には、スペインとカタルーニャの複雑な関係を理解しがたいのだろうと思った。そのため、私はカタルーニャについて歴史も踏まえながら説明を加えざるを得なかったのである。試行錯誤を繰り返した結果、「私はバルセロナから来ました」とだけ挨拶することに決めた。なぜなら、「バルセロナ」と言えば、大抵の日本人はテレビによく登場する「サグラダファミリア大聖堂」をすぐに思い浮かべるからである。サグラダファミリアの設計者はアントニ・ガウディ（Antoni Gaudí）で、彼は私と同じカタルーニャ人である。

「何カ国語を話せますか?」と聞かれた時も、その返事は簡単ではなかった。スペインから来たのだから、スペイン語を話せるのは当たり前だが、カタルーニャ語の存在を知っている日本人は非常に少な

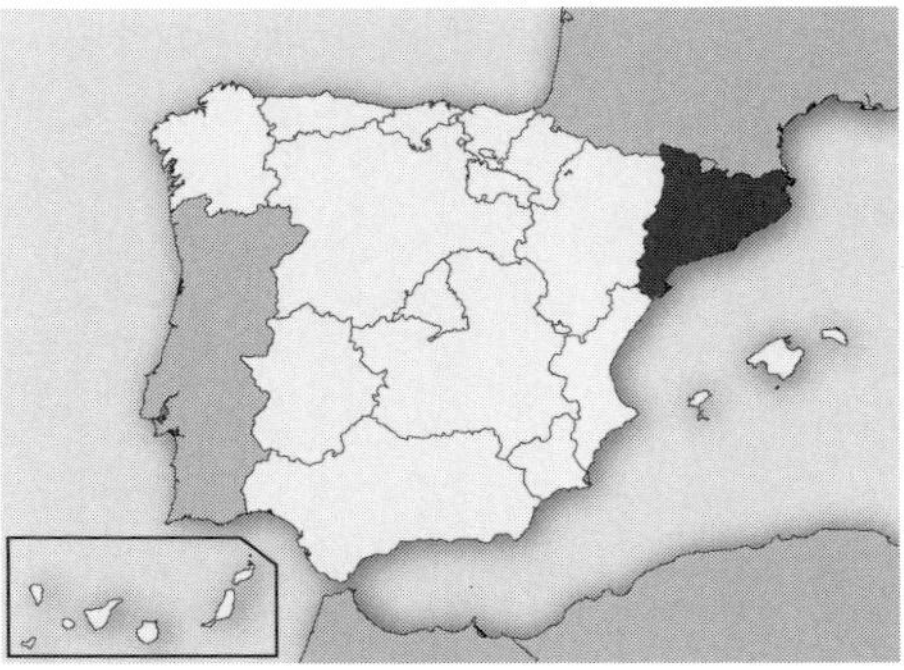

図１　スペインにおけるカタルーニャ州の位置（右上）（出典：Mutxamel, subido por Rastrojo（D・ES）File: Localización de Cataluña. svg　ウィキメディア・コモンズ（Wikimedia Commons）https://commons.wikimedia.org/wiki/File: Localizaci%C3%B3n_de_Catalu%C3%B1a.svg?uselang=ja）

かった。そこで、「スペイン語は私の母国語ですが、母語はカタルーニャ語です」と説明しなければならなかった。そうすると、即座に「方言みたいなものですか？」とよく聞かれた。私は、カタルーニャ語は方言ではなく、独自の言葉であることを一生懸命に説明した。スペイン語とカタルーニャ語は、両方ともラテン系の言葉なので、似ているところはあるが別の言語である。カタルーニャ地方の町では、教科書・新聞・本などの多くがカタルーニャ語で書かれているし、カタルーニャ語で放送するテレビやラジオもある。それを聞いたほとんどの日本人は、驚きの表情を見せた。スペインが多言語国家であるとは、思いもよらなかったのだろう。

スペインでは複数の言葉が話されているため、「スペイン語」という概念自体が問題視されている。事実、スペインの憲法では、「スペイン語」という表現を使わず、「カスティーリャ語」すなわち「旧カスティーリャ王国の言語」を使用している。

いずれにせよ、日本に来てからの私は、カタルーニャ人としての自分のアイデンティティを伝えることに、大きな困難を覚えた。そして、「国」という枠にはまらない人びとにとって、国際的にその存在が認められることは難しいのだと、改めて実感せざるを得なかった。

カタルーニャの起源

ここでカタルーニャの起源について説明しておこう。

現在、カタルーニャ州はスペインにある一七自治州の一つで、スペイン北東部に位置し、地中海に面してフランスとも隣接している。カタルーニャ州の州都はバルセロナである。

古代、カタルーニャの領土はローマ帝国の一部であり、公用語はラテン語だった。ローマ帝国が崩壊した紀元後五世紀に、ゲルマン系の西ゴード族がイベリア半島に侵入し、この地域を支配した。しかし、七一三年にイスラム軍によって南方からイベリア半島の征服が始まった。同軍は九世紀初頭にはピレネー山脈を超え、現在フランス領土であるポワティエまで北進した。だが、フランク大国軍はイスラム軍を撃退して、バルセロナ市の南方にまで後退させた。フランク大国はイスラム帝国との国境を守るために、イベリア辺境領を設けた。イベリア辺境領はフランク大国に臣従を誓ったいくつかの伯領から構成されていた。バルセロナ伯領は次第に他の諸伯領を吸収し、カタルーニャ領土はバルセロナ伯の権力下に置かれた。しかし、九八八年にイスラム軍がバルセロナを攻めた際、フランク大国は援軍を送らなかった。これをきっかけに、バルセロナ伯はフランク大国との関係を断ち切った。これが独立した政治的単位としてのカタルーニャの起源とされている。

一一五〇年、アラゴン王国のペトロニーラ女王とバルセロナ伯ラモン・バランゲー四世によって、アラゴン＝カタルーニャ連合王国が生まれ、歴代のバルセロナ伯はアラゴン王位を兼ねた。合併したにもかかわらず、アラゴンとカタルーニャは独自の言語や政治機関を共に持ち続けた。強大な軍事力を誇ったカタルーニャ＝アラゴン連合王国は、バレアレス諸島、バレンシア王国、フランス南部地方のルシヨンなどを征服し、それらの地にカタルーニャ人は移住するようになった。そのため、カタルーニャ州以外でカタルーニャ語が話されている地域が、現在でも存在している。

一四六九年、アラゴン王子フェルナンドとカスティーリャ王女イサベルの婚姻によって、アラゴン＝カタルーニャ連合王国とカスティーリャ王国が統一され、スペインの起源となった。しかし、それぞれの領域の法制度や政治的機関は、そのまま維持された。

一七〇〇年、アラゴンとカスティーリャの王であったカルロス二世が子に恵まれないまま死亡すると、二人の王位継承権者が地位を求めて争って戦争が起きた。カスティーリャは中央集権的・権威主義的であったフランスのフェリペ五世を支持したが、アラゴンとカタルーニャは、各地域の法制度や政治制度を守ると誓ったオーストリアのカール大公を支持して戦った。

一七一四年九月一一日にバルセロナが陥落すると、アラゴンとカタルーニャはスペイン軍占領下に置かれた。この日、カタルーニャは政治的な独立を失ったとされている。戦争に勝利したフェリペ五世は、アラゴン・バレンシア・カタルーニャの自治政府を廃止し、公の場でカタルーニャ語の使用を禁じた。

さらに、一七一四年以降、カタルーニャの文化や言語は、絶対王政やミゲル・プリモ・デ・リベラ（Miguel Primo de Rivera）とフランシスコ・フランコ（Francisco Franco）による独裁政権下で、迫害を余儀なくされた。

スペインにおける権威主義的な政権は二〇世紀まで続いた。その間、短期間ではあるがリベラリズムを貫いた政権もあり、一九世紀半ばには、カタルーニャ語とカタルーニャ文化（建築、美術）の復興運動であるルネサンスが興った。世界的に知られている建築家ガウディなどによるモデルニスモ（近代主義）建築も、このカタルーニャ文化復興運動と関連している。

二〇世紀に入ると、プリモ・デ・リベラ軍事独裁政権が終わりを迎え、一九三一年にはスペイン共和国が成立し、スペインは民主主義国家となった。翌年一九三二年にカタルーニャの自治憲章が承認されたことによって、その自治権が認められ、カタルーニャ議会が開始された。この時点で、カタルーニャの教育制度が改革され、カタルーニャ語も教育言語として導入された。

しかし、この体制は長くは続かず、一九三六年にフランコ軍は共和国政府に対して反乱を起こし、スペイン内戦が勃発した。フランコ側はナチスのドイツと、ムッソリーニが率いるイタリアの支援で勝利を収めた。その結果、共和国政府側についたカタルーニャは、フランコ体制下で言語や文化に対する厳しい弾圧を受けた。カタルーニャ自治政府は即座に廃止され、当時、州首相であったリュイス・クンパニィス（Lluís Companys）は銃殺された。クンパニィスは、ヨーロッパにおいて民主的な選挙で選ばれた首相でありながら処刑された唯一の人物である。

私の世代は内戦や独裁制度を直接味わったことがなかったが、それを直接体験した祖父母や両親から当時の話を聞きながら育った。現在でも内戦で戦った祖父母時代の人は少なくないし、戦後に生まれた親の世代は貧困と抑圧的な政権を誰もが経験していた。

実は、私の父方の祖父は共和国政府側で戦い、フランコ側の捕虜になった。終戦後、彼は強制収容所に送られ、七年間強制労働を強いられた。収容所に入れられた者は外部との接触を堅く禁じられていたため、その七年間、祖父の家族は彼が戦死したと思い込んでいた。祖父は生きて戻ったものの、あまりにも辛く悲しい強制収容所での経験を、いっさい語ることなく残りの人生を終えた。

フランコ政権は、強制的にカスティーリャをスペインの中心にして、国全体の文化・教育・言語・法律・政治などを統一しようとした。軍事政権によって、強硬な国家は築けたものの、ネーション（国民）を統一することに成功したとは言えない。国家とネーションの関係については後に述べる。

スペインの民主化と私

私は、フランコの死後（一九七五年）、スペインに民主的な憲法が制定された一九七八年にバルセロナ近郊で生まれた。スペインが立憲君主制国家として歩みだした、まさにその年である。両親は私に Biel（ビエル）と名づけてくれた。その名はカタルーニャ語であったが、特に問題なく身分登録された。両親や祖父母の時代には、カタルーニャ語での身分登録は禁じられていたため、スペイン語風の名前で登録

北海道大学大学院文学研究科（歴史文化論講座），夏のゼミ合宿での一コマ（右端が筆者）（2007年　撮影：桑山敬己）

せざるを得なかった。大きな変化が訪れたと言えよう。

同時に、一九七八年以降は、街の通りや広場の名前もカタルーニャ語に変わった。カスティーリャ文化や内戦の英雄にちなんだ建物や通りは姿を消し、カタルーニャの歴史的人物などに置き換えられた。

私はカタルーニャ語で教育を受けた初めての世代である。両親や祖父母は家でカタルーニャ語を話していたものの、学校で習ったことがなかったので、正しい書き方がわからなかった。彼らは学校の授業をスペイン語で受けたので、知的な会話に使われる語彙はスペイン語しか思い浮かばなかったという。私の親の世代がカタルーニャ語のスペルや文法を習ったのは大人になってからで、それも市役所などで行われた講座においてである。

私の家族は先祖代々カタルーニャ人である。幼い頃はいつも友達とカタルーニャ語で話していた。スペイン語は、テレビや映画を観て覚えたり、学校の授業で習ったりしたにすぎない。そのため、聞いて理解することはできても、二〇代になるまであまりスムーズに話せなかった。皮肉にも、私が生涯で一番スペイン語を話したのは、北海道大学大学院文学研究科に留学していた時である。当時、マドリードから法学部に留学していた学生と知り合いになり、彼女と話すにはスペイン語が必須だったのである！

一九九二年、私が一四歳の時、バルセロナ・オリンピックが開催された。その時のことを私は今でも感慨深く、かつ鮮明に覚えている。大会は主にカタルーニャ政府とバルセロナ市役所が中心になって行われた。とりわけ開会式と閉会式では、カタルーニャの文化や歴史にスポットライトが当てられた。もちろん、スペイン国内の他の地域も紹介されたが、カタルーニャが全世界に知られる大きなきっかけとなったのは、バルセロナ・オリンピックであったことは間違いない。大会期間中、私は友人とテレビにかじりついて、スペインのナショナル・チームを応援していた。カタルーニャ人として、カタルーニャがスペインの中で称賛され評価されたことを、少年ながらに実感して誇らしく思った。

スペインの中央集権化と国内の独立運動

上述のように、フランコの死後スペインは民主化を進め、一九七八年に憲法が制定された。一七の自治州（comunidad autónoma）が形成され、既に共和国制のもとで自治権を得ていたガリシア、バスク、カタルーニャは「歴史的自治州」として認められ、高いレベルの自治権を得た。

憲法には国の専管事項が列挙され、自治州はこれらの事項に関して法律を制定することはできないとされている。しかし、国の専管事項であっても、場合によっては権限を自治州に移譲することも可能である。たとえば、教育に関する権限が各自治州に移譲されたことや、バスク自治州とカタルーニャ自治州に警察が移管されたことは特筆に値する。こうした権限移譲が実現するには、各自治州と中央政府との交渉に基づいて、まずスペイン国会で各自治州の憲章が承認されなければならない。

スペインが「自治州国家」と称されるのは、こうした独自の地方自治制度があるからである。この制度のもとでは、当初、中央政府が大きな権限を握っていても、段階的に権限を自治州に移譲していくことが可能である。ただ、中央政府と各自治州の権力関係は曖昧なだけに、政治的問題が起こりやすい。両者の間に係争が生じた場合、それを解決するのは憲法裁判所の役割である。しかし、憲法裁判所の裁判官は中央政府と中央議会によって任命されるため、司法権の独立という建前は意味をなさないという批判がある。そのうえ、スペインの自治州国家の制度では、中央政府は自治州の同意がなくても、州の自治の範囲を増減できるとある。

二〇〇〇年のスペインの総選挙で、国民党（Partido Popular 略称 PP）は議会で絶対多数を得て、ホセ・マリア・アスーナル（José María Aznar）が権力を掌握した。アスーナル政権は中央集権化対策をとったため、これに危機感を覚えたカタルーニャ自治州政府は、二〇〇六年に新たな自治憲章を創案した。この草案はカタルーニャ州議会で可決され、スペイン議会でも承認された。最終段階として住民投票が実施され、カタルーニャ州民の賛成を得て新自治憲章は制定された。

しかし、当時野党に追い込まれた国民党（PP）は、カタルーニャ州の新自治憲章には憲法違反の条項が含まれていると主張し、憲法裁判所に訴えた。二〇一〇年、憲法裁判所はいくつかの条項（全二七七条のうち一四条）を違憲と認め、それらを無効にする判決をくだした。新自治憲章の前文はカタルーニャを「ネーション」と位置付けていたが、それは「スペインというネーション（Nación española）のゆるぎない統一」を謳う憲法第二条に照らし合わせると問題があり、またカタルーニャ語をカタルーニャの優先的公用語とすることは許されない、等々と憲法裁判所は判断したのである。この判決は多くのカタルーニャ州民の怒りを買い、二〇一〇年七月、「私たちはネーションである。決めるのは私たちだ（Som una nació. Nosaltres decidim）」というスローガンのもと、一〇〇万人以上のカタルーニャ市民が立ち上がり、大規模なデモがバルセロナ市で行われた。カタルーニャ旗で埋め尽くされた映像は全世界に放映された。

私もデモに参加し、カタルーニャ議会、スペイン議会、州民投票と順を経て承認された新憲章を、憲法裁判所が無効としたことに対して異議を唱えた。デモに参加した大勢の市民は、その時初めて声高に「独立」を叫んだ。私も含めて、多くのカタルーニャ州民は、複数のネーションから成る連邦を可能にするはずの自治州制度が遠ざかっていくのを感じ、スペインという国家に対して懐疑的になっていった。

以降、カタルーニャ独立支持派は急激に増加して、一時は州民全体の五割弱を占めるようになった。二〇一二年から、毎年九月一一日の「カタルーニャの日」（Diada Nacional de Catalunya）には、バルセロナで「独立」や「独立の住民投票」を訴える大規模なデモが行われている。私も家族や友人と一緒に参加して、バルセロナの街を行進するが、これは穏便で明るい雰囲気の中で行われている。そして二〇

2010年７月10日　カタルーニャ自治抗議。Som una nació. Nosaltres decidim（私たちはネーションである。決めるのは私たちだ）の垂れ幕をもって行進するカタルーニャ州民（撮影：Agència Catalana de Notícies　ACN）

2017年９月11日　カタルーニャの日に独立を訴えるバルセロナでの大規模なデモ（撮影：Agència Catalana de Notícies ACN）

一五年、カタルーニャ自治州議会選挙で独立支持派は議席数の過半数を獲得し、独立住民投票を行うと宣言した。

時を遡って二〇一一年、スペインの総選挙で国民党（PP）は勝利し、マリアーノ・ラホイ（Mariano Rajoy）が首相に就任した（在職は二〇一八年六月まで）。ラホイ首相は中央集権政策をとり、カタルーニャの言語・教育・財政などに対する権限の縮小化を図った。さらに彼は、カタルーニャ自治州政府が求めた独立住民投票を、断固として拒否したのである。このようにして、カタルーニャ政府とスペイン中央政府は、政治的対立を深めていった。

その後もスペイン中央政府は独立住民投票を認めず、違法判決を盾にとってカタルーニャに警告を発し続けたが、二〇一七年一〇月一日、カタルーニャ州政府はついに投票に踏み切った。中央政府は対抗策として警察に投票箱や選挙用のビラを押収するように命じたものの、多くのカタルーニャ州民は個人的に動いて、投票所まで投票箱を運んだりビラを配ったりした。事態収拾のため、三〇〇〇人から四〇〇〇人の警官がスペイン全土から召集され、一部の報道によれば、投票所の前に並んでいた住民が無差別に警棒で殴られたという。九〇〇人あまりの住民が怪我をし、病院で治療を受けたとのことである。

私は家族や友人と共に、故郷のカネット・デ・マル（Canet de Mar）で投票に参加したが、警察による暴力沙汰がニュースで流されたため、次は自分たちの番ではないかと思い恐怖に駆られた。幸いにも警官はカネットには現れず、住民が負傷することはなかったが、近隣の町には多くの警官が押し寄せて、投票所や投票箱を守ろうとした市民を傷つけたようだ。こうした警察の暴力に対して、多くのカタルーニャ州民が怒りを覚えたことは言うまでもない。

スペイン中央政府の住民投票阻止対策により、多くの人びとは投票しなかった。だが投票率は四割を超え、そのうち賛成票は九割を上回った。住民投票の結果に基づいて、二〇一七年一〇月二七日、カタルーニャ自治州議会は「独立宣言」をしたが、宣言直後、カタルーニャ州はスペイン中央政府による直接統治下に置かれ、州首相のカルラス・プッチダモン（Carles Puigdemont）と閣僚は解任された。スペイン当局は彼らに逮捕状を出し、プッチダモンと一部の元閣僚は外国に逃亡した。何人かは裁判によってスペインの刑務所に囚われている。「独立宣言」はこのような結果をもたらしたが、二〇一七年一二月に行われたカタルーニャ州選挙で、独立派は議会の過半数を占めるに至った。

現在、カタルーニャ州は政治的に非常に混乱した状態にある。いわば「袋小路」に突き当たっており、将来的な見通しはなかなか立たず、突破口も当面見つかりそうにない。

カタルーニャ人というアイデンティティ

以上、スペインという国家とカタルーニャという自治州の関係について、私は自分自身の経験に基づいて主に独立派の立場から述べてきた。当然、それをどのように解釈するかは、各々の立場や観点によって大幅に異なる。日本社会では、特に若者は政治に対する関心が低いと聞いているが、カタルーニャでは政治意識が高く、多くの人びとが政治運動と関わり、一般市民の会話の中で「憲章」や「権限移譲」や「違憲」といった言葉が日常的に使われている。

ここでカタルーニャ人のアイデンティティについて述べると、政治状況によって大きく左右されることは言うまでもないが、決して統一されているわけではない。むしろ非常に複雑で多様なのである。二〇一八年九月、カタルーニャ州政府の統計機関（ＣＥＯ）は、州民の帰属意識について次のような調査結果を発表した。

①スペイン人である（六・七パーセント）
②カタルーニャ人というよりスペイン人である（七・二パーセント）
③カタルーニャ人であると同時にスペイン人である（三六・四パーセント）
④スペイン人というよりカタルーニャ人である（三三・八パーセント）
⑤カタルーニャ人である（一五・九パーセント）

私の意識は④から⑤に位置する。カタルーニャに生まれ育った私が、カタルーニャ人というアイデンティティを捨てることはないし、スペイン人としてのアイデンティティは、私にとって「行政的」なことに過ぎない。だが、もしスペインがカタルーニャ州の自治権を承認し、その文化的・言語的な特殊性を尊重する国になるのであれば、私は「スペイン人」を名乗ってもよいと思っている。反対に、中央政府が自治州の権限を抑えて中央集権化をさらに進め、カスティーリャ文化を優先し続けるのなら、私およびびの多くのカタルーニャ人は、スペインに自分の居場所はないと感じるだろう。

もっとも、二〇一七年の統計によると、カタルーニャ州民の約三五パーセントは州外で生まれている。

彼らのアイデンティティは、州内に生まれ育った人のそれとは大きく異なるかもしれない。また、独立反対派を支持する人も多く、ある世論調査によると四〇パーセントを超えている。どの地域や国でも同じだろうが、アイデンティティは一筋縄ではいかない複雑な現象である。

国家とネーション

最後に、やや一般化して、国家（state）とネーション（nation）という観点から考察すると、スペインは強力な統治機関としての国家をつくりだすことには成功したが、そこに住む人びとが共有する集団意識に基づくネーションを生み出すことには失敗したのではないかと思う。

先に述べたように、スペインという国家は、フェルナンド王子とイサベル王女の結婚（一四六九年）に起源をたどるが、フェリペ五世の絶対王政下で中央集権化が進められ、イベリア半島に一つの大きな政治的単位がつくられた。他の多くのヨーロッパ諸国では、一つの国家に一つのネーションを理念とするネーション・ステート（nation state）が一九世紀に確立され、統一された文化・言語・歴史・象徴を通じて、領域内に住む人びとが集団意識を共有するようになった。しかし、同時代のスペインは崩壊寸前の帝国で、ネーションの形成に必要な全国的な教育さえ普及していなかった。むしろ、カタルーニャでは言語文化復興運動が起こり、カタルーニャ主義を掲げる政党が誕生するなど、カタルーニャ人が共有するカタルーニャ文化の基礎が築かれていったほどである。

つまり、スペインが国家として誕生した時から抱えている問題は、全国民が共有する集団意識をうまく醸成できなかったことにある。逆に、独自のアイデンティティをもっていた地方では各々の集団意識が拡散して、それが後の「カタルーニャ問題」や「バスク問題」へとつながっていったのである。今日、カタルーニャで独立が叫ばれるのは、多くの州民が独自のネーションであることを求めているからだが、ネーションの基盤には領土があるだけに、スペイン中央政府は国家の領土的分裂を恐れている。

日本語ではネーションは文脈によって「国民」と「民族」に訳し分けられているようだ。日本人という国民の中には、アイヌや朝鮮半島に出自をもつ人びとのように、多数民族の和人とは異なる少数民族も含まれている。だが、和人は数と力で他を凌駕しているため、《国民＝日本人》と《民族＝和人》の範疇はほぼ一致している。そのため、ネーションが「国民」を意味しようが「民族」を意味しようが、実態はあまり変わらないのである。少なくとも、多数派の眼にはそのように映ることであろう。

一方、スペインの場合はそうした範疇の一致がない。それゆえ、日本語の「民族」に相当するネーション（ひいては「国民」）としてのカタルーニャを主張する人びと、つまりカタルーニャ主義者（カタルーニャ・ナショナリスト）にとって、憲法が謳う「スペインというネーション（Nación española）のゆるぎない統一」という理念には、異論反論があるのである。当然、中央政府からすれば、カタルーニャ主義は抑圧の対象となる。

私の日本滞在の経験からすると、こうしたネーションにまつわる議論を、日本人が直感的に理解するのは難しいようだ。しかし、明治以降の近代化や中央集権化の過程を振り返ってみれば、独自の文化や言語を踏みにじられた民族や地域の人びとがいたわけで、本章で論じた問題は日本人にとっても決して無関係ではないことがわかるであろう。

【読書案内】

アンダーソン、ベネディクト　二〇〇七『定本　想像の共同体――ナショナリズムの起源と流行』白石隆・白石さや（訳）、書籍工房早山

近代ナショナリズム研究の古典。国民国家は近代の産物であり、国民の大多数はお互いに接点がないにもかかわらず、同一の共同体に所属していると信じている。その点でネーションは「想像の共同体」であると説いた。

奥野良知　二〇一五「カタルーニャにおける独立志向の高まりとその要因」、『愛知県立大学外国語学部紀要』第四七号、一二九‐一六六頁

カタルーニャでの独立運動の要因は単に経済的なものではない。その背景にはスペインに独特な地方自治制度や、近年の中央政府の言動に対するカタルーニャ人の不信がある。本論文はそうした複合的要因を分析した。

立石博高・中塚次郎（編著）　二〇〇二『スペインにおける国家と地域――ナショナリズムの相克』国際書院

カタルーニャ、バスク、ガリシア、アンダルシアを対象に、各々の歴史的形成の過程を地域・民族・地域主義・ナショナリズム・言語といった観点から論じた。今日のスペインを概観する格好の書。

立石博高　二〇二〇『歴史のなかのカタルーニャ――史実化していく「神話」の背景』山川出版社

二〇一七年一〇月、カタルーニャ独立運動は独立宣言するに至った。本書はその要因を国民国家という「神話」に求め、カタルーニャを通じて国民国家そのものの概念を再考した。

第Ⅲ部　もう一つの日本

第14章　「無知」から「愛着」へ
——北海道朝鮮初中高級学校「ウリハッキョ」でエスノグラフィーした僕

川内悠平

在日朝鮮人の友人との出会いを通じて、自分の「無知」や「偏見」を感じ、「彼らにとっての朝鮮学校とは？」という問いに導かれた筆者は、「他者への恐怖」を感じながら朝鮮学校という現場に入った。その後、「在日朝鮮人」内の多様性が明らかになる中で、実は「日本人」についても考えることにもなった。そして、「愛着」さえ感じるようになった「現場」に対して、いったい自分は何ができるのかという葛藤を抱えながらエスノグラフィーを書いた。それから一〇年後、いまも筆者は朝鮮学校という「現場」にいる。本章で語るのは、そうした筆者の心の内である。

ある出会い

二〇〇六年、大学三年の秋。僕は初めて札幌市清田区平岡にある「北海道朝鮮初中高級学校」を訪れた。といっても、直接の目的は朝鮮学校ではなかった。当時僕がサッカーのコーチとしてお手伝いを始めていたサッカークラブ「NPO法人サッポロボーイズ」が、朝鮮学校を会場として利用していたため、「サッカーコーチをするために」朝鮮学校を訪れたのだった。そのクラブでは、日本人でただ一人の朝鮮学校教員（二〇〇六年当時）、藤代隆介先生も指導をしており、接点を持つことになった。僕はサッカーコーチとして偶然、朝鮮学校を訪れ、藤代先生に出会った。

その年の暮れ、東京都小平市にある朝鮮大学校の卒業を間近に控え、「NPO法人サッポロボーイズ」で働くことが決まっていた一人の朝鮮学校卒業生と出会う。同い年であり出身地も隣町（しかも小学生の時にサッカーの試合で対戦していた！）という彼に、僕は以下のような今考えればあまりにも無知で無邪気な質問を投げかけた。

「日本語、喋れるの？」。

彼はそんな質問にも、表情を変えることなくこう答えた。

「俺たちは日本で生まれ育ったから、『日本人』と同じように基本は日本語だよ」

さらには、

「『朝鮮』って、北？　南？」

「『北朝鮮』っていう国はないんだよね。それは日本が勝手に呼んでるだけで、『朝鮮民主主義人民共和国』が正式名称。俺たちは『朝鮮』とか『共和国』って呼んでるよ」

同じ日本に住み、年齢も出身地もほぼ同じ、違うのは僕が「日本人」で、彼が「在日朝鮮人」であるということだけなのに、僕は彼を取り巻く背景や、彼の過ごした学校、すでに接点をもっていた「朝鮮学校」とは、どんな人びとが通っているのか、どんな歴史があり、現在どうなっているのかについて、まるで知らなかった、恥ずかしいほどに。むしろ、「北朝鮮報道」の中で、「北朝鮮」に対する偏見すら持っていたのだ。

「知らなければならない」と思った。

僕の何かが、動き始めた。

うまれた「問い」

大学院に進学することに決めていた僕は、「在日朝鮮人と呼ばれる人びとは、どんな人たちなんだろう？」「朝鮮学校って、どういうところなんだろう？」という問い（同時に、無知な過去の自分）に向き合うことに決めた。

「在日コリアン」（日本に住んでいる、朝鮮半島にルーツを持つ人びと）の歴史を含めて、非常に膨大な研

朝鮮学校の教室で授業を受ける筆者（2009年　撮影）

究の数々を学んでいく中で、朝鮮学校に関わる「在日コリアン」の数は少数であり、日本学校に通う「在日コリアン」の数のほうが圧倒的に多いことを知った（もしかしたら、同じクラスの隣の子が、そうだったかもしれないのだ）。日本社会で生きていくうえでは、不利な条件が課せられることが多い朝鮮学校が敬遠される傾向が強まっている現実があることもわかってきた。

　けれどそれでも、朝鮮学校に通う子どもがいる。教員たち、親や卒業生など、朝鮮学校に関わるたくさんの人がいるのと同時に、たくさんの人が集まってくる場所でもある。そして、「ウリハッキョ」（朝鮮語で「ウリ」は「私たち（の）」、「ハッキョ」は「学校」の意。朝鮮学校に関わる人たちは皆、朝鮮学校のことをこう呼ぶ）に生きる彼ら／彼女らの姿に、胸を打たれる多くの人びとがいるのもまた、現実である。

　韓国の映画監督、金明俊が北海道朝鮮学校を舞台に撮影したドキュメンタリー映画『ウリハッキョ』で描かれる学生たちの姿は、観た人を感動させる。また、年に一回開催される「日朝友好促進交換授業」というイベントでは、日本の学校教員をはじめとしたたくさんの日本人も参加し、学生たちの姿に感心し、「元気をもらった」という感想が後を絶たない。

このような現実を、どうやって説明すればいいのだろうか。朝鮮学校という現場に少しずつ参加し、知っていく中で、「朝鮮学校は、在日朝鮮人の人びとにとって、どのような意味を持つ場所なのか？」という問いに導かれることになった。この問いを、朝鮮学校という「現場」で明らかにしていくことが、僕の第一の目的になった。

いざ、現場へ

大学院に進学後すぐに、指導教員の手助けもあり、前述の映画『ウリハッキョ』の上映会を札幌で開催した。この上映会のために組織した実行委員会は、朝鮮学校の学生、教員、卒業生、他大学の学生や留学生など、さまざまな背景をもつ人びとで構成されており、僕にとっては朝鮮学校の現役の学生や教員の人びとと初めて深く関わり、共に何かを成す機会となった。

上映会のあと、この実行委員会に参加してくれた朝鮮学校の先生を経由し、朝鮮学校の授業に実際に参加させてもらうことができた。まずは「編入班」というクラスに、週に一回ずつ、半年間通った。「編入班」は、日本学校から朝鮮学校に「編入」してきた学生が、「ウリマル（朝鮮語）」の遅れを取り戻

編入班の教室の後ろの壁（2008年　筆者撮影）

高級部 3 年の英語の授業（2009年　筆者撮影）

すための特別授業が行われるクラスであり、僕自身も朝鮮語を少しずつ学ぶ機会となった。

その半年後には、高級部二年生のクラスに週一回入り、始業から終業まで一日の授業すべてを受けさせてもらった。朝鮮学校の学生と同様に登校し、出席の返事をし、授業を受け、食堂で給食を食べ（キムチは毎日、ホルモンスープがでたことも。給食とは思えぬクオリティの高さ！）、時には眠たい目をこすりながら、夕方まで学校で過ごした。朝鮮学校内での日常は、授業はもちろん、学生同士の会話も基本的にはすべて朝鮮語で行われている。朝鮮語、ハングル文字があふれる中で、言葉や文字が理解できない場面も多々あったが、前後の文脈や雰囲気で推測しながら、話を聞いた。まさに日本の学校から「編入」し、だんだん「朝鮮学生」になっていく過程を経験している気がした。

その他、日朝友好促進交換授業や学芸会などのイベント、炭鉱で犠牲になった朝鮮人慰霊碑への訪問など、朝鮮学校の学生と同じようにいろいろな行事にも参加させてもらった。学生たちと一緒に過ごしながら、先行研究や文献、あるいはメディア報道だけではわからない「朝鮮学校の日常」を肌で感じることができた。教員や保護者には、インタビュー形式でたくさんのことを教えてもらった。

「現場」と「研究」の狭間で

正直言って、初めは朝鮮学校に入っていくことは非常に勇気がいることだった。なぜなら、僕が「日本人」だからだ。植民地支配、強制連行からは「加害者である日本人」、拉致問題においては「被害者である日本人」、さらには「北朝鮮」報道では「日本に脅威となる北朝鮮の人」が強く意識され、僕にとって朝鮮学校の人びとは完全なる「他者」であったし、きっと朝鮮学校の人びとにとってもそうだろうと思った。「日本人である僕のことを、どう思っているんだろう?」というある種の「恐怖心」のようなものが心のどこかにあった。

だが、もちろん何かしら考えるところはあったと思うが、朝鮮学校の先生たち、学生たちは、こちらが恐縮してしまうほどに、本当に温かく接してくれた。週に一度、途中で期間があいたこともあったが、約一年間朝鮮学校に通った。「あ、川内さん!」と親しんでくれる学生たち、笑顔で迎え入れてくれる先生たちと、一緒に机を並べ、食事を共にし、時間を共有することができて、朝鮮学校は愛すべき場所になった。授業への参加が最後になった時、寂しさがこみあげた。僕が抱いていたのと同じような疑問をもつ、無知で無関心な人びとあるいは偏見すらもっている人びとに対し、朝鮮学校の現実、そこに生きる人びとの生き生きとした生の姿を伝えたい、伝えなければ!という思いも抱くようになった。

だが、朝鮮学校がそのような存在になればなるほど、別の葛藤も出てきた。「自分は何のために論文を書くのだろう?」ということである。修士論文を書くうえで、朝鮮学校に行くことは「調査に行くこと」であるが、朝鮮学校は「研究対象」である、とは簡単に割り切れなくなったのだ。「朝鮮学校に恩返しするために、ディテールにこだわって論文を書いて、朝鮮学校のことをたくさんの人に伝えられるものにしたい」との思いで研究を進めたが、当初は「分析する」ことすらなんだか疑問で、「朝鮮学校の報告」にしかならなかった。大学院における発表では、「それは朝鮮学校の声を代弁しているだけだ」

という批判も受けた。さらに、日本社会では「マジョリティ」の日本人である僕が、「マイノリティ」である朝鮮学校の人びとを「助けたい」と思うこと自体、「やってあげる」「やってもらう」という上下関係が温存されてしまうのではないか、僕は朝鮮学校とそこに生きる人びとを「利用」し、自己満足に浸っているだけではないのか、という自己嫌悪にも似た感情を抱いた。そもそも人類学の枠組みで考えても、「マジョリティ」が「マイノリティ」を描く場合、特にJ・クリフォードとG・マーカスの『文化を書く』（原著一九八六年）以降の人類学で批判されてきたように、「エスノグラフィー」を書くこと自体が「マジョリティ」と「マイノリティ」の関係を温存していることになる。

どのような立場で、何を書くのか。朝鮮学校に対する感情、方法論、共に行き詰まりを感じた。だが、その行き詰まりから抜け出すきっかけになったのも、やはり「朝鮮学校」という「現場」であった。僕が非常に勇気をもらったのが、僕が「日本人」として朝鮮学校の人びとと関わることによって、「日本人に対する見方が少し変わった」と言われたことや、「朝鮮学校の教育の中でも、日本人と接することは大事だから」という言葉である。これは、僕が中立的な透明人間ではなく、もちろん良くないこともあったと思うが、何かしらを残すことができたのではないかということである。つまり、「マジョリティ」が「マイノリティ」から一方通行的に「学ぶ」あるいは「マイノリティ」を「支える」というのではなく、その「現場」に共に存在して影響しあって、何かが生まれたということを意味するのではないだろうか。

「朝鮮学校という『現場』を、知らない人に伝える」というエスノグラファーの責務を果たすと共に、朝鮮学校の人びとにとっても何かを示唆できるものにしたい。書いた論文が一つの「リアリティ」となって、現在進行形の現場に戻っていけること。それを目指すことが、僕が感じた行き詰まりへの一つの答えである。その答えを胸に、現場に通い続け、論文を書いた。そして、出来上がった論文は、僕の卒業後、「現場」である北海道朝鮮学校の授業の中で取りあげてくれたそうだ。

「他者」を考えながら、「自分」を「逆さ読み」する

「在日朝鮮人と呼ばれる人びとは、どんな人たちなんだろう?」

「朝鮮学校って、どういうところなんだろう?」

「なぜ朝鮮学校に通うのだろう?」


朝鮮学校という現場、先行研究やさまざまな文献を行き来しながら、自分なりの答えを見出していった。在日「朝鮮人」とはいえ、現在では在日三世、四世…となり、日本で生まれ育って、日本で生きていくことが大前提となっている。朝鮮学校に通っていても、国籍は日本の子もいる。そんな中で、「ウリマル(朝鮮語)」を覚えていくこと、歴史を学んでいくことなど、さまざまな経験をしながら「朝鮮人」であることを意識していく過程があった。その過程で重要な役割を占めているのが朝鮮学校での教育である。また、皆が集まれる拠点として、「朝鮮人」としての共同体意識をもつ中心となっているのも朝鮮学校である。日本社会の中で、日本人とは違う「他者」としての在日朝鮮人、朝鮮学校について

考えている中で、ハッとさせられたことがある。「日本人として朝鮮学校で働く教員」藤代先生にインタビューした時のことである。

「朝鮮学校にきて、いろいろ経験していくうちに、いろんなことが劇的に変わっていったんだよね。自分の考え方が変われた。三六〇度、ほんとに三六〇度だよ。景色が三六〇度変わった」

この「三六〇度変わった」という言葉の意味の一つは、日本社会の見方である。つまり「朝鮮学校から見た日本社会は、まったく違ったように見えた」ということだ。そして、朝鮮学校が実際に受けている偏見や差別を語ったあと、藤代先生はこう付け加えた。「このような状況が、我々日本人にとっても良いはずがないですよね」と。

僕自身にとっても耳の痛い話であった。偏見、無知、無関心…もしかしたら、現在の日本の社会ではこのような状況が「普通」になってしまっているかもしれない。

僕は朝鮮学校と出会った。出会ったことで、「朝鮮学校って?」と関心を持った。大学院で修士論文を書くまでに、朝鮮学校を初めて訪れてから三年以上がたっていた。その一つの集大成として、「在日朝鮮人にとっての朝鮮学校」を明らかにするために、論文に向き合った。

しかし、その過程で気づいたことがある。「在日朝鮮人にとっての朝鮮学校」を考えるのと表裏一体で、「日本人にとっての朝鮮学校」を考えていることだ。桑山敬己は『ネイティヴの人類学と民俗学――知の世界システムと日本』(弘文堂、二〇〇八年)の中で、アメリカにおける日本研究の金字塔、ベネディクトの『菊と刀』(原著一九四六年)について、日米の文化的前提を比較しながら「民族誌の逆さ読み」または「逆民族誌」と呼ぶことを提唱した。すなわち、アメリカ人が、自国とは異なる日本人の文化を描くことによって、同時にアメリカ人の特有性が浮かび上がってくる、ということである。

これを参考にすると、「在日朝鮮人にとっての朝鮮学校」を考えることは、「日本人にとっての朝鮮学校」を考えることにつながり、いわば「朝鮮学校の逆さ読み」という構造がみえてくる。

「朝鮮学校がなぜあるのか」を考える際には、戦前日本の植民地政策をふりかえることになる。同時に、戦後の日本が外国人学校の教育に対してどのようなスタンスをとっているのかを考えることになる。「朝鮮学校になされた処遇」を見れば、日本の法制度がわかる。「北朝鮮バッシングとチマチョゴリ切り裂き事件」を見れば、日本のメディアの恣意性も見えてくる。朝鮮学校の教育を見ると、日本の受験重視、「知識偏重」の教育が浮き彫りになる。そして、「朝鮮学校のことを知らない」ことを知れば、日本の歴史教育に疑問が生まれる。また、たとえば日朝友好促進交換授業において、日本学校の教員が「朝鮮学校の教育は人間的で素晴らしい」と言った時、その裏には、「それに比べて日本の学校は…」といった比較がある。そして、朝鮮学校の存在があることで、朝鮮学校の歴史を知ることで、日本学校の教育では無関心だった、隠されていた事実を知ることになる。今まで何となく良いと思って生きてきたこの日本の社会は、本当に問題がないのだろうか、これで良いのか、本当に大切なものは何なのか…と、立ち止まり、考えさせてくれる存在として、朝鮮学校があるとも言えるのではないか。その意味では、朝鮮学校は日本人である我々にとっても、「ウリハッキョ（私たちの学校）」と呼べる存在となりうるとさえ、思えた。

「現場」に入っていったからこそ、感じたこと

僕が出発点においた「朝鮮学校は、在日朝鮮人の人びとにとって、どのような意味を持つ場所なのか」という問い。この「在日朝鮮人」という言い方は、学問的にも実生活でも、しばしば批判の対象となった。「本質主義的」（序論・六頁参照）ともとらえうる言い方であるし、そもそも国籍が「朝鮮」でない子も多数である。「在日朝鮮人」という表現ではそのような多様性を認めにくい。ただそれでも、「朝鮮学校は朝鮮人になる場所」である。それは、本質主義的でステレオタイプな「朝鮮人」アイデンティティを獲得するという意味ではない。朝鮮学校がもたらすのは、「ウリ（私たち）」という意識である。この「ウリ」意識が、「朝鮮人（チョソンサラム）」という意識と「まとまり」を支える。

その内容がどのようなものかにかかわらず、朝鮮学校には目指すべき「朝鮮人」像が今も昔もある。これは、「概念としての朝鮮人」と言える。「朝鮮人はこうあるべき」という公式的な枠組みであり、ステレオタイプな「朝鮮人」アイデンティティとも言い換えられる。学校教育はそれを目標として行われる。朝鮮学校での「民族教育」を受けることによって、「朝鮮人」になっていく。だが、それは「概念としての朝鮮人」がそのまま画一的なカテゴリーとして現れることを意味しない。そこには、実際に生きている「現実としての朝鮮人」がいるからである。朝鮮学校にある現実をよく見ていくと、「概念としての朝鮮人」だけでは説明できない多様な現実がある。個人によってさまざまな背景があり、さまざ

2007年アンニョンフェスタ会場の様子。朝鮮学校で開催され，在日同胞の人びとはもちろん，地域の人たちも集まるお祭り。販売されるキムチには毎回長蛇の列ができる（2007年　筆者撮影）

まな葛藤やせめぎあいがあり、さまざまな選択がある。それは「朝鮮学校の民族教育によって在日朝鮮人アイデンティティが獲得される」などと簡単に定義できるものではない。

また、そのような「現実としての朝鮮人」の変化や多様性によって、「概念としての朝鮮人」すなわち「目指されるべき朝鮮人」像も変化していく。それは、朝鮮学校が日本社会あるいはもっと広い外部の社会との交流の場となり、だんだんと「現実としての朝鮮人」の人びとが変化していくことからもわかる。逆に、学校目標も変化していくことから「目指されるべき朝鮮人」像も変化することで、朝鮮学校が社会との交流の場になるというベクトルもある。それらは同時に双方向的に起こることである。

だが、だからと言って、個人個人がバラバラになってしまい、「在日朝鮮人」という枠組が解体しているわけではない。多様な個人がいたとしても、朝鮮学校に関わる人びとは「まとまり」をもって「つながっている」。それは「ウリ」という意識によって、である。それをもたらすのは朝鮮学校である。

この「ウリ」意識による結びつきは、朝鮮学校創立当初一番に目指されていたものではなかった。民族教育は、朝鮮半島への帰国を前提として始まったからである。しかし、終戦後七〇年以上が過ぎ、在日四世、五世の時代になって、社会背景も変化し、朝鮮学校に関わる大多数の人びとにとっても、「日本に生きる朝鮮人」として生きることが前提となっている。日本社会の中でも「朝鮮人」として生きるために、多様化している中でも「朝鮮人」としてのつながりを維持し続けるために、一つの拠り所となっているのが、「ウリ」という意識であるといえるのではないだろうか。

それは、「在日朝鮮人」を本質主義的に画一的に見ていてもわからないものであり、朝鮮学校という現場で、肌で感じたからこそ、僕の目に浮かび上がってきたものである。

「研究」から一〇年、いまも「現場」で

二〇二〇年。僕が朝鮮学校を訪れるきっかけとなったサッカークラブ「サッポロボーイズ」が、北海道朝鮮学校の中級部・高級部のサッカー部と一緒にチームをつくってから九年目を迎えた。その背景として、朝鮮学校の学生数の減少により、朝鮮学校単独でサッカー部を維持することが難しくなってきたという事実ももちろん否めない。ただ一方で、朝鮮学校創立の時とは時代背景が移り変わり、「日本社

朝鮮学校グランドで練習する「子どもたち」
（2018年　筆者撮影）

会で生きていく朝鮮人」という新しい前提で教育が進められようとしている朝鮮学校にとっても、朝鮮学校だけで閉じられた世界だけではなく、日本社会にも開かれていく（同時に日本社会が開かれていく、という逆さ読みもできる）、新時代を象徴する画期的な取り組みであるとも言える。

いまも、朝鮮学校のグランドや体育館をホームとして、たくさんの子どもたちが日々サッカーの練習に励んでいる。日本学校の生徒が多数を占める中、朝鮮学校の子どもたちもチームの一員としてプレーし、教員もコーチとして指導している。子どもたちは自然に朝鮮読みの名前を呼びあい、日本語で会話をする。練習の最後には、「今日のコマッスンミダ」という取り組みがある。コマッスンミダは「ありがとうございました」「サンキュー」という意味で、今日一日の感謝の言葉を発表する。「後ろからたくさんサポートしてくれた〇〇くん、コマッスンミダ」など、日本人も朝鮮人も関係なく、この形式で発表する。この取り組みは朝鮮学校高級部のサッカー部がずっと続けていた取り組みである。その集大成が年度最後の卒団式であり、卒団生が卒団にあたってのスピーチを一人一人するのだが、高校生の気持ちのこもった熱いスピーチに、在日朝鮮人の子であっても、その素晴らしさに日本人の保護者が大きな拍手を送る。そこには「日本人」、「朝鮮人」という「他者」の関係は存在しない。共にサッカーをする仲間、応援すべき選手、愛すべき「子どもたち」である。僕が最初に持ってしまっていた偏見、先入観、恐怖心はそこにはない。もしかしたら最初は違和感があるかもしれないが、共に過ごす中で薄まっていく。それは僕がエスノグラファーとして朝鮮学校に入り、経験した過程そのものである、とも言えるかもしれない。

僕は、偶然の出会いをきっかけにして、無知な自分に疑問をもち、「もっと知りたい」「知らなければ」という思いに駆られ、朝鮮学校に通い、そこで「他者」と共に過ごし、向き合い、「自分」を見つめた。最初は「恐怖心」さえも抱いていた人びとに、「恩」や「愛着」を強く感じた。それは現在もなお続いている。エスノグラフィーという手法をとったからこそ、このような経験ができたのだと、思う。

僕は朝鮮学校という「現場」で、「子どもたち」と一緒に、これからもずっと、ボールを蹴り続けるだろう。

【読書案内】

小田博志　二〇一〇『エスノグラフィー入門――〈現場〉を質的研究する』春秋社

調査開始からレポート・論文の書き方や発表まで、実践的に解説した入門書。本書収録の「よみがえる朝鮮通信使——対馬をめぐる記憶の技法のエスノグラフィー」は、「現場エスノグラフィー」の好例である。

金明美（キム・ミョンミ）二〇〇九「多文化共生の実践に向けて——『在日コリアン』の子供の『民族』意識形成過程に関する事例分析の再考を中心に」、『文化人類学』第七四巻第一号、一七六‐一八九頁
日本生まれの在日コリアンの子どもは、どのようにして民族意識をもつのか、そして、その民族意識とはどのようなものかという問いに、福岡市と伊丹市の学校における生徒・保護者・教師の実態や語りを分析して答えた論文。

韓東賢（ハン・トンヒョン）二〇〇六『チマ・チョゴリ制服の民族誌——その誕生と朝鮮学校の女性たち』双風舎
なぜ伝統服チマ・チョゴリは日本の朝鮮学校の「制服」なのだろうか。本書は、在日朝鮮人社会で複雑に交差するナショナリズム、エスニシティ、ジェンダーを、女性の「着衣」という行為を通じて考察した一冊である。

第15章　身体の非対称性
——ひとりのダンス教師は異なる身体とどう向き合ってきたのか？

井上淳生

社交ダンスは、男女のペアによる身体接触を伴う踊りである。筆者は異文化としての社交ダンスの世界に、ダンス教室の教師という立場から関わってきた。異文化を日常とする生活の中で、筆者はいくつもの違和感を抱いてきた。それらは、人類学との出会いによって、断片的かつ一過性の感情から、自分とは異なる他者との対話の端緒に変わっていった。その過程で得た気づきの一つが、身体の非対称性、すなわち、互いに対称な身体は一つとしてない、という事実である。本章でつづるのは、筆者が身につけた、社交ダンスの世界で「あたりまえ」とされている踊り方や教え方を見つめ直す過程である。

異文化を日常にする

二六歳の秋、私は大学院の博士課程をやめて、ダンス教師になった。大学入学直後に社交ダンスと出会って以来、この世界に魅了され続けてきた私は、社交ダンス教師として身を立てていくことを決めたのだ。

社交ダンスとは、男女のペアによって踊られるダンスである。それは異性間の身体接触が前提とされた世界である。勝敗を競うスポーツの世界でもあり、作品を披露する芸術の世界でもある。そして、ダンス教師の私にとっては、教え、披露し、お相手をすることで生活の糧を得る世界でもある。

それまでは社交ダンスの「外」の世界が私の日常だった。「競技舞踏部」という、大学に入学したばかりの私にとっては聞きなれない名の部に入り、卒部後も競技会に出場し、ダンス教室やホールでのアルバイトを続けていたが、人生の軸足は社交ダンスの「外」にあった。

一日の限られた時間だけ、社交ダンスという異文化を体験し、それが終わったら日常に帰還する。これが、私と社交ダンスとの関係であった。しかし、この踊りの魅力、そして、この世界の提示する「成功物語」に心をつかまれた私は、それまでの関係を一新し、「内部」の人間として生きていくことを決意したのである。

在籍していた大学院の退学を決め、それまでお世話になった方々に進路変更の挨拶をしてまわる私の

パートナーと共に札幌市の競技会に出場する筆者（2006年）

胸は、新しい世界へ飛び出す高揚感でいっぱいになっていた。同時に、プロの競技選手として華々しくデビューし、数年後には北海道、そして日本を代表するような選手になって海外で活躍し、それに伴って教室に通ってくれる生徒を増やし、パートナーと結婚し、自分の教室を開き、一国一城の主となって若いスタッフを雇い…という人生行路を、頭の中で何度もなぞっていた。

「ダンスで食べていけるのか」。「一生続けるつもりなのか」。再考をうながす声は私の中では小さくなり、「こんな素敵な仕事ってないよ」「他の人にはできないよ」という自己肯定の声が、当時の私を心の深い所で支えていた。そして、心ある教師夫婦の導きにより、私は札幌市内の社交ダンス教室に勤務することとなった。

朝一〇時頃に起床し、シャワーを浴びる。身支度を終え、一一時頃に家を出る。自転車で教室へ向かう。玄関の鍵を開け、明かりをつける。電気ポットに水を入れ、コンセントにコードを差し込む。ＢＧＭの再生ボタンを押し、コーヒーメーカーのポットを温める。フロアにモップをかけた後、オーナー夫婦と自分の手帳を開き、来店予定の生徒を確認する。

来店する生徒と言葉を交わす。手をとり、言葉を尽くし、時に身体を密着させる。左の手のひらにのせた相手の右手を優しく包む。相手の背中に回した右手を繊細に動かし、こちらの意図を伝える。レッスンの対価として料金を頂く。

営業時間の終わる夜九時頃、照明をダウンライトに切り替える。練習着に着替えた後、ストレッチを入念に行い、昼間の仕事を終えてやってきたパートナーと共に練習を開始する。パートナーとは、競技会に向けてペアを組むことを約束した特定の相手のことである。目と目で意思を伝え合い、身体をぶつけ合いながら、互いの感覚をすり合わせていく。競技会で踊りきる体力をつけるために、数種目を連続で何度も何度も踊りこむ。日付が替わる頃に練習を切り上げる。クールダウン後に着替えをする。そして、深夜、帰路に着く。

これが私の日常になった。

ダンス教師の存在意義について考える

まるで乗り物に乗っているみたい。身体が勝手に動く。

それほど頻繁ではなかったが、このような感覚を味わうことがダンスをしていて確実にあった。自分がその動きの作り手であるにもかかわらず、まるで大きな力によって自動的に動かされているような感覚である。身体のどこか一部のみに負担を集中させているという感覚はいっさいなく、適度な緊張感が身体全体に分散されているような感覚。適温の湯船に浸かり、全身がリラックスしたような感覚。別の言い方をすれば、パートナーと自分の身体から少しはみ出たところに、身体の中心が新たに設定されているような感覚。

社交ダンスの踊り手は、この感覚の訪れを求めて踊り続けているのだと感じていた。しかし、充実した生活の中にあっても、いくつかの違和感が募るようになったのも事実である。たとえば、次のようなことがあった。

ある五〇代後半の女性は、家族から次のように言われたという。「フラメンコだったらいいんだけど、社交ダンスはちょっと…」。グループレッスンの始まる前の談笑での一言であった。

これに類する声を、私は何度か耳にした。「競技会に出ているんですけど、パートナーの夫には内緒なんです」という初老の男性。「きっと彼氏には理解してもらえない」という女子大学生。私に「あんた、あんな際どいかっこした女の人と密着して、よく正気でいられるね」と、冗談交じりに言う知人女性。

こうした言葉を聞くにつけ、私が生きていくと決意した社交ダンスの世界が、日本の中ではいまだに異文化であることを実感した。

現在の社交ダンスは、今から一〇〇年ほど前に日本に紹介されている。それより前の幕末にも、洋行帰りの貴族階級などを中心に、日本は男女ペアの踊りを経験しているが、庶民への普及が始まったのはもう少し後である。イギリスの教師協会発行の「教科書」を勉強した教師や愛好家たちが、普及の先陣になった。当時、「男女七歳にして席を同じうせず」の諺を引き合いに出して、社交ダンスと日本との親和性の低さを指摘したり、「日本人には盆踊りは受け入れられるが、男女ペアの社交ダンスは受け入れられない」というように、社交ダンスを「相容れない異文化」として強調したりする意見があった。社交ダンスとは「不良のするもの」というイメージが、社会全体に共有された時代もあったという。

現在、社交ダンスは、国際的なスポーツとして、高尚な芸術として、素敵な習い事として、高齢者福祉のメニューとして、初・中等教育の素材として、コミュニケーション能力養成ツールの一つとして、さまざまな「効用」をもとにその存在価値が強調されるようになっている。

このような時代にあって、今なお、上のような声が出てくる状況を、私は不思議に思った。ダンスをする、ただそれだけのことなのに、なぜ、いくつもの「大義名分」を世間に向かって公言しなければならないのか。各自の気分に合わせ、揺れ、身体を寄せ、踊ることのどこに問題があるのだろうか。今はまだ「過渡期」だからだろうか。今から後の時代には、上のような声は消えるのだろうか。男女間の身体接触は今よりもっと「あたりまえ」なものになるのだろうか。

私は、自分がその一部となった世界が、日本の中で歓迎されていないような気がして、少し寂しい気持ちになった。

しかし、当時の私にとって、男女間の身体接触が前提とされている事実は、とり立てて珍しいものではなくなっていた。大学在学中の四年間に在籍した部活での日々、そして、部活を引退した後も継続して社交ダンスに関わり続けてきたことが、私に男女間の身体接触を特別なものと見なさなくさせていたのだと思う。

むしろ、私が違和感をより募らせるようになったのは、「ダンスの踊り方をめぐる息苦しさ」であった。

今でも忘れられないことがある。教師生活を始めて二年が過ぎた頃、女性の生徒、江上さん（六〇歳代・仮名）が、同年代の友人の高橋さん（仮名）を教室に連れてやってきた。高橋さんは、小柄で、はきはきした受け答えをする男性だった。聞くと、高橋さんは「遊び」で踊りに行くことがあるという。札幌市内の繁華街（すすきの）にあるカラオケや生演奏の入るお店で、夜な夜な「我流」で踊っている。高橋さんはそう説明してくれた。江上さんは高橋さんにも社交ダンスを覚えさせ、一緒に踊りたいと考えているようだった。

江上さんと私は、マンボを教えることにした。マンボとは、男女が向かい合ってステップを踏む踊りであり、教室では初心者向けの定番種目となっていた。「クイック、クイック、スロー（Quick, quick, slow）」と言いながら、私と江上さんがステップを踏むのを、横で見て真似てもらうようにした。

始まってすぐ、高橋さんに教えることの難しさに直面した。すでに「踊れている」のだ。社交ダンスという形式ではなかったが、高橋さんは、すでに「踊れている」のだ。彼は、自分でリズムをとり、身体を揺らし、音楽を口ずさむようにして軽快に動いていた。

しかし、当時の私は江上さんと共に、高橋さんがこちらの指示通りに動けない（動かない）ことに苛立ちを募らせていた。タイミング通りに足を前や後ろに踏み出さないたびに、彼の動きを遮っては同じ説明を繰り返したものだった。

「あっ、そこは右ですよ」。「いや、そこは、もっとゆっくり。スローです」。こちらがそう言うたびに、高橋さんはつんのめって、こけそうになっていた。他にも、ルンバやワルツも試したが、高橋さんは社交ダンスとは異なる身体の使い方で「踊って」いた。

社交ダンスでは、床に対する足の接地の仕方や、部屋に対する角度、回転量、タイミング、身体の傾きなど、ステップごとに実に細かな規定が施されている。教師はそのすべてを生徒に教えるわけではないが、どのような生徒に対しても、このルールに基づいたレッスンをするのが通例である。そのことが、「職業としてのダンス教師」を支える要件でもあり、矜持でもあった。ダンス教師として社会化されつつあった私も、その例外ではなかった。

高橋さんは終始、とても温厚に対応して下さった。おそらく逆の立場であれば、私は過度な干渉に辟易し、その場で不満をあらわにしていたに違いない。高橋さんは「ありがとうございました」と言って去っていったが、その後、二度と教室に来ることはなかった。

私はひどく動揺した。高橋さんが満足していないのは明らかだった。私は、情けなさと無力感、そして不満を覚えていた。

では、あの時どのようにすれば良かったのだろうか。社交ダンスの決まりごとをすべて捨て、ただ、音楽だけを流し、勝手に揺れ動くことを奨励すれば良かったのだろうか。だとすれば、そこに教師がいる必要はあるのだろうか。それとも、部外者として「お引き取り願う」のが良かったのだろうか。だとすれば、教師の存在意義とは、社交ダンスという一つのジャンルを守るために、外部からの闖入者を排除することにあるのだろうか。「求める形式が社交ダンスかどうかは自分でもわからないが、踊ってみたいという気持ちだけはある」という人は、視界の外に置いて良いのだろうか。「踊りたい」と思っている人に社交ダンスを選択してもらう、あるいは、選択してもらうように仕向けるという「営業努力」を、私が怠っていただけなのだろうか。

教師の役割は、正しいタイミングに合わせてステップをすること、そして、ステップの順番を教えることで、とりあえず生徒を「踊れたことにする」だけなのだろうか。ダンス教師を志した時には思いもしなかったことが、私を動揺させていた。

ダンスを楽しく踊ることに関して、教師が果たし得る役割とは何なのか。もしかすると、教師が必要とされない場合もあるのではないか。それは、自分が思っている以上に多いのではないか。そもそも、ダンスは気分次第で踊るもの。細かな規則を押しつけて、生徒の踊りたい気分を削ぐ教師なんて必要ないのではないか。

「教師不要論」に陥りそうになるのをすれすれで踏みとどまりながらも、内心では混乱し、私は気持ちの落ちつき先を見出せずにいた。当時の私は、戸惑いや違和感を疑問文の形に表せるような状況になく、苛立ちや無力感といった気持ちと共に、ただただ、もやもやしていたように思う。順を追って語れるようになるのは、もっと後になってからであった。

日常の世界を見つめ直す

私は「言葉」に救いを求めた。この感覚、状況を整理し、うまく言葉に落とし込むことで、何か新しい展望が開けるのではないか。そう期待した。三〇歳になった年、私は再び大学院に入ることにした。三年半休むことなく繰り返してきた生活を大幅に変更し、教師活動をパートタイムで続けることにした。社交ダンスの世界について、そして、そこで感じた私自身の違和感について考えていくことにしたのだ。その際に選択したのが人類学であった。

人類学では、異文化の人びとが行う「異なるやり方」を、その内部に参与することによって解き明かすことが目指される。自分にとっては「奇異」であるが、彼（女）らにとっては「普通」とされるやり方に注目し、なぜそれらは彼（女）らにとって「普通」なのか、逆になぜ私は「普通」だと思わないのか、といった疑問を真正面から扱う学問である。私はこのような探求のあり方に希望を見出した。

当時の私にとっての日常とは、社交ダンスの世界であった。一般に、現在の日本では、社交ダンスは非日常の世界として語られることが多い。しかし、私にとっての日常は多くの日本人にとっての非日常であったとも言える。ややこしい言い方になるかもしれないが、「私たち」にとっての異文化が、「私」にとっての自文化だったのである。

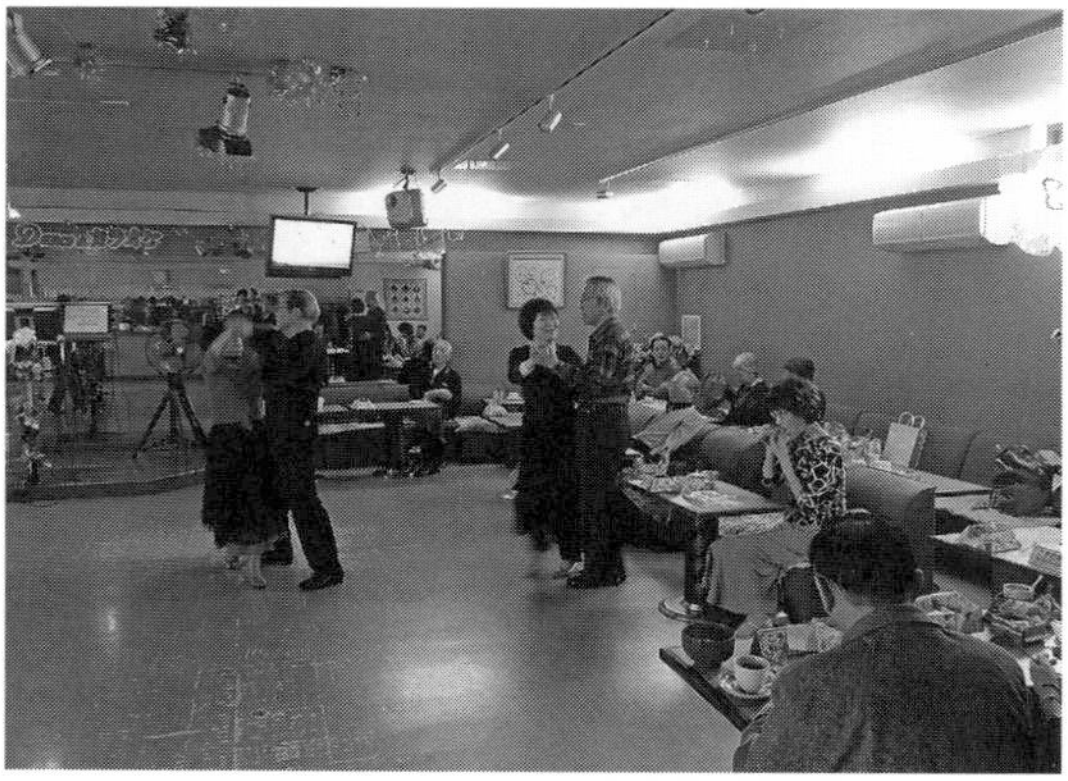

札幌市内のカラオケとダンスの店（2012年　筆者撮影）

その私にとっての「異なるやり方」とは、プロのダンス教師が営む教室の外にある社交ダンスであり、スポーツや習い事として行われるわけではない社交ダンス、そして、他ジャンルのダンスであった。

教室という枠の外で、人びとはどのように社交ダンスを踊るのか。私が抱くようになった疑問は、「異なるやり方」を経由することで、どこかにつながるのではないか。そのようなことを考えるようになった。

ダンス教師としての私は「すでにフィールドにいた」ことになる。ほとんどの人類学専攻の大学院生のように、人類学的な視点を習得してから現場を選択し、それから調査に向かうのではなく、先にフィールドがあったのである。

伝統的に「遠くの他者」（その典型例が海外の異民族）を対象としてきた人類学において、私がフィールドと定めたこの世界は、私にとってあまりにも「近い」ものだったかもしれない。しかし、当時の私にとって、自文化だと思っていた社交ダンスの世界に「異なるやり方」を見出した点で、

ダンスの研究会の一環として催されたオーストリアでのワークショップ（2016年　筆者撮影）

社交ダンスはフィールドと呼ぶにふさわしいと思えた。幸い、理解ある師との出会いにより、私の探究心は受け皿を得た。

人類学という思考の拠り所を得た私は、それまであたりまえに身の回りにあった社交ダンスの多様な側面を意識して見るようになった。中でも、教室の外にある多くの社交ダンスの場に関わった。別団体の競技会、カラオケとダンスの店、車いすダンス、高齢者福祉施設、ブラインドダンス、社会福祉法人、そして、海外。いわゆる健常者と車いすの方、高齢者と若者が共にダンスを楽しむことを意図したイベントも開催した。福祉施設の協力を得て、高度な技術の伝達を極力抑えた講座を、実験的に立ちあげることも行った。

私は、「正しくなくても良いから楽しく踊りたい」という人、あるいは、社交ダンスに限定せず、ダンスを踊ってみたい人全般に関心を広げるようになった。

さまざまな現場に出入りするうち、私は、社交ダンスの周りには、実に多様な人びとがいることに気づくようになった。人に見られたくて、踊りたいと思う人。人に見られたいとは思わないが、踊ってみたいと思っている人。踊りたい気持ちは大きいが、細かい決まり事はどうでも良いと考えている人。踊ることというよりも、体系化された知識を勉強することに関心がある人。「ワン、ツー、スリー」といった拍子に頼らずに、音楽そのものを踊ろうとする人。踊り手の心地良さに心を砕きながら演奏する人。業界の先行きを憂う若き教室経営者。教室の外で「正しい社交ダンス」が行われていないことを嘆く教師。逆に、教室の外で踊られているものこそ、本当の意味での社交ダンスだと強調するダンスホール経営者、等々。

私が特に心踊らされたのは、既存の教室の秩序に批判的な教師や愛好家との出会いであった。彼（女）たちの言動の中には、「教室出身」の私が抱いた違和感を解くヒントが隠されているように思え、興奮さえした。当時の私を支配しつつあったのは、それまでの日常であった教室に対する否定的な感情と、教室の外に広がる「異なるやり方」への過度のシンパシーだったかもしれない。

他者を鏡とした内省は、時に自己の否定にもつながる。私の場合、その極にあったのが教師不要論であった。「異なるやり方」の魅力が増していくにつれて、そうではないやり方をしていた自分自身に幻滅していくことがある。当時の私はそのパターンに陥りそうになっていたのかもしれない。

針が真逆に振れないように注意しながら、彼（女）たちとの交流を通して、私にとっての社交ダンスの幅が広がることを期待した。

身体の非対称性に気づく

ある時、私の主宰する講座の中で、右手に杖をついた高齢女性と踊ることがあった。その女性は、若い頃に友人たちと何度か踊ったことがあったという。彼女は腰が大きく曲がり、杖なしでは歩くこともままならない様子だった。通常であれば、踊りの種類に関係なく、男性の左手と女性の右手を合わせることが社交ダンスの前提となるのだが、その女性は杖から右手を離せないために、私は自分の右手と彼女の左手を取り合って踊り始めた。

外から見れば、踊るというよりも、ただ揺れているというのに近いかもしれない。単に足を前後に動かしているだけかもしれない。音楽にも合っていないかもしれない。しかし、二人の間では、少なくとも彼女にとっては、何らおかしい点はなかった。その証拠に、彼女は踊り終わった後、「ああ、できたね。これだったら私にもできる。昔を思い出して懐かしいわ」と言い、笑ったのである。額にうっすらと汗をにじませながら、彼女はその後も他の参加者たちと踊り、楽しんでいたように見えた。

大切なのは「本人にとって」できたかどうかであり、外から見てできているかどうかではない。この出来事を通じて、私はそう思うようになった。

同様のことはその後も続き、車いすの方と踊る経験もした。車輪の重みや回り方を考慮に入れて踊ったのは、とても新鮮だった。全盲の方と踊る経験もした。晴眼者と踊る時よりも、接触している身体に

高齢者福祉施設での社交ダンス講座（2016年　筆者撮影）

より神経を配るようにした。脳性まひでベッドに横たわった方とも踊る機会を得た。指と指を触れ合わせながら、目と目で意思を伝えあうように強く意識した。

すべてが、私の中で「踊る」ことの定義が大きく更新される経験だった。

これらの経験は、私を次のような気づきへと導いた。それは、身体はかくも非対称である、という事実である。同時に、「非対称であったとしても」社交ダンスが成立していることに、私はこれまでに抱いたことのない喜びを感じていた。

自分とは異なる身体の他者、そして、その異なり方の大きさによって気づかされた事実は、それまでの私の日常を再考するきっかけとなった。

私がそれまでに行ってきたダンスも、すべて非対称な身体との交流であったことに気づいたのだ。一つとして互いに対称な身体などないという、きわめてシンプルな事実に改めて気づいたのである。それは、身長や身体機能といっ

車いすの方と踊る筆者（2013年）

た形質的な事柄に限定されない。その人がどのような運動経験をしてきたのか、どのような環境で育ってきたのか、身体あるいはダンスに対してどのようなイメージをもつに至ったのか。そういった、身体に沈潜する個人史すべてをひっくるめたうえでの、非対称性である。

ダンス教師として訓練を受けてきた私は、知らず知らずのうちに、同じような身体を持った人を前提にしていたのかもしれない。自分と同じように歩くことができ、自分と同じように「ワン、ツー、スリー」と拍子をとり、自分と同じようなタイミングで、同じように踏み出す人。目の前の人をそのように仕立て上げることを、唯一の「踊れる」ことだととらえていたのかもしれない。

社交ダンスの世界に蓄積されてきた技術体系は、ルールを勉強すれば「誰でも」踊れることが目指されたものである。しかし、社交ダンスとは、肉体レベルで互いの意図を確認し合い、伝え合うものであるという点を忘れてはならない。「知っているから動く」のではなく、知識は頭の片隅に置いて、「感じるから動く」ことに目を向ける。私は、このような視点を持つに至った。他のダンス教師にとって、このことはあまりにもあたりまえ過ぎるかもしれない。しかし、私は、自身の経験や感情をもとにしてこの理解に到達したことに、他に代えがたい価値を感じている。先に紹介した高橋さんに対して不足していたのは、この点だったのかもしれない。

あの時の私にとっては、「クイック」の時には、左足は前に踏み出していなければならないものだった。マンボとは、「クイック」の時には左足を前に出さなければならないもの、という一種類の考えしか頭になかったのである。今から振り返ると、高橋さんの身体に刻まれた歴史を無化し、社交ダンスのルールに硬直的にはめ込もうとしていただけだったのだと思う。

自己の思想形成史に自覚的になる

二〇二〇年現在、元々農学部出身だった私は、社交ダンスとは別の、農業と農村に関わる研究所に勤めている。農業・農村の現場に身を置く中で得た気づきをもとに研究を立ち上げることに多くの時間を費やしている。その一方で、ダンス教師の活動も継続して行っている。今の私にとって、社交ダンスの世界は異文化なのだろうか、それとも自文化なのだろうかと自らに問えば、その境界の見極めは難しい。週に一回から二回のペースで教室に通い、二時間程度の間に数人の生徒たちとダンスの時間を共有する。発表会や大会などの時には、一日がかりで参加する。形だけを見るならば、「一日の限られた時間だけ、社交ダンスという異文化を体験し、それが終わったら日常に帰還する」という、私がダンス教師になる以前の関係と同じに見える。しかし、実際にはそうではないと、強く思う。社交ダンスの世界に一度どっぷりと浸かる中で得た違和感や喜び、そしてさまざまな人との出会いを通じてそれまでの認識が変わったという経験が、私と社交ダンスの世界との関係を、より厚く、豊かなものに変えたからだ。そう思う。

身体の非対称性、そして、互いの身体は非対称なままに、共に一つのものをつくりあげていく営為としての社交ダンス。このことを意識し始めた私は、「踊りたい人」を社交ダンスの形式にはめていくのではなく、逆に、社交ダンスの方を「踊りたい人」に向けて運用していくべきではないかと考えるようになっている。教師として訓練を受けてきたことを、その都度、崩したり、拡大解釈したりして運用していくのだ。

大げさな言い方をすると、多様な身体を「矯正」することなく、いかに互いに心地良い経験をすることができるのか、という課題について考え始めている。肉体レベルでの交流が前提とされた社交ダンスは、非対称な身体を通じ合わせる場として、きわめて大きな可能性があるのではないか。私はいま、そんなふうに考えている。

人類学とは、異文化に対して無批判な受容と一方的な排除のいずれにも陥ることなく、互いに異質な者同士が「いかにうまくやっていくか」について、もっとも大きな力を発揮する学問だと私は思っている。他者との対話に基づく思考のダイナミズムは、自分の考えや行動をどのように更新していくのか。

互いの人生をどのように豊かにしていくのか。こういったことに応えうる学問だと思っている。「いつ、どこで、どのような経験をし、その時々で、何についてどのように感じ、どのような考えを持つに至ったのか」という思考の過程、いわば自己の思想形成史は、自分とは異なる他者との対話によって駆動され、今、この瞬間も続いている。

その意味で、本章で示したダンス教師として私が持つに至った考えは、あくまで暫定的なものである。なぜなら、今後も他者との対話を通じて、変化していく可能性に開かれているからだ。

【読書案内】

井上淳生　二〇一八「舞踊と音楽の不可分性——日本の社交ダンスにおける踊り手と演奏家に注目して」、『Contact Zone』(Online Journal) 第一〇号、四一 - 七一頁

演奏家に不満をもらす踊り手と、踊り手に合わせて演奏することにためらいを抱く演奏家。現在の日本の社交ダンスに見られる踊り手と演奏家の関係を手がかりに、舞踊と音楽の関係を描いた論考。

永井良和　一九九一『社交ダンスと日本人』晶文社

幕末から一九八〇年代後半までの間、日本が「異文化」としての社交ダンスをどのように受容したのかを描いた著作。ダンスという大義名分のもとに行われる男女間の身体接触が、どのように現在の日本に位置付けられたかを考える際の必読書。

三浦雅士　一九九四『身体の零度——何が近代を成立させたか』講談社

近代という時代は身体をどのように扱ってきたのか。ダンスをはじめ、スポーツや運動会、さらには泣く・笑

うといった日常的な所作に至るまで、身体に関わるさまざまな例を通じて、この問いに応えようとした現代の古典。

Picart, Caroline Joan S. 2006 *From Ballroom to DanceSport : Aesthetics, Athletics, and Body Culture*. State University of New York Press.

社交ダンスを競技化し、オリンピックの正式種目化を目指したものを「ダンススポーツ」という。本書は、アメリカを舞台にして、社交ダンスからダンススポーツへの変化を、商業性や舞台性、さらには人種やジェンダーの観点から探求した著作。

第16章　人類学は役に立つか？
――手話通訳者になりそこねた学生のその後

沢尻　歩

大学院修士課程で人類学を専攻していた筆者は、以前から学んでいた手話を研究テーマとして取りあげ、自らも札幌市の認定試験に合格し、公式に「登録手話通訳者」となった。手話を教えてくれた札幌の聴覚障害者から、ある程度の注目や期待を集めたが、結局、筆者は通訳者としての活動実績を一つも残さないまま、一般企業への就職を機に札幌を離れた。いったい、筆者の研究は誰かの役に立ったのだろうか。本章では、この学問と実践という問題について、修士論文作成から一〇余年を経た今日的観点から振り返る。

手話との関わりと、その後の逃避

二〇〇九年四月、北海道大学大学院文学研究科の修士課程を修了した私は、一般企業への就職を機に、

研修会で手話通訳をする筆者
（2009年　撮影：市内手話サークル研修交流会）

学生時代を過ごした札幌を後にした。修士課程の二年間では、当時関わりをもっていた聴覚障害者に触発されて、手話を研究テーマに選んだ（本章では障壁は社会によってつくられるという「社会モデル」に従って「障害」と表記する）。在籍中は日々人類学と手話の勉強に勤しんだが、その成果の一つとして、二〇〇八年四月に手話通訳者の認定試験に合格して、公式に札幌市の「登録手話通訳者」となったことが掲げられる。当時は男性の通訳者が非常に少なく、また二〇代の通訳者も少なかったため、私のような存在の登場はそれなりに話題になった。

しかし、その後の一年間、私は仕事としての通訳依頼をすべて断り、登録手話通訳者として活動実績を何も残さなかった。書きあげた修士論文はお世話になった方々に渡したものの、内容は手話によるコミュニケーションの分析が中心で、当事者にとっては当たり前のことを書いたに過ぎないものだった。おそらく、ごく少数の関係者を除いて、私の論文はほとんど読まれていないだろう。

はたして、私の研究は誰かの役に立ったのだろうか。

論文の執筆方針に悩む——人類学徒と通訳者の狭間で

大学三年生の春、私はふとした思いつきで大学の手話サークルに入会した。その後、期せずして手話の世界にのめり込んで行ったのだが、その頃はちょうど国連総会で「障害者権利条約」（二〇〇六年）が採択され、手話は言語として位置づけられたため、日本国内でも「手話は一つの言語であり、一つの文化でもある」という当事者の訴えが高まった時期でもあった。

それ以前にも、手話には日本語と異なる独自の文法があるという認識はあったが、国連に後押しされる形で、当時は特に「手話は独自の言語」ということが強調されていた。この考えに沿った手話を一般に「日本手話」という。一方、日本語の語順に合わせて手話単語を表現する方法は「日本語対応手話」と呼ばれ、日本手話を推進する講習会などでは批判の対象とされた。日本手話と日本語の違いを強調するあまり、通常の手話では使われない芝居掛かったオーバーアクションが、「本来の手話」として推進者から紹介される風潮すらあった。ただし、日本手話の使い方には個人差があり、また日本手話と日本語対応手話を二項対立的に語ることは必ずしもできないので、本章では特に必要のない限り「手話」という言葉で一括する。

こうした国内外の複雑な状況下で、私は修士論文執筆にあたり、どのような切り口でまとめるべきか悩んでいた。似たような悩みを抱えている読者がいるかもしれないので、まず結果的に採用しなかった二つの「廃案」について説明しよう。

（一）廃案その一：少数派のエンパワメントと、その象徴としての手話

これは、マイノリティとしての聴覚障害者が、自らの社会的地位向上のために、どのように手話という言語をエンパワメント（empowerment）の象徴として扱っているかを描くという案である。

この案でもっとも懸念したことは、大学の手話サークルを通じて知り合った聴覚障害者の友人の中に、日本語対応手話を使う人が多くいたことである。彼／彼女らは、補聴器や人工内耳によって聴力を補えば、音声言語での会話ができる。ただ、残存聴力の度合いや音声での会話の難易度には個人差があるので、日本語と手話を併用することで、より会話しやすい状態をつくっている。日本手話と日本語という異なる文法をもつ言語を同時に使うことはできないため、主に日本語対応手話が用いられるのである。

エンパワメントの象徴としての手話に焦点を当てる際、二つのことが脳裏に浮かんだ。一つは、独自の言語としての手話を前面に出して、日本手話を推進する運動に着目することである。もう一つは、逆に聴覚障害者は多様であることを示して、彼らがいかに手話という象徴を扱っているかを分析することである。前者を選択した場合、私の周りには日本語対応手話を用いる友人が多かったので、私にとってもっとも身近な聴覚障害者を捨象することになる。後者を選択した場合には、聴覚障害者の内部は実はバラバラだということを「暴露」することになりかねず、最悪の場合、独自の言語としての手話は「虚構」であるという誤解を生じさせかねなかった。これらの問題は容易に解決しそうになかったため、第

一案は廃案とした。

（二）廃案その二：日本文化のサブカルチャーとしての手話

これは日本における手話がいかに日本文化の影響を受けて成立したかを分析する案である。たしかに、手話による人名や地名などの単語表現には、日本史に登場する有名人の特徴を模したものがいくつかある。たとえば、「佐々木」は佐々木小次郎が背中から剣を抜く仕草で表現したり、「仙台」は伊達政宗の兜の月で表現したりする。また、手話の文法要素には空間の使用がある。たとえば、「Aさんがああ言って、Bさんがこう言った」は、体の向きを変えることで「Aさん」と「Bさん」を表現し分けるが、実は落語にも同様の表現技術がある。

この案を捨てた理由は、上位の存在としての日本文化の影響を示唆することはできても、それを確固としたデータで実証することは難しいし、どうしても外部者のもの言いになりがちだからである。それは他者を「内部」から理解して描く人類学の基本に背くと私は考えた。さらに、手話を独自の言語として位置づけようとする運動に対して、マジョリティの側から水を差すように思われることは避けたかった。

その他の理由として、フィールドワークで得た経験や情報を論文に活用する際、分析のための視点や枠組みを提供する理論が必要だが、私には修士論文を何らかの形で当事者の役に立てたいという思いがあり、それが分析という行為そのものを困難にさせたことが掲げられる。しかし、そこにこだわれば論文は書けないという現実があるので、最終的には当事者だけのために論文を書くことは諦めた。そして、手話によるコミュニケーションがいかに成立するかに着目して、聴覚障害者の共同体（Deaf community）

の在り方という観点から論文を書きあげた。この点に関しては後に改めて述べる。

私が見た聴覚障害者の姿

現在、日本ではまだ国家が手話を言語として位置づける法律を整備するまでには至っていないが、二〇一三年以降、地方自治体レベルでは手話をそのように捉える「手話言語条例」が各地で制定されている。聴覚障害者の団体である全日本ろうあ連盟のウェブサイトによると、二〇二一年二月五日現在で、二九道府県一四区二七三市五六町二村の計三七四の自治体でこの条例が制定されている（図1）。上述の聴覚障害者による運動が、着実に成果を出していることの反映とも言えるが、この事実に勇気をもらい、私が当時書くことのできなかった廃案その一で触れた聴覚障害者の多様性について、以下にもう少し詳しく書いてみよう。

（一）医学的に見た聴覚障害

まず、病態としての聴覚障害について触れておこう。大雑把に言えば、聴覚障害は「音量の問題」と「音質の問題」に大別される。それぞれ、携帯電話で通話する時に、音量が小さすぎて聞こえない状態と、通信状態が悪くて聞こえない状態をイメージするとよいだろう。前者を外耳から中耳の間の問題に起因する「伝音性難聴」と言い、後者を内耳から聴神経や脳の間の問題に起因する「感音性難聴」と言う。両方を併発する場合は「混合性難聴」と呼ぶ（図2）。伝音性難聴の場合は、投薬治療などにより

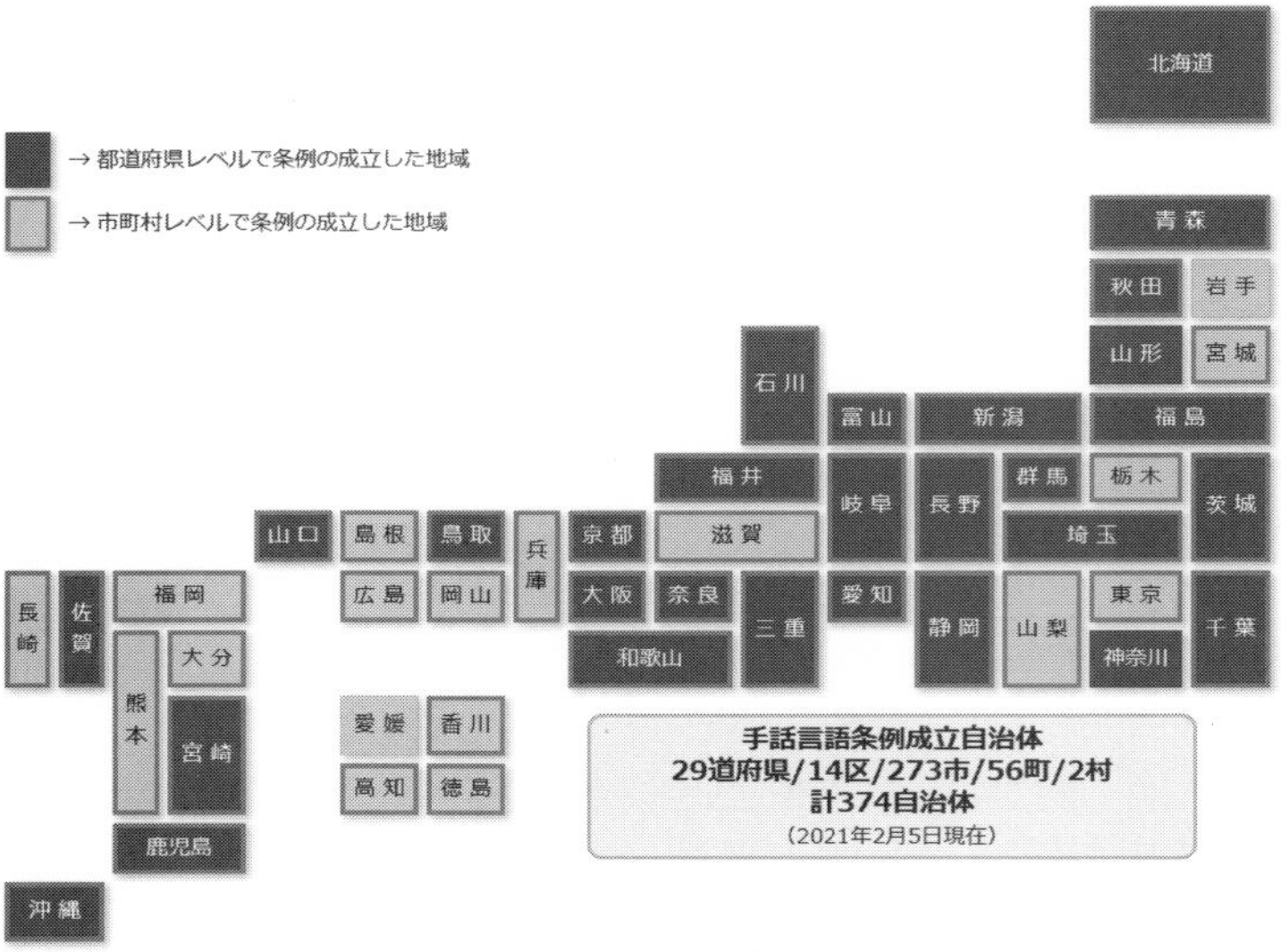

図１　手話言語条例マップ
（出典：（一般財団法人）全日本ろうあ連盟　https://www.jfd.or.jp/sgh/joreimap）

治療が可能なケースもあるため、聴覚障害のほとんどは感音性難聴か混合性難聴が原因であろう。つまり、聴覚障害者の多くは単に耳が遠いのではなく、そもそも健聴者（聴覚に障害のない人）と同じように音を認識していないのである。

（二）聴覚障害者の言語習得——出生時の環境

聴覚は胎児の五感の中で一番初めに機能し始めるという説があり、人は胎児のうちから音のシャワーの中で音韻を理解するようになり、言語を身につけていくと考えられている。聴覚障害の発生原因として、遺伝的なもの以外にも、妊娠初期の妊婦が風疹に感染することや、乳幼児期に髄膜炎などの重い感染症に罹患することなどが知られているが、言語習得

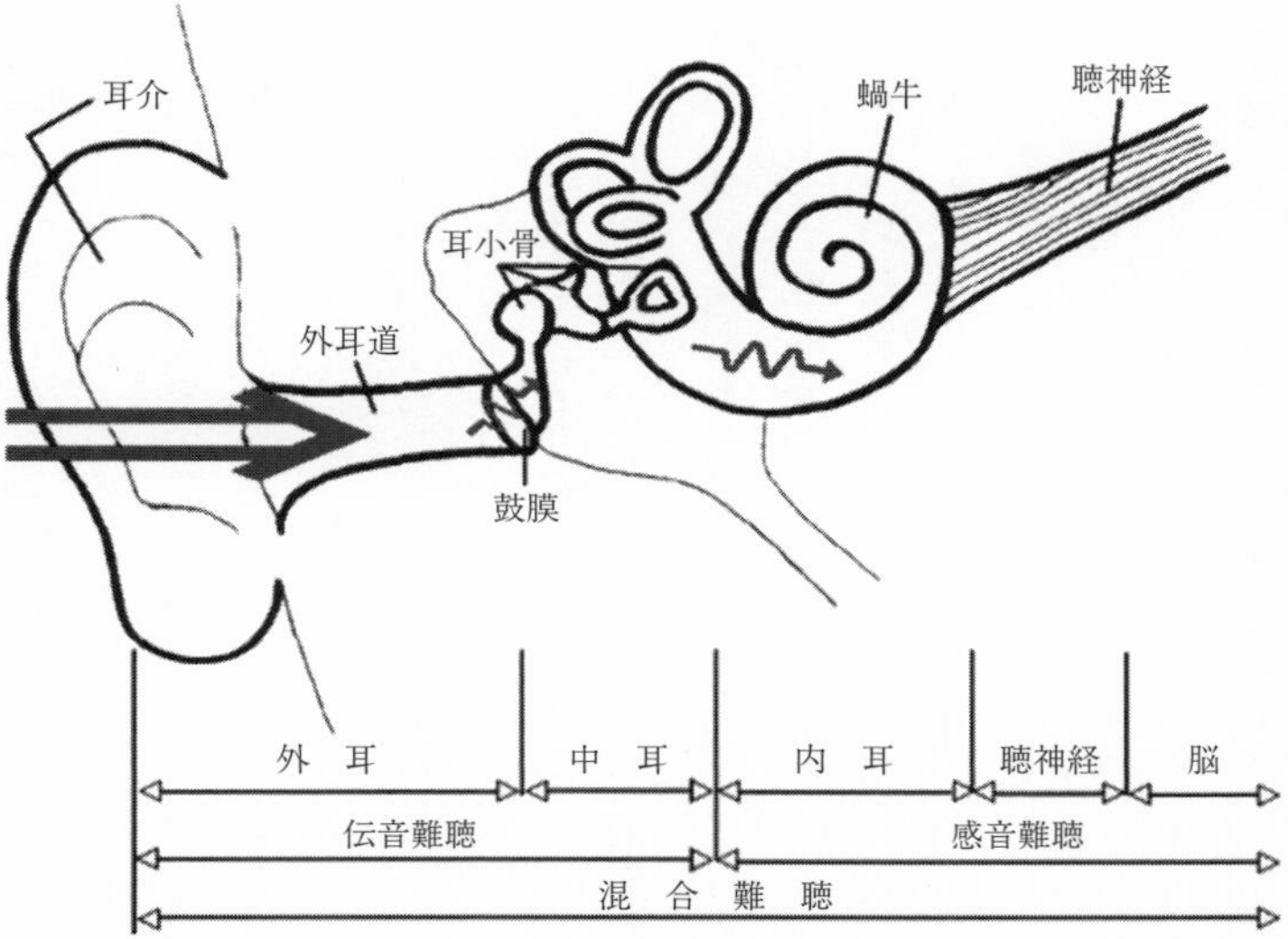

図２　きこえのしくみ（出典：神奈川県聴覚障害者福祉センター　http://www.kanagawa-wad.jp/faq02.html）

以前の胎児期や乳幼児期に聴覚障害が発生することは、音声言語習得のプロセスに障害が生じることを意味する。そのため、聴覚障害者がどのくらい日本語を習得しているかは、障害の発現／発見時期や残存聴力の度合いなどによって個体差が生じる。

加えて、それらの要素には医療の進歩、つまり補聴器などの医療機器を用いた矯正技術の進歩や、新生児スクリーニング検査などの診断技術の進歩も影響するため、世代によっても差が生じる。私は、聴覚障害者といえども日本語は理解できる、ゆっくり話せばわかる、と誤解している健聴者と何人も会った。たしかに、補聴器をつけている状態で正面に向き合って話す分には、音声の日本語のみで会話できる聴覚障害者もいるが、日本語を第二言語のように学んで身につけた人は多いし、「聴覚障害を持つ私たちにとって、音声言語はテレパシーのようなものだ」という考えもしばしば耳にしてきた。特に、健聴者側の「ゆっくり話せばわかる」という誤解については、ある程度聞こえているだろうという思い込みや、読唇によって理解ができるという誤解に根差しているようだ。健聴者の方にはぜひ一度、ヘッドフォンをつけて音楽を流した状態で、唇の動きを読み取るということを試してほしい。日本語のネイティブの健聴者でさえ、わずかな音量の日本語を聞くあるいは唇の動きを読むという行為が、いかに困難であるかが分かるだろう。

(三) 聴覚障害者の言語習得――教育環境

言語習得に重要な影響を及ぼす要素が教育環境である。聴覚障害児の就学には、聴覚障害児専用のろう(聾)学校に通うか、健聴者と同じ学校に通うかという選択肢がある。日本のろう学校教育は幾多の変遷を経ており、その複雑な歴史はそれだけで大きな研究テーマとなる。

一般に、聴覚障害児専用の学校というと、授業がすべて手話で行われているというイメージがあるが、私が手話を勉強していた二〇〇〇年代は、そうした教育環境がやっと広まりつつある時代だった。むしろ、ろう学校では長らく、音声言語を習得させる口話教育が優勢であった。そのため、校内では音声言語の習得に重きが置かれ、手話を使用することは音声言語の習得を遅らせる逃避的な行為とみなされた。事実、手話の使用が禁じられるということさえ珍しくなかったのである。そのような教育方針に対して、「手話は一つの言語であり、尊重されるべき文化である」という当事者からの声が上がり、手話のでき

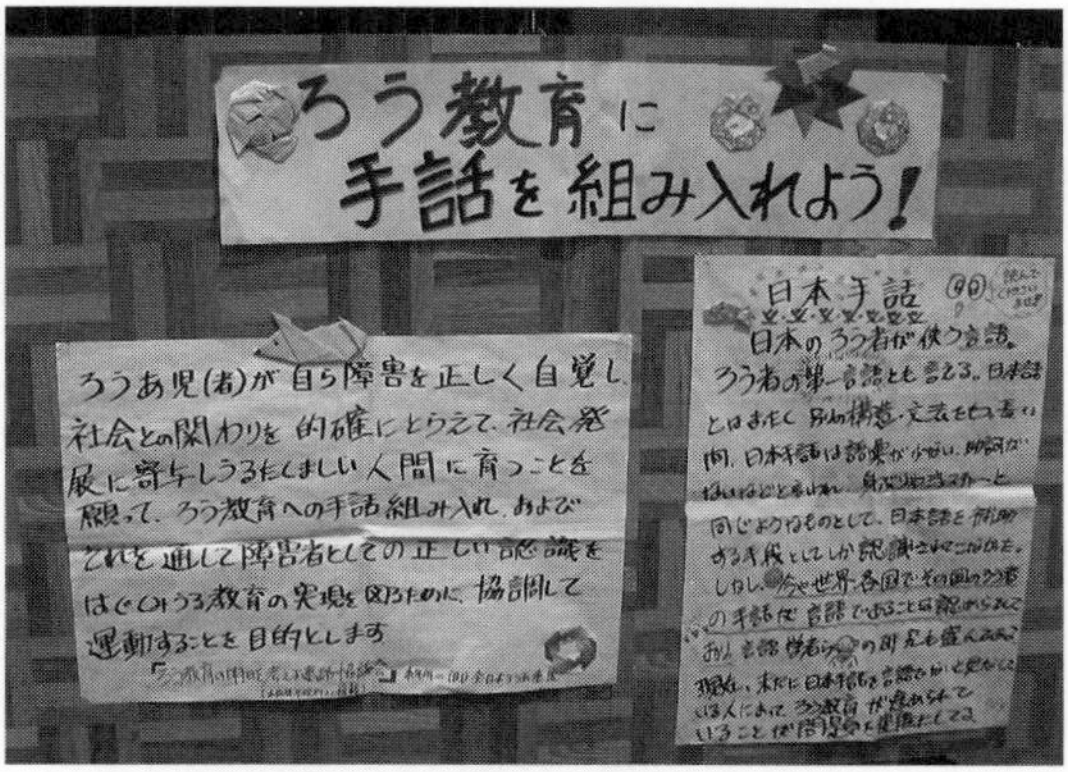

「第９回ろう教育フォーラム in 北海道」（2007年11月）の会場に掲示されていたポスター（2007年　筆者撮影）

る教師が徐々にろう学校に配置されるようになっていった。私が手話を学んでいた頃は、手話による授業が一般的になりつつある段階だったのである。

修士論文調査の一環として、私が参与観察したろう学校では、生徒同士はもちろん教師も交えて、当然のように手話が飛び交っていたが、それは聴覚障害児を取り巻く教育環境が変化した結果である。そうした変化のさなか、残存聴力の度合いや親の考えの違いによって、聴覚障害者はろう学校に入学するか、健聴者と同じ学校に入学するかという選択を迫られていた。そのためだろう。知り合いになった私と同年代の聴覚障害者の中には、音声日本語と手話の両方を使いこなせる人もいれば、手話をほとんど知らず、手話を学ぶために手話サークルに通い始めたという人もいた。

（四）「誤解」だった「理解」と、その連続

聴覚障害者といっても、日本語は理解しているし、ゆっくり大きな声で話せば理解してもらえるもの、と考え

ている健聴者は非常に多い。私が手話を学び始めた時、真っ先に突き付けられたのが、私自身のこの理解ならぬ誤解であった。その後も私は、自分の浅はかな理解が実は誤解であったという状況に、幾度となく出くわすことになる。

繰り返しになるが、私が手話を学び始めた二〇〇〇年代は、手話を言語として位置づける運動が、国連での障害者権利条約の採択（二〇〇六年）を機に勢いを増した時期であった。それは、ろう学校などで使われてきた手話は独自の言語であるという主張を生み、日本語の語順で表現する日本語対応手話への批判が強まっていった。だが、私が大学の手話サークルで出会った若い聴覚障害者は、実にさまざまな理由から日本語対応手話を使っていた人が多かった。反対に、札幌市全体で開催された大きな手話講習会では、中高年の講師が熱弁をふるって日本手話を推進している姿を目撃した。そのため、私は早合点して、日本語対応手話を支持しているのは若者で、日本手話を支持しているのは中高年である、という図式で理解していた。

だが、その図式が打ち砕かれるまでに、長い時間はかからなかった。手話の勉強をさらに進めて、知り合いの聴覚障害者が増えていくと、日本語対応手話を使う年配の人や、逆に日本手話を使う若者に出会ったからである。たとえば、ろう学校出身のとある大学生は大学の講義を受けたりゼミに参加したりする時は、サポートの学生と日本語に加え日本語対応手話を用いて会話をしていたようであった。彼の日本語には外国人留学生が話す日本語に似たある種の違和感を覚えることがあったが、聴覚障害者同士の会話では日本手話を使用していた。また、市開催の手話講習会で講師を務めていた人は、講習会では

「第10回ろう教育フォーラム in 北海道」（2008年11月）の分科会の様子。講師（正面左）の話す音声を手話通訳者（正面右）が手話に同時通訳し，さらに音声の同時文字起こし（正面右側モニター。その右下に入力担当者がいる）を行っている。聴覚障害者がもっとも理解しやすい言語で講演を「聞く」ための施策であった（2008年　筆者撮影）

日本手話の文法について説明していたのに、食事の席では手話を使わず主に音声言語で会話をしていた（手話で話す時は両手を使い、目線は相手に向けているので、食べながら手話で話すのは困難である）。こうした事例を通じて、私は世代間の差に還元できない複雑で多様な聴覚障害者の言語事情を知るに至ったのである。

（五）コードスイッチング

より衝撃的だったのは、普段は日本語対応手話を使っていた知人が、聴覚障害者同士の会話となった瞬間に日本手話に切り替わったことだ。いつもは読み取りにあまり苦労しない彼の手話が、その時はほとんど読み取れなかった。さらに、日本手話で話していた時の彼の表情には、どこかリラックスした雰囲気が感じられ、普段は周囲の健聴者に気を遣いながら、日本語対応手話を使っていることが窺われた。

こうした言語の切り替えは「コードスイッチング（code switching）」と言われ、音声言語でも当然のように行われているが、実はけっこう難しい行為である。たとえば、私は青森県の出身で、大学以降に知り合った人とは標準語で話すが、故郷に戻って兄弟や幼馴染と話す時は方言で話す。そのため、東京で彼らと会うと何とも話しづらい。標準語で話す間柄の人（たとえば青森出身ではない私の妻）から、青森の方言で話すように促されたことは何度もあったが、「見世物」にされることへの抵抗感からではなく、スイッチの切り替えがうまくできないため、方言で話せないというのが実情である。故郷を離れて間もなかった大学生の頃は、標準語から方言への切り替えは瞬時にできたが、その逆には難渋したし、地元を離れて一五年以上経った今では、どちらの切り替えもスムーズにいかなくなった気がする。私にはこうした日常的経験があったため、聴覚障害者のコードスイッチングを目の当たりにした時は、驚きはしたものの比較的すんなりと受け入れることができた。

通訳者養成の研修でも、相手に合わせた手話を選択することの重要性が説かれていたことを思い出す。たとえば、「反対」という単語の表現として、被っている帽子の向きを直す仕草をしたり、胸の前で手の平を合わせて一八〇度回転させる仕草をしたり、その他にも二つほど仕草があったように記憶している。もし聴覚障害者に通じなかった場合は、表情や身振りから察知して、彼らが読み取れそうな表現に切り替えるように指導された。

無茶を言っているように聞こえるかもしれない。だが、手話がうまく伝わらなかった時は、顕著にリアクションが返ってくるため（この辺が健聴者とは大きく違うところかもしれない）、伝わっているかどうかの確認や調整は頻繁に行われる。そうしたプロセスを経て、「この人はこの単語をこう表現する」という知識が積み上がっていくのである。研修中だった私も、ほぼ無意識のうちにこの無茶を実践していたし、実は聴覚障害者同士の会話でも、同様の確認と調整が頻繁に行われていることに気付いた。

修士論文の結末と通訳者の仕事

先に述べたように、聴覚障害者のエンパワメントの象徴として手話を捉えるにあたって、日本手話の意義を強調しすぎると日本語対応手話の使い手を蔑ろにすることになるし、逆に聴覚障害者の多様性を強調しすぎると、彼ら全体のエンパワメントに水を差しかねない。私はそのどちらも避けたかった。何よりも、当時の私は聴覚障害者に仲間として接していたので、調査して論文を書くということ自体が、彼らを「食い物」にしているようで気が引けた。大袈裟に言えば、「裏切り」や「冒涜」のように感じられたのである。

熟慮のうえ、私は聴覚障害者がどのようにコミュニケーションを成立させているかという観点から、コードスイッチングに焦点を絞って論文を書くことにした。そして、何らかの理由でコミュニケーションが成立しなかった場合、巧みにコードスイッチングによる調整をしながら問題を解決する彼らの姿を描き出し、聴覚障害者の集団を一つの「実践コミュニティー（community of practice)」として分析した。

全力は尽くしたものの、理論的に特に新しいことが言えたわけでもなく、当事者にとっては「当たり前」のことしか書けなかったかもしれない。唯一慰めがあるとしたら、描かれる側から見た「当たり前」を、臨場感をもって外部に伝えることができたという点で、人類学的エスノグラフィーの役割を多少なりとも果たすことができたということである。

修士課程の二年目は、論文執筆の他に一般企業への就職活動もしたので、それまでに比べて手話に費やせる時間は減っていった。冒頭で述べたように、その学年の初めに私は札幌市認定の通訳者となり、一般市民から依頼があれば派遣されて、報酬を受け取る立場となった。だが、それは私にとっての手話通訳という行為が、「ボランティア」から「業務」へと変質したことを物語っていた。報酬に見合うだけの仕事をしなければならないという責務が次第に重荷となり、結局、私は先輩の通訳者に同行して現場を一回「見学」しただけで、通訳の依頼を受けるだけの勇気がなかった。

人類学は役に立つか？

私の「人類学」は誰かの役に立ったか、という冒頭の問いに戻ろう。前述の通り、当初私は修士論文を聴覚障害者のために役立てたいと思っていたが、それだけでは学術論文にならないので断腸の思いで諦めた。また、手話通訳者としても自ら自然消滅してしまったので、研究の副産物さえ残すことができなかった。結局、大学三年生から四年間近くも聴覚障害者と関わったものの、私の人類学的実践は実を結ばなかった。そのような思いを抱きながら、私は札幌を去ったのであった。

就職し、学問から離れて一〇余年が経った。その間に人類学にどのような変化があったのかは詳しく知らないが、私の研究に対する評価は当時も現在もあまり変わることはないだろう。ただ、社会人生活の一〇余年を振り返ってみると、大学で人類学を学んだことは私にとって大いに役立っているし、社会一般に対しても研究成果を僅かながら還元できているように思う。

(一) 働く元人類学徒

一般企業に就職し、その後二度の転職を経て、私はこれまでに三社五部署を経験した。三社とも医療機器業界であり、最初は大企業、次は中規模の企業、そして今はいわゆるベンチャー企業に勤務している。同じ会社でも部署が変わったり、また同じ業界でも会社が変わったりすれば、業務上関わる人の性質は大きく変わってくる。異文化とまで言わないまでも、彼らの多くは思考の前提や回路が私とは異なる人たちである。理工系学部出身の開発部門の人、取引先のシステムエンジニアの人、父親と同じ世代の上司、他業界の出身者など、自分と同じ背景を持つ人を見つけ出すことのほうが難しい。

手前味噌になるが、私に対する評価でもっとも高いのは、ひとことで言えば「説明が分かりやすい」ということである。実際、日々の勤務で私が心掛けていることは、まず可能な限り詳細に情報を収集すること、そして、それを知らない人に対して分かりやすく説明することである。こうした能力は、大学および大学院における人類学のゼミと、手話通訳者になるための訓練で養われたと考えている。

それはどの分野でも同じではないかと思われるかもしれないが、実は少々違う。人類学では、自分が選択した対象について調査を進めるが、教授陣を含めて誰かと共同で調査をすることは少ない。ゼミ内では自分がその領域に関して誰よりも詳しい先駆者なのである。しかし、調査対象の集団の中に身を置くと、私たちは彼らについて部分的にしか知らない「ヨソモノ」になる。その結果、ゼミ内では誰しもが「一番詳しいヨソモノ」として語ることになる。説明を理解してもらえないと、質問やコメントさえ出ないので辛い思いをするし、逆に理解してもらえれば学友や教授から核心に迫る鋭い質問を受ける。こうした経験が現在の私に役立っているのである。

この経験に加えて、私の場合は手話通訳者の養成講座の中で、新聞記事を短く要約するという訓練も受けていた。そのためか、私は何かしらの説明をする時に、背景知識を持たない人にも分かってもらえるように言葉を選び、なるべく短い文章で伝えるべきことを説明する、ということを日常的に心掛けるようになった。周囲からの「説明が分かりやすい」という評価は、こうした経験の賜物であると感じている。

(二)「彼ら」から教えてもらったこと

手話の活動を通じて教えてもらったことも多々ある。その最大のものは「情報保障」の感性である。情報保障とは、一部の人間が大多数の人間に共有されている情報にアクセスできない状態をつくらないようにする、という考え方である。たとえば、聴覚障害者がいる場で音声のみの会話がなされていると、彼らには情報が届かなくなるため、音声会話を手話通訳して伝えるなどして、その場にいる人全員に対して、同レベルの情報が共有されるようにする。この考え方は、外国人と一緒に仕事をする際、日本語または英語だけで話していると分からない人が出てくるので、彼らに会話内容を的確に伝える必要がある、という自覚を生んだ。英語の同時通訳ができるほどの語学力は私にはないが、手話通訳の訓練で磨いた要約能力を活かして情報保障に努めた結果、議論をスムーズに進めることができたという経験が少なからずある。

だが、そうした技能的側面以外に、調査対象者との関係――人類学的用語では「フィールド」――から得たもっとも重要なものは、「他者への想像力」を育む機会だろうと思う。ゼミでの発表や論文執筆のため、私たちは研究対象についてさまざまな角度から調べる。私の場合、知っているはずだった日本という国や、当時住んでいた札幌市の制度について、聴覚障害者の観点から調べてみたところ、それまでほとんど知らなかった社会が立ち現れてきた。たとえば、障害者認定や補聴器支給などに関する社会保障制度や、手話に関する歴史的経緯やそれに影響を与える国際情勢、およびその他諸々の制度的・社会的側面が、一つの全体として新たな姿を私の眼前に現したのである。

この社会という変幻自在な存在を、学生時代に理解しようと努めた経験が、同じ企業でも職場ごとに異なる価値観やルールがあるという、言われてみれば当然のことを私に理解させてくれたし、各部署を一種の異文化として想像し対処する心構えにつながったのである。私はこれまで、企業プロジェクトのスケジュール管理やその調整を担当することが多かったが、関連諸部門の意向や動向を「彼らの観点から」理解しようと心掛けてきた。文学部出身なので、開発も実験も財務も法務も専門的知識はないが、それらを「総合的に」理解しようとする姿勢が、周囲からの信頼につながったのだと思う。

(三) 人の役に立つ

「役立つ」といえば、仕事以外にも記憶に強く残っている出来事がある。東日本大震災が発生した二〇一一年三月一一日、私は山梨県の工場に勤務していた。その地域では震度四クラスの揺れの後、停電となった。落下物や建物の損壊もあり、勤務中の全従業員がいったん屋外に避難した。その後、一斉帰宅の判断が下されたが、近隣道路が破損していたり信号が停止していたりで、帰宅に関する注意事項がアナウンスされた。

アナウンスが流されるや否や、私はとある場所に走った。山梨の工場では一〇人前後の聴覚障害者が働いていたからだ。従業員は皆同じ制服を着ているので、服装だけでは見分けがつかなかったが、大きな身振り手振りで話している一団が目に入った。近づいてみると、やはり聴覚障害者のいる課の人たちだった。案の定、彼らには情報伝達がうまくできていないようだった。別の社員が必死に筆談で説明していたが、状況が刻々と変化する中、伝えるべき情報や聴覚障害者からの質問も膨れ上がり、埒が明かない様子であった（小さなメモ帳に書かれた細い字を読もうとして、何人もの人が殺到する様子を想像してほしい）。その場に到着した私は、まず筆談でどこまで説明できていたかを確認して、すぐさま手話で説明を始めた。

手話から離れて二年近くも経っていたので、決して流暢な手話ではなかった。それでも、同じ言葉を話せる私を見て彼らの不安は和らいだようだったし、健聴者からさほど遅れることなく帰宅できる程度には情報伝達もできた。何よりも、私が到着する前に筆談で対応していた従業員から感謝の言葉をもらい、聴覚障害者からも「手話、ありがとう」と言われたことが嬉しかった。

成果によらずとも役には立つ

私の人類学はあまり聴覚障害者の役には立たなかったかもしれない。だが、法整備にまでは至らないものの、手話を言語として位置づける手話言語条例を制定する自治体が増えている現在の日本で、一つの問題提起にはなったように思う。特に、聴覚障害者コミュニティーが取り上げられることの少ない人類学にとっては、そうである。

私の修士論文は、学問的に見れば中途半端なものだったかもしれないが、逆に博士号を取得するまで調査を続けたり、その結果を本などの形で公開したりすることによって、当事者が触れてほしくない領域にまで踏み込み、結果的に彼ら／彼女らを傷つけてしまう事態に陥ることはなかった。そのことは反語的に評価されてもよいかもしれない。

また、東日本大震災時のエピソードのように、身近なところにいる人びとの役に立つことは、企業人として日々の実践を通じてできているかもしれない。たとえ、それが社会全体を動かすような大きな力とはなっていなくても、である。私は学生時代に人類学と手話を学ぶことによって、周囲の人たちとは少し違った観点から世の中を見ることができるようになった。就職して一〇余年が経った今でも、そこから多くの恩恵を受けている。

聞くところによると、昨今の大学行政では、文科系の学問に対する国の支援や資金援助が大幅にカットされているという。それは短期間で目に見える効率を求めるからだろうが、はたしてどうだろう。本章における私の自省的語りに触れただけでも、中長期的に見れば人類学は十分役に立つと言えるのではないだろうか。

【読書案内】

秋山なみ・亀井伸孝　二〇〇四『手話でいこう――ろう者の言い分　聴者のホンネ』ミネルヴァ書房
「ろう者」に関する人類学的研究の第一人者・亀井伸孝が、夫婦で著したエッセイ。「健聴者」の夫と「ろう者」の妻との日常から、「聞こえる世界」と「聞こえない世界」との間にある違いが浮かび上がる。

大野更紗　二〇一一『困ってるひと』ポプラ社
ある日突然、原因不明の難病を発症した女子大学院生が、闘病生活をユーモラスに描いたエッセイ。健康に過ごせる日常は、明日には途絶えてしまうかもしれないことを痛切に感じさせてくれる。

高城玲（編著）二〇一七『大学生のための異文化・国際理解――差異と多様性への誘い』丸善出版
異文化理解と国際理解に関して、多様で広範な視点から具体的に論じた入門書。第一三章の泉水英計「差別と社会――障害者問題をてがかりに」は、障害者という自文化における身近な他者に注目した論考。

竹沢尚一郎　二〇一〇『社会とは何か――システムからプロセスへ』中央公論新社
「社会」という言葉が、歴史的にどのような意味や役割を担わされてきたのかについて解説した書。水俣病患者などの具体例に触れながら、社会、共同体、文化の関連性にも言及する。

文化人類学をより良く知るための文献

文化人類学をより良く知りたい読者のために、比較的新しく読みやすい著作を、①概説書、②フィールドワーク、③事典・用語集、の三つに分類して掲げた。

①概説書

綾部恒雄（編）一九八四『文化人類学一五の理論』中央公論社

――――（編）二〇〇六『文化人類学二〇の理論』弘文堂

綾部恒雄・桑山敬己（編）二〇一〇『よくわかる文化人類学　第二版』ミネルヴァ書房

稲賀繁美（編）二〇〇〇『異文化理解の倫理にむけて』名古屋大学出版会

インゴルド、ティム　二〇二〇『人類学とは何か』奥野克巳・宮崎幸子（訳）、亜紀書房

内堀基光・奥野克巳（編著）二〇一四『文化人類学（改訂新版）』放送大学教育振興会

内堀基光・山本真鳥（編著）二〇一六『人類文化の現在――人類学研究』放送大学教育振興会

梅屋潔・シンジルト（編）二〇一七『新版　文化人類学のレッスン――フィールドからの出発』学陽書房

江渕一公　二〇〇〇『文化人類学――伝統と現代』放送大学教育振興会

太田好信・浜本満（編）二〇〇五『メイキング文化人類学』世界思想社

大村敬一・湖中真哉（編著）二〇二〇『「人新世」時代の文化人類学』放送大学教育振興会

ガーバリーノ、M・S　一九八七『文化人類学の歴史――社会思想から文化の科学へ』木山英明・大平裕司（訳）、新泉社

春日直樹（編）二〇〇八『人類学で世界をみる――医療・生活・政治・経済』ミネルヴァ書房

上水流久彦・太田心平・尾崎孝宏・川口幸大（編）二〇一七『東アジアで学ぶ文化人類学』昭和堂
川口幸大 二〇一七『ようこそ文化人類学へ――異文化をフィールドワークする君たちに』昭和堂
岸上伸啓（編著）二〇一八『はじめて学ぶ文化人類学――人物・古典・名著からの誘い』ミネルヴァ書房
桑山敬己・綾部真雄（編著）二〇一八『詳論 文化人類学――基本と最新のトピックを深く学ぶ』ミネルヴァ書房
桑山敬己・島村恭則・鈴木慎一郎 二〇一九『文化人類学と現代民俗学』風響社
祖父江孝男 一九七九『文化人類学入門（増補改訂版）』中央公論社
高城玲（編著）二〇一七『大学生のための異文化・国際理解――差異と多様性への誘い』丸善出版
中島成久（編著）二〇〇三『グローバリゼーションのなかの文化人類学案内』明石書店
長友淳（編）二〇一七『グローバル化時代の文化・社会を学ぶ――文化人類学／社会学の新しい基礎教養』世界思想社
波平恵美子（編）二〇二一『文化人類学［カレッジ版］第四版』医学書院
浜本満・浜本まり子（編）一九九四『人類学のコモンセンス――文化人類学入門』学術図書出版社
原尻英樹 二〇一五『文化人類学の方法と歴史（新装版）』新幹社
韓敬九［ハン・キョンク］・桑山敬己（編集代表）二〇〇八『日韓共同編集 グローバル化時代をいかに生きるか――国際理解のためのレッスン』平凡社
ヘンドリー、ジョイ 二〇一七『社会人類学入門（増補新版）――多文化共生のために』桑山敬己・堀口佐知子（訳）、法政大学出版局
前川啓治・箭内匡・深川宏樹・浜田明範・里見龍樹・木村周平・根本達・三浦敦 二〇一八『二一世紀の文化人類学――世界の新しい捉え方』新曜社
松村圭一郎 二〇二一『文化人類学』人文書院

松村圭一郎・中川理・石井美保（編）二〇一九『文化人類学の思考法』世界思想社
松本尚之・佐川徹・石田慎一郎・大石高典・橋本栄莉（編）二〇一九『アフリカで学ぶ文化人類学』昭和堂
山下晋司（編）二〇〇五『文化人類学入門――古典と現代をつなぐ二〇のモデル』弘文堂
山下晋司・福島真人（編）二〇〇五『現代人類学のプラクシス――科学技術時代をみる視座』有斐閣
吉野晃（監修）、岩野邦康・田所聖志・稲澤努・小林宏至（編）二〇二〇『ダメになる人類学』北樹出版
米山俊直・谷泰（編）一九九一『文化人類学を学ぶ人のために』世界思想社

②フィールドワーク

鵜飼正樹・高石浩一・西川祐子（編）二〇〇三『京都フィールドワークのススメ――あるく・みる・きく・よむ』昭和堂
小國和子・亀井伸孝・飯島秀治（編）二〇一一『支援のフィールドワーク――開発と福祉の現場から』世界思想社
小田博志 二〇一〇『エスノグラフィー入門――〈現場〉を質的調査する』春秋社
鏡味治也・関根康正・橋本和也・森山工（編）二〇一一『フィールドワーカーズ・ハンドブック』世界思想社
神本秀爾・岡本圭史（編）二〇一九『ラウンド・アバウト――フィールドワークという交差点』集広舎
木村忠正 二〇一八『ハイブリッド・エスノグラフィー――NC（ネットワークコミュニケーション）研究の質的方法と実践』新曜社
呉燕和 二〇一二『ふるさと・フィールド・列車――台湾人類学者の半生記』日野みどり（訳）、風響社
小林孝広・出口雅敏（編著）二〇一〇『人類学ワークブック――フィールドワークへの誘い』新泉社
小馬徹 二〇一六『フィールドワーク事始め――出会い、発見し、考える経験への誘い』御茶の水書房
佐藤郁哉 二〇〇二『フィールドワークの技法――問いを育てる、仮説をきたえる』新曜社

――― 二〇〇六『フィールドワーク――書を持って街へ出よう〈増訂版〉』新曜社
佐藤知久 二〇一三『フィールドワーク二・〇――現代世界をフィールドワーク』風響社
椎野若菜・白石壮一郎 二〇一四『フィールドに入る』古今書院
菅原和孝（編）二〇〇六『フィールドワークへの挑戦――〈実践〉人類学入門』世界思想社
住原則也・箭内匠・芹沢知広 二〇〇一『異文化の学びかた・描きかた――なぜ、どのように研究するのか』世界思想社
谷富夫・山本努（編著）二〇一〇『よくわかる質的社会調査 プロセス編』ミネルヴァ書房
床呂郁哉（編）二〇一五『人はなぜフィールドに行くのか――フィールドワークへの誘い』東京外国語大学出版会
中尾世治・杉下かおり（編著）二〇二〇『生き方としてのフィールドワーク――かくも面倒で面白い文化人類学の世界』東海大学出版部
波平恵美子・小田博志 二〇一〇『質的研究の方法――いのちの〝現場〟を読みとく』春秋社
西井凉子（編）二〇一四『人はみなフィールドワーカーである――人文学のフィールドワークのすすめ』東京外国語大学出版会
西澤治彦・河合洋尚（編）二〇一七『フィールドワーク――中国という現場、人類学という実践』風響社
広瀬浩二郎 二〇一七『目に見えない世界を歩く――「全盲」のフィールドワーク』平凡社
藤田結子・北村文（編）二〇一三『現代エスノグラフィー――新しいフィールドワークの理論と実践』新曜社
フリック、ウヴェ 二〇一一『新版 質的研究入門――〈人間の科学〉のための方法論』小田博志・山本則子・春日常・宮地尚子（訳）、春秋社
本多勝一 一九八三『ルポルタージュの方法』朝日新聞社出版局
松田素二・川田牧人（編著）二〇〇二『エスノグラフィー・ガイドブック――現代世界を複眼でみる』嵯峨野書院

箕浦康子（編著）一九九九『フィールドワークの技法と実際――マイクロ・エスノグラフィー入門』ミネルヴァ書房
――（編著）二〇〇九『フィールドワークの技法と実際〈2〉分析・解釈篇』ミネルヴァ書房
宮本常一・安渓遊地 二〇〇八『調査されるという迷惑――フィールドに出る前に読んでおく本』みずのわ出版
森達也 二〇〇八『それでもドキュメンタリーは嘘をつく』角川書店
山泰幸・足立重和（編著）二〇一二『現代文化のフィールドワーク入門――日常と出会う、生活を見つめる』ミネルヴァ書房
好井裕明・三浦耕吉郎（編）二〇〇四『社会学的フィールドワーク』世界思想社
李仁子・金谷美和・佐藤知久（編）二〇〇八『はじまりとしてのフィールドワーク――自分がひらく、世界がかわる』昭和堂

③事典・用語集

綾部恒雄（監修）二〇〇〇『世界民族事典』弘文堂
――（編）二〇〇二『文化人類学最新術語一〇〇』弘文堂
石川栄吉・梅棹忠夫・大林太良・蒲生正男・佐々木高明・祖父江孝男（編）一九九四『縮刷版 文化人類学事典』弘文堂
大塚民俗学会 一九九四『縮刷版 日本民俗事典』弘文堂
奥野克巳・石倉敏明（編）二〇一八『Lexicon 現代人類学』以文社
国立民族学博物館（編）二〇一四『世界民族百科事典』丸善出版
小松和彦・田中雅一・谷泰・原毅彦・渡辺公三（編）二〇〇四『文化人類学文献事典』弘文堂
日本文化人類学会（編）二〇〇九『文化人類学事典』丸善出版

山下晋司・船曳建夫（編）二〇〇八『文化人類学キーワード（改訂版）』有斐閣
Barfield, Thomas (ed.) 1997 *The Dictionary of Anthropology*. Oxford: Blackwell Publishers.
Bernard, Alan, and Jonathan Spencer (eds.) 2011 *The Routledge Encyclopedia of Social and Cultural Anthropology*. London: Routledge.

あとがき

本書作成のきっかけは、二〇一八年初夏、関西学院大学がある兵庫県西宮市のとある場所で、三〇歳台の二人の元学生と久しぶりに再会した時の会話であった。その年、私は一四年間勤めた北海道大学大学院文学研究科を辞して関西学院大学社会学部に移ったのだが、学部生時代を北海道大学で過ごしたその二人と話しているうちに、一つのアイデアが浮かんだのである。それは、彼らの同期生や博士課程在籍中の後輩を集めて、異文化体験に関するエッセイ集をつくろうということであった。

長らく私には一つ気がかりなことがあった。北海道大学は研究が中心の大学院大学で、私が在職した二〇〇三年度から二〇一七年度までの間、文化人類学専攻の大学院生はかなりの数に達した。だが、さまざまな事情から、彼らの多くは修士課程修了後、学界に残らずに実社会で働くことを選んだ。その結果、私が指導教員を務めた博士号取得者はごく僅かで、大学教師として晩年を迎えた者としては、少し寂しい思いをしていたのである。

西宮で再会した元学生は、学部を卒業後、二人とも他大学の大学院に進学した。一人は修士課程が終わった時点で就職したが、社会人になっても学問に対する情熱が失せることはなかった。それは彼が何気なく見せてくれたエッセイによく表れていて、むしろ社会人経験を経て深みが増したようであった。その時私が気づいたのは、博士課程修了者だけをまっとうな研究者として扱いがちな学界の狭隘さであった。

たしかに、現在のシステムでは、文化人類学の分野で博士号を取得して、プロフェッショナルとして活動するためには、最低一年間の、できれば海外でのフィールドワークが必要である。だが、そこまでやらなくても文化人類学は立派にできる。事実、少し手を加えれば民族誌（エスノグラフィー）として刊行できそうな修士論文、時として卒業論文は北海道大学では稀ではなかったのである。

西宮で再会した元学生の二人は、そうした事実を私に思い出させてくれた。そして、自分の「教え子」の範囲を学部卒業生にまで広げてみたところ、寂しいどころか、実は多くの優秀で情熱的な人材に囲まれていたことに気づいたのである。ぜひ成長した彼らの声を社会に届けたい。それが本書を編む原動力となった。

もっとも、本として世に問う以上、ただ読んで面白いだけではなく、プロフェッショナルの評価に耐えるものでなければならない。そこで私は、まず本書の執筆者に一万字程度の原稿を書いてもらい、内容的にも表現的にも学術的な質を確保するために必要な編集を施したうえで、企画を出版社に持ち込んだのである。実のところ、初稿が集まるまで出来栄えに関する心配はあったが、結果は私の予想をはるかに上回るものであった。執筆陣には多少の年齢差があるため、彼ら全員がお互いをよく知っているわけではないが、同じ学び舎で学生時代を過ごしたという仲間意識が、彼らの力を結集させたのだと思う。

私が在職した北海道大学には、良きにつけ悪しきにつけ、文化人類学界で集団的勢力をもつだけの力はない。それでも、二〇〇〇年代初頭から一五年間ほどの間に、私たちがそれと意識することなく成し遂げたものの一端を本書で示すことができたのなら、これに勝る喜びはない。教育・研究に多大な貢献をされた元同僚の宮武公夫氏と小田博志氏に、この場を借りて感謝したい。

言うまでもなく、本書は特定の大学へのオマージュではなく、現在私が勤めている関西学院大学を含めて、日本の——いや日本語が読める世界中の——大学で学んでいるすべての学生、および一般読者に向けて編まれたものである。この小さな本をきっかけに、文化人類学に関心をもつ人びとが増えたら幸いである。

序論でも述べたように、私が本書で伝えたかったのは、文化人類学の理論的上澄みではなく、その下に沈殿しているドロドロとしたもの——身体を駆使してフィールドで実感したもの——である。それこそが、この学問に命を吹き込むものだと私は信じているし、自前の理論をつくるためにも必要だと考えている。

最後に、出版不況の中、本書に価値を認めて刊行してくださったミネルヴァ書房と、編集の労を取ってくださった同社の吉岡昌俊氏に対して、深くお礼申しあげたい。

二〇二〇年晩秋

宝塚にて　桑山敬己

Hyper-visible Ainu." *New Ideas in East Asian Studies 2017* (Special Edition): Critique of/in Japanese Studies, pp. 8-16. "Swapping Time between Contemporary Ainu and Kaitaku Settler Colonial History." *The Museum in Asia* (Routledge, in press).

呉　松旆（ご・しょうはい）**第12章**

1988年台湾・高雄生まれ。国立東華大学（原住民民族学部）および同大学（人文社会科学部）二重学位卒業。北海道大学大学院（文学研究科）博士前期課程を経て，同大学大学院（同研究科）博士後期課程中途退学。修士（文学）。関西学院大学大学院（社会学研究科）博士後期課程満期退学。国立民族学博物館共同利用研究員を経て，現在，関西学院大学大学院研究員。日本台湾交流協会奨学金留学生OB，ロータリー米山記念奨学生OB。

ビエル・イゼルン・ウバク（Biel Isern Ubach）**第13章**

1978年スペイン・カタルーニャ州生まれ。バルセロナ大学（教育学部・地理歴史学部）卒業。北海道大学大学院（文学研究科）博士前期課程修了。修士（文学）。現在，バルセロナ近郊の公立小学校で教諭。

川内悠平（かわうち・ゆうへい）**第14章**

1985年北海道生まれ。北海道大学（文学部）卒業。同大学院（文学研究科）博士前期課程修了。修士（文学）。現在，サッカー・障害者スポーツ指導を中心としたNPO法人にて，北海道朝鮮学校の学生たちにもサッカー指導を行っている。

井上淳生（いのうえ・あつき）**第15章**

1980年兵庫県生まれ。北海道大学（農学部）卒業。同大学院（農学研究科）博士前期課程を経て，同大学大学院（文学研究科）博士後期課程修了。博士（文学）。現在，（一般社団法人）北海道地域農業研究所にて専任研究員。主論文に「舞踊と音楽の不可分性――日本の社交ダンスにおける踊り手と演奏家に注目して」*Contact Zone*（10号，41-71頁，2018年），「舞踊が排他性を帯びるとき――高齢者福祉における社交ダンス講座を事例に」『北海道民族学』（15号，3-19頁，2019年）。

沢尻　歩（さわじり・あゆむ）**第16章**

1983年生まれ。北海道生まれ青森県育ち。北海道大学（文学部）卒業。同大学院（文学研究科）博士前期課程修了。修士（文学）。2009年4月に大手医療機器メーカーに就職。2013年に別の医療機器メーカーに転職した後，さらに2019年に医療機器ベンチャー企業に再度転職し，現在に至る。

（地域研究）。カリフォルニア大学バークレー校，北海道大学などでの研究を経て，現在，上智大学（グローバル教育センター）准教授。主著に『先住民パスクア・ヤキの米国編入――越境と認定』（北海道大学出版会，2012年）。主論文に「展示品をめぐる対話――北海道と東京における〈北米先住民ヤキの世界〉展」高倉浩樹（編）『展示する人類学――日本と異文化をつなぐ対話』（昭和堂，2014年，83-108頁），「先住民の歴史を裏づける資料とは」深山直子・丸山淳子・木村真希子（編）『先住民からみる現代社会――わたしたちの〈あたりまえ〉に挑む』（昭和堂，2018年，121-137頁）。

石田健志（いしだ・けんじ）第7章
1985年鳥取県生まれ。北海道大学（文学部）卒業。同大学院（文学研究科）博士前期課程修了。修士（文学）。公立中学校教諭を経て，現在，鳥取県立八頭高等学校教諭。

インガ・ボレイコ（Inga Boreiko）第9章
1989年ラトビア・リガ生まれ。ラトビア大学（アジア研究学部）卒業。北海道大学大学院（文学研究科）博士前期課程修了。修士（文学）。現在，同大学院（文学研究科）博士後期課程に在籍中。"Reexamining Collective Memory: The Role of Landscape in Shaping Memories." *Journal of the Faculty of Humanities and Human Sciences, Hokkaido University* 15:67-77, 2020.

孫　嘉寧（そん・かねい）第10章
1991年中国・北京生まれ。北京大学（外国語学院日本言語文化学科）卒業。北海道大学大学院（文学研究科）博士前期課程修了。同大学院から関西学院大学大学院（社会学研究科）博士後期課程に編入し満期退学。現在，同大学大学院研究員。主論文に「北海道アイヌの夢にまつわる口承文芸に関する文化人類学的考察――互酬性を中心に」『北海道民族学』（14号，45-64頁，2018年），「『桃太郎』と伝説の『語り直し』」高岡弘幸ほか（編）『民俗学読本――フィールドワークへのいざない』（晃洋書房，2019年，39-58頁）。

ロスリン・アン（Roslynn Ang）第11章
1980年シンガポール生まれ。シンガポール国立大学（人文社会科学部）卒業。北海道大学大学院（文学研究科）博士前期課程を経て，米国ニューヨーク大学（人文社会科学研究科）博士後期課程修了。博士（東アジア研究）。現在，上海ニューヨーク大学にてポストドクター。主論文に"Performing Ainu Absence and Presence: Settler Gaze and Indigenous Be-ing in Japan"（Ph. D. thesis, 2018）. "Recursions of Colonial Desire for Differences: The Doubly Erased and/or

2016年)。

川瀬由高（かわせ・よしたか）**第3章**

1986年北海道生まれ。北海道大学（文学部）卒業。首都大学東京大学院（人文科学研究科）博士前期課程修了，同大学院（人文科学研究科）博士後期課程満期退学。博士（社会人類学）。日本学術振興会特別研究員（PD）／東京大学大学院特別研究員を経て，現在，江戸川大学（社会学部）専任講師。主著に『共同体なき社会の韻律——中国南京市郊外農村における「非境界的集合」の民族誌』（弘文堂，2019年）。主論文に「日本関于漢人農村的“共同体”論与“祭祀圏”論——回顧与展望」（『中国研究』19期，56-81頁，2015年），「流しのコンバイン——収穫期の南京市郊外農村における即興的分業」（『社会人類学年報』42号，121-141頁，2016年）。

野口泰弥（のぐち・ひろや）**第4章**

1987年北海道生まれ。北海道大学（文学部）卒業。一橋大学大学院（社会学研究科）博士前期課程修了。修士（社会学）。民間企業勤務を経て，現在，北海道立北方民族博物館学芸員。東北大学大学院（環境科学研究科）博士後期課程に在籍中。主論文に“Hunting Tools and Prestige in Northern Athabascan Culture: Types, Distribution, Usage, and Prestige of Athabascan Daggers”（近藤祉秋との共著）*Polar Science* 21:85-100, 2019.「埋め込まれた物語——カナダ先住民北トゥショーニにおける彫刻と物語」岡田淳子先生米寿記念論集編集委員会（編）『日本をめぐる北の文化誌——岡田淳子先生米寿記念論集』（2020年，179-191頁）。

櫻間　瑛（さくらま・あきら）**第5章**

1982年兵庫県生まれ。京都大学（文学部）卒業。北海道大学大学院（文学研究科）博士前期課程を経て，同大学院（文学研究科）博士後期課程修了。博士（学術）。日本学術振興会特別研究員（PD）などを経て，現在，一般財団法人勤務。主著に『現代ロシアにおける民族の再生——ポスト・ソ連社会としてのタタルスタン共和国における「クリャシェン」のエスニシティと宗教＝文化活動』（三元社，2018年），『タタールスタンファンブック——ロシア最大のテュルク系ムスリム少数民族とその民族共和国』（中村瑞希・菱山湧人との共著，パブリブ，2017年）。主論文に「東方宣教活動の現在——沿ヴォルガ地域における正教会の活動と民族文化」（『ロシア史研究』100号，66-93頁，2017年）。

水谷裕佳（みずたに・ゆか）**第6章**

1979年神奈川県生まれ。上智大学（外国語学部）卒業。同大学院（外国語学研究科）博士前期課程を経て，同大学院（同研究科）博士後期課程満期退学。博士

執筆者紹介（執筆順）

桑山敬已（くわやま・たかみ）**編者，はしがき，序論，第8章，文化人類学をより良く知るための文献，あとがき**

1955年東京生まれ。東京外国語大学（英米語学科）卒業。同大学院（地域研究科）修士課程を経て，カリフォルニア大学ロサンゼルス校博士課程修了。博士（人類学)。ヴァージニア・コモンウェルス大学助教授，北海道大学大学院文学研究科教授などを経て，現在，関西学院大学（社会学部）教授，北海道大学名誉教授。著書に *Native Anthropology : The Japanese Challenge to Western Academic Hegemony*（Trans Pacific Press, 2004），『ネイティヴの人類学と民俗学——知の世界システムと日本』（弘文堂，2008年），同書の中国語訳『学術世界体系与本土人類学——近現代日本経験』姜娜・麻国慶（訳）（商務印書館，2019年），『文化人類学と現代民俗学』（島村恭則・鈴木慎一郎との共著，風響社，2019年），編著に『グローバル化時代をいかに生きるか——国際理解のためのレッスン』（韓敬九との共編，平凡社，2008年），『よくわかる文化人類学　第2版』（綾部恒雄との共編，ミネルヴァ書房，2010年），『日本はどのように語られたか——海外の文化人類学的・民俗学的日本研究』（昭和堂，2016年），『詳論　文化人類学——基本と最新のトピックを深く学ぶ』（綾部真雄との共編，ミネルヴァ書房，2018年），訳書にジョイ・ヘンドリー『社会人類学入門（増補新版）——多文化共生のために』（堀口佐知子との共訳，法政大学出版局，2017年）などがある。

細見　俊（ほそみ・しゅん）**第1章**

1987年兵庫県生まれ。北海道大学（文学部）卒業。神戸大学大学院（国際協力研究科）博士前期課程修了。修士（国際学)。社会福祉協議会職員を経て，現在，AIベンチャー企業勤務。

安念真衣子（あんねん・まいこ）**第2章**

1987年茨城県生まれ。北海道大学（文学部）卒業。京都大学大学院（アジア・アフリカ地域研究研究科）一貫制博士課程修了。博士（地域研究)。日本学術振興会特別研究員（PD）／国立民族学博物館外来研究員を経て，現在，国際ファッション専門職大学（国際ファッション学部）専任講師。主論文に「現代ネパールにおけるリテラシー実践——読み書きをめぐるタマンの行為主体性に着目した民族誌的研究」（博士論文，2017年），「ネパールにおける教育熱の高まり——都市近郊農村における女性の日常生活を通して」（『アジア教育研究報告』14号，40-54頁，

人類学者は異文化をどう体験したか
——16のフィールドから——

2021年5月1日　初版第1刷発行　〈検印省略〉

定価はカバーに
表示しています

編著者　桑山敬己
発行者　杉田啓三
印刷者　江戸孝典

発行所　株式会社　ミネルヴァ書房
607-8494　京都市山科区日ノ岡堤谷町1
電話代表　075-581-5191
振替口座　01020-0-8076

共同印刷工業・藤沢製本

ISBN978-4-623-09162-1
Printed in Japan